Das Leben

Deutsch als Fremdsprache

Kurs- und Übungsbuch

A2.2

Hermann Funk
Christina Kuhn
Laura Nielsen
Rita von Eggeling
Gunther Weimann

 Alle Zusatzmaterialien online verfügbar unter cornelsen.de/webcodes. **Code: peboxe**

 Dieses Buch als E-Book nutzen:
Use this book as an e-book:
mein.cornelsen.de
6n4r-f8-cdmc

Cornelsen

IMPRESSUM

Das Leben

Deutsch als Fremdsprache
Kurs- und Übungsbuch A2.2

Herausgegeben von Hermann Funk und Christina Kuhn
Im Auftrag des Verlages erarbeitet von Hermann Funk, Christina Kuhn, Laura Nielsen, Rita von Eggeling, Gunther Weimann

Übungen: Marie-Luise Funk, Theresa-Cecilia Haupt, Tanja Schwarzmeier, Miriam Tornero Pérez, Rita von Eggeling, Gunther Weimann
Interaktive Übungen: Alice Friedland
Phonetik: Giselle Valman

Beratende Mitwirkung: Alvaro Camú, Goethe-Institut Chile; Geraldo Carvalho und das Team des Werther-Instituts, Brasilien; Wai Meng Chan, National University of Singapore; Nicole Hawner, Goethe-Institut Nancy; Bernd Schneider, Goethe-Institut e.V.; Elena Schneider, iOR Sprachakademie Freiburg; Ralf Weißer, Goethe-Institut Prag

In Zusammenarbeit mit der Redaktion: Dagmar Garve, Sofie Henne, Karin Wagenblatt, Meike Wilken
Bildredaktion: Katharina Hoppe-Brill
Redaktionsleitung: Gertrud Deutz

Umschlaggestaltung: Rosendahl Berlin, Agentur für Markendesign
Umschlagfoto: Daniel Meyer, Hamburg

Layoutkonzept: Rosendahl Berlin, Agentur für Markendesign
Technische Umsetzung: Umschlag, Seiten 122–123, 134–135, 146–147, 158–159, 178–179, 190–191, 202–203, 214–215: Rosendahl Berlin, Agentur für Markendesign
Übrige Seiten: Klein & Halm Grafikdesign, Berlin
Illustrationen: Christoph Grundmann, Wilm Lindenblatt (S. 182, 187)
Audios: Clarity Studio, Berlin
Videos: Wildfang – Ekre & Ludwig GbR

Soweit in diesem Lehrwerk Personen fotografisch abgebildet sind und ihnen von der Redaktion fiktive Namen, Berufe, Dialoge und Ähnliches zugeordnet oder diese Personen in bestimmte Kontexte gesetzt werden, dienen diese Zuordnungen und Darstellungen ausschließlich der Veranschaulichung und dem besseren Verständnis des Inhalts.

www.cornelsen.de

Die Webseiten Dritter, deren Internetadressen in diesem Lehrwerk angegeben sind, wurden teilweise von Cornelsen mit fiktiven Inhalten zur Veranschaulichung und/oder Illustration von Aufgabenstellungen und Inhalten erstellt. Alle anderen Webseiten wurden vor Drucklegung sorgfältig geprüft. Der Verlag übernimmt keine Gewähr für die Aktualität und den Inhalt dieser Seiten oder solcher, die mit ihnen verlinkt sind.

1. Auflage, 2. Druck 2023

© 2021 Cornelsen Verlag GmbH, Berlin

Das Werk und seine Teile sind urheberrechtlich geschützt. Jede Nutzung in anderen als den gesetzlich zugelassenen Fällen bedarf der vorherigen schriftlichen Einwilligung des Verlages.
Hinweis zu §§ 60a, 60b UrhG: Weder das Werk noch seine Teile dürfen ohne eine solche Einwilligung an Schulen oder in Unterrichts- und Lehrmedien (§ 60b Abs. 3 UrhG) vervielfältigt, insbesondere kopiert oder eingescannt, verbreitet oder in ein Netzwerk eingestellt oder sonst öffentlich zugänglich gemacht oder wiedergegeben werden. Dies gilt auch für Intranets von Schulen.

Druck: AZ Druck und Datentechnik GmbH, Kempten

ISBN: 978-3-06-121969-7 (Kurs- und Übungsbuch)
ISBN: 978-3-06-121975-8 (E-Book)

VORWORT

Das Leben

Die selbstverständliche Art, Deutsch zu lernen

Liebe Deutschlernende, liebe Deutschlehrende,

das Lehrwerk **Das Leben** richtet sich an Erwachsene, die im In- und Ausland ohne Vorkenntnisse Deutsch lernen. Es führt in drei Gesamtbänden bzw. sechs Teilbänden zur Niveaustufe B1 und setzt die Anforderungen des erweiterten Gemeinsamen europäischen Referenzrahmens um.

Das Leben verbindet das Kurs- und Übungsbuch mit dem multimedialen Lehr- und Lernangebot in der PagePlayer-App. Alle Audios und Videos sowie die zusätzlichen Texte, erweiterten Aufgaben und interaktiven Übungen lassen sich auf dem Smartphone oder Tablet direkt abrufen.

Das Kurs- und Übungsbuch enthält 16 Einheiten und vier Plateaus. Jede Einheit besteht aus sechs Seiten für gemeinsames Lernen im Kurs und sechs Seiten Übungen zum Wiederholen und Festigen – im Kurs oder zuhause. Zusätzliche interaktive Übungen über die PagePlayer App ermöglichen eine weitere Vertiefung des Gelernten.

Auf jede vierte Einheit folgt ein Plateau, das optional bearbeitet werden kann. Zu Beginn wird das Gelernte spielerisch wiederholt und erweitert. Eine zweite Doppelseite führt die Lernenden behutsam an Literatur heran. Darauf folgt die erfolgreiche Video-Novela „Nicos Weg" der Deutschen Welle, die die Lernenden mit abwechslungsreichen Aufgaben und Übungen begleitet. Abschließend bereitet das Prüfungstraining auf das Goethe-Zertifikat A2 vor.

Der Wortschatz von **Das Leben** bezieht die Frequenzliste des DUDEN-Korpus mit ein und trainiert gezielt die häufigsten Wörter der deutschen Sprache.

Mit seinem großen Aufgaben- und Übungsangebot bereitet **Das Leben** optimal auf alle A2-Prüfungen vor.

Wir wünschen Ihnen viel Spaß und Erfolg beim Lernen und Lehren mit **Das Leben**!

Ihr Autor*innenteam

Blick ins Buch

Die Magazinseite

Im Kursbuch beginnt jede Einheit mit einer Magazinseite. Das Layout der Magazinseiten orientiert sich an den alltäglichen Sehgewohnheiten. Wiederkehrende Elemente ermöglichen einen klaren Überblick. Texte und Abbildungen geben einen authentischen Einblick in die Themen der Einheiten, motivieren zum entdeckenden Lernen und führen in Wortschatz und Strukturen ein. Audios 🔊, Videos ▶ und weitere Inhalte der PagePlayer-App ⤳ sind mit Symbolen gekennzeichnet (s. Übersicht unten). Die Inhalte können im Kursraum projiziert und/oder von Lernenden auf Smartphones oder Tablets jederzeit abgerufen werden.

Titel der Einheit
Nummer der Einheit
Lernziele
Aufgaben und Übungen

Das Kursbuch

In den Einheiten des Kursbuchs sind alle Aufgaben und Übungen in Sequenzen angeordnet. Sie bereiten die Lernenden Schritt für Schritt auf die Zielaufgaben ⚑ vor. Übungen zur Automatisierung 🏋 und Phonetik trainieren sprachliche Flüssigkeit und Aussprache. Neu sind Aufgaben, die mit Hilfe der PagePlayer-App ⤳ erweitert werden. Sie unterstützen die Kursrauminteraktion oder ermöglichen Partnerarbeit. Die ODER-Aufgaben dienen der Differenzierung und bieten den Lernenden individuelle Wahlmöglichkeiten. Die Videoclips ▶ bieten einen authentischen Einblick in alltägliche Situationen. Die landeskundlichen Informationen sowie die Übungen zur Sprachmittlung und Mehrsprachigkeit regen zum Sprach- und Kulturvergleich an und aktivieren sinnvoll die Kenntnisse der Lernenden in allen vorgelernten Sprachen.

Aufgabenerweiterung mit der PagePlayer-App
Sequenztitel
Zielaufgabe

Das Übungsbuch

Der Übungsteil folgt in Inhalt und Aufbau den Sequenzen aus dem Kursbuch. Das Übungsangebot dient der selbstständigen Wiederholung und Vertiefung von Wortschatz und Strukturen. Hier steht den Lernenden analog und digital über die PagePlayer-App ein reichhaltiges Übungsangebot zur Verfügung. Neben Übungen zum Leseverstehen, zum angeleiteten Schreiben, zur Aussprache und zum Hörverstehen 🔊 trainieren die Lernenden im Videokaraoke ▶ das flüssige Sprechen als Teilnehmende an echten Dialogsituationen.

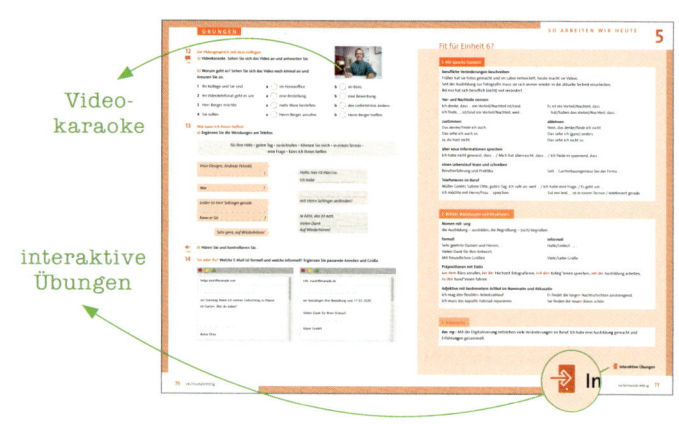

Videokaraoke
interaktive Übungen

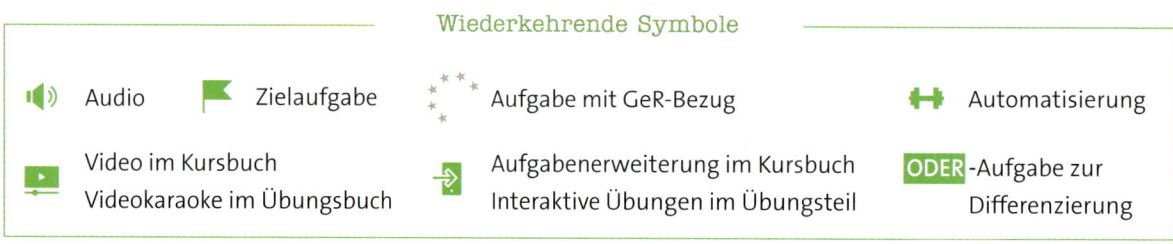

Wiederkehrende Symbole

🔊 Audio   ⚑ Zielaufgabe   ✶ Aufgabe mit GeR-Bezug   🏋 Automatisierung

▶ Video im Kursbuch / Videokaraoke im Übungsbuch   ⤳ Aufgabenerweiterung im Kursbuch / Interaktive Übungen im Übungsteil   ODER-Aufgabe zur Differenzierung

Die Plateaus

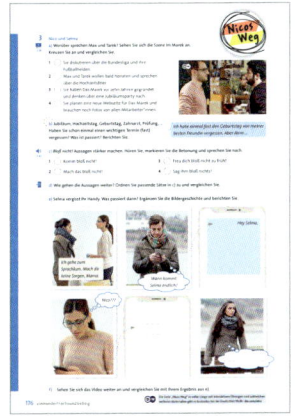

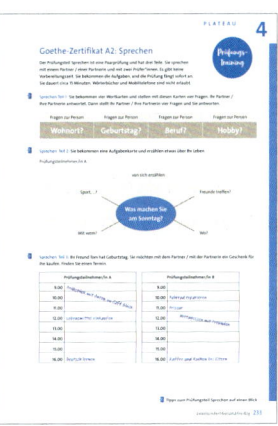

Video-Novela „Nicos Weg" Wörter-Spiele-Training Literatur Prüfungstraining

Die vier Plateaus halten ein abwechslungsreiches Lernangebot bereit. Auf jeweils einer Doppelseite laden Aufgaben und Übungen zu „Nicos Weg", der Video-Novela zum Deutschlernen der Deutschen Welle, vertiefende Übungen und Spiele, literarische Texte sowie ein Prüfungstraining Goethe-Zertifikat A2 zum Ausprobieren der deutschen Sprache, zum Wiederholen und Weiterlernen ein.

Das Videokonzept

Video im Kursbuch Videokaraoke im Übungsbuch Video-Novela „Nicos Weg"

Videos im Kursbuch und Videokaraoke in allen Übungsbucheinheiten motivieren mit lebensnahen Situationen und visueller Unterstützung zum Deutschlernen. Die Begegnung mit Nico und seinen Freunden und Freundinnen in der Video-Novela „Nicos Weg" der Deutschen Welle bietet spannende Einblicke in den Alltag. Die Aufgaben und Übungen der Video-Doppelseite laden zum Mitmachen ein.

Mit der PagePlayer-App, die Sie kostenlos in Ihrem App-Store herunterladen können, haben Sie die Möglichkeit, alle Audios, Videos und weitere Zusatzmaterialien auf Ihr Smartphone oder Tablet zu laden. So sind alle Inhalte überall und jederzeit offline griffbereit.

Alternativ finden Sie diese als Stream und/oder Download im Webcodeportal unter **www.cornelsen.de/codes**

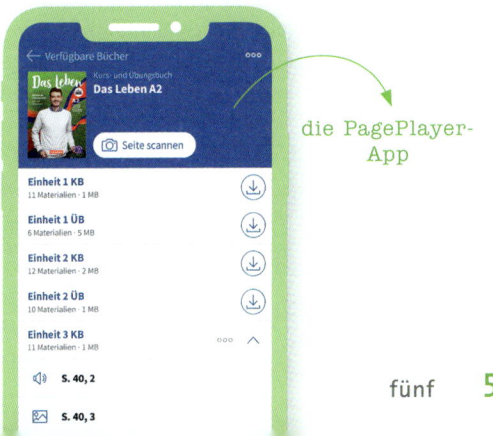

die PagePlayer-App

fünf 5

Inhalt

Teilband A2.1

1 Klassentreffen S. 10

Sprachhandlungen: Einladungen schreiben; ein Treffen organisieren; über die eigene Person sprechen; Informationen weitergeben

Themen und Texte: Einladung; Kolumne; Checkliste; Schulzeit; Abitreffen; Spitznamen; Kursparty; Abizeitung; Quiz

Wortfelder: Schule; Party; Hobbys

Grammatik: Reflexivpronomen; Nebensätze mit *dass*; das Genitiv *-s*

Aussprache: das *-ch* im Auslaut

2 Mobil leben S. 22

Sprachhandlungen: über Mobilität sprechen; Verkehrsmittel vergleichen; Gründe nennen; eine Reise planen; Wendungen grob übersetzen

Themen und Texte: Magazinartikel; Fahrradstadt Münster; Porträts; Verkehrsmittel; ein Wochenende / eine Reise planen; Verkehrsverbindungen; Informationen im Bahnhof; Europa-Quiz; Berufsfeld Zugbegleiter*in

Wortfelder: Mobilität; Arbeitsplatz Bahn

Grammatik: Superlativ mit *am*; Nebensätze mit *weil*

Aussprache: Intonation und Pausen in Haupt- und Nebensätzen

3 Wohnen und Zusammenleben S. 34

Sprachhandlungen: über Wohnen sprechen; eine Wohnung suchen; Kleinanzeigen schreiben; eine Hausordnung kommentieren; sagen, was verboten oder erlaubt ist

Themen und Texte: Magazinartikel; Wohnen in Deutschland; Wohnungsanzeigen; Ausstattung; Wohnungsbesichtigung; Flohmarkt; Hausordnung; Gemütlichkeit; Balkonien

Wortfelder: Wohnen; Abkürzungen in Wohnungsanzeigen; erlaubt und verboten; sich über etwas freuen/ärgern

Grammatik: Adjektive ohne Artikel; Modalverb *dürfen*; Nominalisierung von Verben; reflexive Verben mit Präposition

Aussprache: Aussprache von *z*

4 Hast du Netz? S. 46

Sprachhandlungen: über Handys und Medien sprechen; eine Grafik kommentieren; indirekt nachfragen; die eigene Meinung sagen

Themen und Texte: Grafik; Medien im Alltag; Geräte und Funktionen; Netiquette; E-Mail an Freunde, Magazinartikel; Handy-Detox; Experiment: ein Tag ohne Handy

Wortfelder: Mediensprache Englisch; Handy-Funktionen

Grammatik: Nominalisierung von Verben; indirekte Frage mit *ob*; Personalpronomen im Dativ

Aussprache: Englische Wörter auf Deutsch

Plateau 1 S. 58

5 So arbeiten wir heute   S. 66

Sprachhandlungen: berufliche Veränderungen beschreiben; Vor- und Nachteile nennen; zustimmen oder ablehnen; einen Lebenslauf lesen und schreiben; telefonieren; formelle E-Mails schreiben

Themen und Texte: Magazinartikel; Hochzeitsfotografin; tabellarischer Lebenslauf; berufliche Veränderungen; Kommunikation am Arbeitsplatz; Telefonnotiz

Wortfelder: Arbeitsorte und -tätigkeiten; Lebenslauf; E-Mails

Grammatik: Präpositionen mit Dativ; Adjektive mit bestimmtem Artikel im Nominativ und Akkusativ

Aussprache: Aussprache von -ng

6 Was liest du gerade?   S. 78

Sprachhandlungen: über das Lesen sprechen; Bilder beschreiben; Bücher und Autor*innen vorstellen; einen biografischen Text lesen und schreiben

Themen und Texte: Magazinartikel; Lesen statt surfen; Gründe für das Lesen; Leseort Bibliothek; Buchtipps; Goethe: *Hermann und Dorothea*; Lexikoneintrag; Reiseführer

Wortfelder: Biografie, Literatur

Grammatik: regelmäßige Verben im Präteritum; Nebensätze mit *als*

Aussprache: Jahreszahlen

7 Leben mit Tieren   S. 90

Sprachhandlungen: über Haustiere sprechen; ein Haustier beschreiben; Videoclips kommentieren; Suchanzeigen verstehen und schreiben

Themen und Texte: Haustiere; Quiz; Gewinnspiel; Zeitungsartikel; Fragebogen; Suchanzeige; ein Anruf im Tierheim; Tierbeschreibungen

Wortfelder: Eigenschaften und Aussehen von Tieren; Körperteile von Tieren; Haustierzubehör

Grammatik: Superlativ: *der größte*; Adjektive mit bestimmtem und unbestimmtem Artikel im Dativ

Aussprache: Diphthonge *au, äu, eu, ei, ai*

8 Global und regional   S. 102

Sprachhandlungen: eine Stadt vorstellen; über regionale Gerichte und Spezialitäten berichten; über Berufe am Flughafen sprechen; Personen und Sachen beschreiben

Themen und Texte: Magazinartikel; Frankfurt a.M.; Frankfurter Wochenmärkte; Interview; Steckbrief; Frankfurter Spezialitäten; Berufe am Flughafen; Souvenirs

Wortfelder: Großstadt; regionales und saisonales Obst und Gemüse; Berufe und Tätigkeiten am Flughafen

Grammatik: Relativsätze im Nominativ und Akkusativ

Aussprache: Satzakzent

Plateau 2   S. 114

9 Alltagsleben S. 122

Sprachhandlungen: über Alltag sprechen; den eigenen Alltag beschreiben; über Aufgaben in Haushalt und Betreuung sprechen; Alltagsgeschichten erzählen

Themen und Texte: Leserbriefe; Familienkalender; Berufsporträts; Apotheken-Zeitschrift; Bildergeschichte

Wortfelder: Alltag; Haushalt; Betreuung

Grammatik: Modalverben *können, wollen, müssen* im Präteritum; Possessivartikel im Dativ

Aussprache: *-em, -er, -en* am Wortende

10 Festival-Sommer S. 134

Sprachhandlungen: über Musik und Festivals sprechen; nach Preisen und Ermäßigungen fragen; Stimmung und Begeisterung ausdrücken; einen Bericht verstehen und schreiben

Themen und Texte: Berichte über Festivals; Musikstile; Ticketbestellungen; Festival-Tipps; Interview

Wortfelder: Festival und Konzert; Ticketbestellungen; Festival-Packliste

Grammatik: Verben mit Präpositionen; Fragewörter *worauf, worüber*; unregelmäßige Verben im Präteritum

Aussprache: Emotionen

11 Natur und Umwelt S. 146

Sprachhandlungen: die Umwelt beschreiben; über Umwelt(schutz) sprechen; Bedingungen und Folgen ausdrücken; einen Tausch anbieten und ablehnen; Ziele nennen

Themen und Texte: Magazinartikel; Umwelt; Lexikoneintrag; Buchtipp; Umfrage; Kleidertausch-Party; Einladung; Farb-Experiment; Gartenmagazin; Interviews

Wortfelder: Natur und Umwelt; Umweltschutz; Kleidung; Garten

Grammatik: Bedingungen und Folgen ausdrücken mit *wenn ..., dann ...*; Ziele nennen mit *damit*; Adjektive mit *-bar*

Aussprache: die Endung *-bar*

12 Reparieren und Selbermachen S. 158

Sprachhandlungen: über Reparaturcafés sprechen; sagen, was man wozu braucht; Anleitungen verstehen und formulieren; etwas reklamieren

Themen und Texte: Magazinartikel; Reparaturcafé; Porträt; Kursangebote für Heimwerker*innen; Reparieren und Selbermachen; Möbel aus Paletten; Reklamation

Wortfelder: Werkzeuge; Materialien; Renovierung; Reklamation

Grammatik: einen Zweck ausdrücken mit *um ... zu*; Passiv im Präsens

Aussprache: Aussprache von *schr-* und *str-*

Plateau 3 S. 170

13 Gipfelstürmer S. 178

Sprachhandlungen: über Wanderurlaub sprechen; Wörter in D-A-CH verstehen; Beratungsgespräche führen; Emotionen ausdrücken; auf Emotionen reagieren; einen Film beschreiben

Themen und Texte: Magazinartikel; Wanderparadies Österreich; Prospekt; Webseite; in der Touristeninformation; Aktivitäten in den Bergen; Bildergeschichte; Filmbeschreibung *Heidi*

Wortfelder: Wandern; Lebensmittel; Emotionen; Filmbeschreibung

Grammatik: Präpositionen mit Akkusativ; Verben mit Akkusativ und Verben mit Dativ

Aussprache: Aussprache von *w*

INHALT

14 Freunde fürs Leben S. 190

Sprachhandlungen: über Freundschaften sprechen; sich streiten und sich vertragen; über Geschenke sprechen; statistische Angaben machen; Tipps geben und kommentieren

Themen und Texte: Magazinartikel; Freundschaft; Streit und Versöhnung; Geschenke; Beziehungsstatus; Grafik und Statistik; neue Kontakte; Tipps

Wortfelder: Freundschaft; Geschenke; Statistik

Grammatik: Verben mit Dativ- und Akkusativergänzung; Genitiv

Aussprache: Aussprache von *h*

15 Leben auf dem Land S. 202

Sprachhandlungen: das Leben im Dorf beschreiben; Begriffe erklären; ein Videointerview machen; Wörter auf Plattdeutsch verstehen; früher und heute vergleichen

Themen und Texte: Magazinartikel; Leben auf dem Land; Interview; Dorfkurier; Videointerviews; Klatsch und Tratsch; Museumsdorf; Plan; Plattdeutsch

Wortfelder: Dorfleben

Grammatik: Relativsätze mit Dativ; Passiv im Präteritum

Aussprache: Aussprache von *b* und *w*

Glück und Lebensträume S. 214

Sprachhandlungen: über Glück und Pech sprechen; sagen, was einen glücklich macht; über Ziele, Wünsche und Träume sprechen; Informationen betonen; eine Bucketliste schreiben

Themen und Texte: Glücksmomente; Magazinartikel; Podcast; Lebensträume und Lebenswege; Redewendungen mit Glück und Pech; das Schulfach Glück; Bucketliste; Wünsche, Ziele und Träume

Wortfelder: Glück; Schule; Berufswünsche

Grammatik: Gründe nennen mit *denn*; *nicht nur ..., sondern auch ...*

Aussprache: Aussprache von *i* und *ü*

16 Plateau 4 S. 226

Anhang Teilband A2.2

Modelltest	S. 234–241
Grammatik	S. 242–257
Unregelmäßige Verben	S. 258–260
Verben mit Präpositionen	S. 261
Phonetik	S. 262–263
Hörtexte	S. 264–274
Videotexte	S. 275–282
Alphabetische Wortliste	S. 283–301
Bild- und Textquellen	S. 302–303

ALLTAGSLEBEN

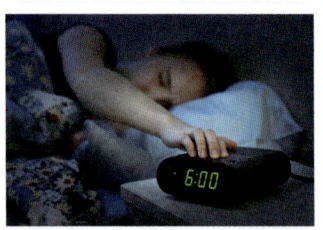

HIER LERNEN SIE:
- über Routinen sprechen
- den eigenen Alltag beschreiben
- über Aufgaben in Haushalt und Betreuung sprechen
- Alltagsgeschichten erzählen

Hörtipp aus der Redaktion:
Die Soziologin Dr. Adile Yildiz spricht im Podcast auf www.unserleben.example.de über den Alltag.

---

1 Mein Alltag
a) Sammeln Sie typische Alltagstätigkeiten. Die Fotos und die Grafik helfen.
b) Beschreiben Sie Ihre Alltagsroutinen.
   ● Ich muss jeden Tag ...
   ● Mein Alltag besteht aus Einkaufen, ...

2 Immer dasselbe?!
a) Was machen die Leser*innen im Alltag? Lesen Sie die Leserbriefe, markieren Sie die Routinen und vergleichen Sie.
b) Was bedeuten die Wendungen aus den Leserbriefen? Lesen Sie die Wendungen vor. Ihr Partner / Ihre Partnerin ordnet die Situation zu.

3 Alltag und ...
Lesen Sie die Definition von Alltag. Beschreiben Sie andere Tage.

4 Aus dem Alltag ausbrechen
🔊 a) Alltag pro und kontra. Hören Sie den Podcast
3.02 und sammeln Sie.
b) Hören Sie noch einmal. Notieren Sie die Tipps und vergleichen Sie.
c) Sammeln Sie weitere Vorschläge für einen bunteren Alltag.

5 Welche Farbe hat Ihr Alltag?
a) Grau, bunt oder ganz anders? Wie beschreiben Sie den Alltag in anderen Sprachen? Sammeln Sie.
b) Schreiben Sie einen Leserbrief mit Beispielen aus Ihrem Alltag. Hängen Sie die Leserbriefe im Kursraum auf und kommentieren Sie.

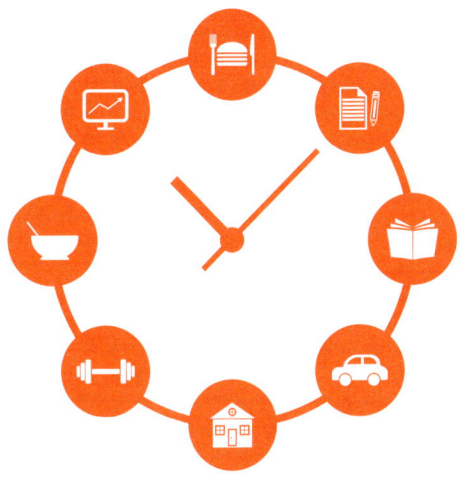

Alltag

Alle reden vom Alltag. „Immer dasselbe!", sagen viele. Aber was genau ist Alltag überhaupt? Wir haben unsere Leserinnen und Leser gefragt und vier Leserbriefe für Sie ausgewählt.

Für mich bedeutet Alltag Routine. Früh aufstehen, dann ein schnelles Frühstück, mit dem Fahrrad ins Büro, Meetings, Mails und so weiter. Es ist eigentlich immer dasselbe, und abends bin ich für Sport oder Kino meistens viel zu müde. Aber am Wochenende mache ich mit meiner Zeit, was ich will!
Maja Herder, 26, Projektmanagerin

Mein Alltag macht mir Spaß, aber er kann auch echt stressig sein. Unsere Kinder sind acht Monate und zwei Jahre alt, und meine Frau arbeitet voll. Ich habe noch Elternzeit, kümmere mich um Lea und Max und mache den Haushalt: Wäsche waschen, Einkaufen, Putzen, Kochen ... Naja, da geht auch mal etwas schief.
Jan Seiler, 34, Lehrer in Elternzeit

Früher habe ich mich oft über meinen Arbeitsalltag beschwert, aber seit ich in Rente bin, fehlt er mir manchmal. Dann stelle ich mir vor, was meine Kolleginnen und Kollegen in der Firma machen. Mein Alltag sieht heute ganz anders aus. Ich koche jeden Tag für die ganze Familie und arbeite gern in unserem Garten.
Inge Harms, 68, Rentnerin

Viele Leute ärgern sich über ihren grauen Alltag. Das verstehe ich eigentlich gar nicht. Sie haben es doch selbst in der Hand! Man kann immer und überall aus dem Alltag ausbrechen und etwas Neues ausprobieren. Ich meine, Alltag muss gar nicht grau und langweilig sein. Mein Alltag ist meistens ziemlich bunt!
Beate Gruber, 51, Versicherungskauffrau

All | tag
Substantiv, [der]
Tag, der immer die gleiche Struktur hat. Vgl. Arbeitstag, Wochentag.
Beispiele: der berufliche Alltag / der graue Alltag / aus dem Alltag ausbrechen

1 Der Alltag von Familie Born

a) Lesen Sie die Termine im Familienkalender und ergänzen Sie die Tabelle.

Anke	Torsten	Lena	Lukas
Mutter, ...		Tochter, 9 Jahre alt	
	Polizist		Kindergartenkind
Garten,			

September	Anke	Torsten	Lena	Lukas
Fr 01	19:00 Klavierkonzert	Kuchen backen!	Geburtstag: 9	
Sa 02	Party bei Lea!	putzen	11:00 Fußballspiel	
So 03	RADTOUR NACH BINGEN		Zoo mit Oma	
Mo 04	Konferenz	18:30 Yoga	16:00 Gitarre	
Di 05	Supermarkt!!	Nachtschicht	Fußballtraining	10:15 Dr. Jordan
Mi 06	Garten & Keller			Spieltreff bei Max
Do 07		Wäsche	Vokabeltest!	
Fr 08	Unterricht planen	18:30 Yoga		
Sa 09	putzen		11:00 Fußballspiel	
So 10		9:00 Klettern		Kindergartenfest
Mo 11			16:00 Gitarre	

 3.03–3.05

b) Anke, Torsten oder Lena. Wählen Sie eine Person aus, hören Sie und ergänzen Sie neue Informationen in der Tabelle in a). Stellen Sie die Person vor.

> Die Mutter heißt Anke. Sie ...

> Lukas ist der kleine Bruder von ...

2 Und dann war plötzlich alles anders!

a) Anke hatte am 4. September einen Unfall. Sehen Sie sich das Foto an, lesen Sie die Textnachricht und berichten Sie.

> War mit dem Fahrrad unterwegs und wollte noch schnell einkaufen. Habe ein Auto nicht gesehen, konnte nicht bremsen! Musste ins Krankenhaus, rechtes Bein gebrochen ...
> 15.03

b) *Eigentlich* ... Sprechen Sie schnell.

| Eigentlich | musste / wollte | Anke in der Woche | einkaufen / den Keller aufräumen / im Garten arbeiten / das Haus putzen / den Unterricht planen / mit Lena Vokabeln üben | , aber das konnte sie nach dem Unfall nicht mehr. |

c) Wer kümmert sich jetzt um die Familie? Machen Sie Vorschläge.

ALLTAGSLEBEN

9

3 Wir sind für Sie da!

a) Die Familienpflegerin Dorothea Jütte. Lesen Sie das Porträt, markieren Sie wichtige Informationen über den Beruf und berichten Sie.

Seite 15

 **Dorothea Jütte (48)** arbeitet seit 15 Jahren im Familiendienst Bremen. Sie hat schon viele Familien in Notsituationen betreut. Die Mutter von drei erwachsenen Kindern meint: „Am Wichtigsten ist in meinem Beruf, dass man flexibel ist, gut zuhören kann, kleine Kinder mag und gern im Haushalt arbeitet. Und man darf nicht alle Sorgen nach Hause mitnehmen!"

Der Alltag geht weiter!
Familienpfleger*innen sorgen für Ordnung und kümmern sich um die Kinder

☐ Die Terrassentür ist geöffnet, in der Küche klappert Geschirr. Dorothea Jütte nimmt Tassen, Teller und Gläser aus dem Geschirrspüler und stellt sie in den Schrank. Die Tassen und Gläser
5 nach oben, die Teller nach unten. Alles hat seinen Platz. Nach der Küche ist die schmutzige Wäsche dran. Sicher ist die Waschmaschine bald fertig. Dann noch das Bad. Und um 17 Uhr muss sie Lena aus der Musikschule abholen. Zum Bügeln hat
10 Dorothea heute keine Zeit mehr. Morgen ist ein neuer Tag!

☐ Anke B. sitzt in der Küche. Vor ihr steht eine Tasse Tee auf dem Tisch. Die Mutter von zwei Kindern hatte einen Unfall und musste eine
15 Woche im Krankenhaus bleiben. Seit gestern ist sie wieder zuhause, aber sie ist noch sehr schwach. Ihr rechtes Bein liegt auf einem Stuhl. Sie darf es noch nicht viel bewegen.

☐ Ankes Mann Torsten ist Polizist und arbeitet
20 im Schichtdienst. In seinem Beruf kann er sich nicht einfach mal ein paar Tage frei nehmen und leider leben ihre Verwandten nicht in der Nähe. Aber jemand musste sich um die Kinder und den Haushalt kümmern, als Anke noch im Kranken-
25 haus war. Torsten hat den Familiendienst angerufen. Der Familiendienst hat Frau Jütte geschickt.

☐ „Ich finde es noch etwas komisch, dass Frau Jütte den Haushalt macht und mit unseren Kindern zur Musikschule oder in den Kindergarten
30 geht", sagt Anke. Aber sie ist auch froh, dass es das Angebot gibt und die Krankenkasse die Kosten für vier Wochen übernimmt. „Dorothea ist wirklich total nett, und in unserem Haushalt und mit meinen Kindern ist alles in Ordnung!"

b) *Der Alltag geht weiter!* Lesen Sie den Artikel aus der Apotheken-Zeitschrift, ordnen Sie jedem Textabschnitt eine passende Beschreibung zu und begründen Sie Ihre Wahl.

1 das Problem — **2** die Meinung — **3** die Lösung — **4** die Situation

c) Lesen Sie ersten beiden Absätze noch einmal. Welches Bild passt am besten? Begründen Sie.

d) Aufgaben im Haushalt. Kommentieren Sie wie im Beispiel.

> Ich putze (nicht) gern das Bad. Ich wasche lieber das Geschirr ab. Am liebsten …

> Ich hasse Bügeln!

4 Krankheit, Unfall, … und dann?

Haben Sie so eine Situation schon in Ihrer Familie oder Nachbarschaft erlebt? Wie haben Sie das geschafft? Berichten Sie. Die Redemittel helfen.

> Vor ein paar Jahren war mein Opa krank. Wir mussten …

einhundertfünfundzwanzig 125

Von Montag bis Freitag

1 Montagmorgen

a) Haushalt, Arbeit, Einkaufen, Hobbys … Was haben Sie am Montagmorgen gemacht? Notieren Sie Uhrzeiten und Tätigkeiten.

```
6:45  aufstehen
7:15  frühstücken
7:30  mit dem Bus …
```

```
7:15  aufstehen
7:30  Sport
 …
```

b) *Als du aufgestanden bist …* Vergleichen Sie Ihre Angaben aus a) wie im Beispiel.

Ich bin um Viertel vor sieben aufgestanden.

Als du aufgestanden bist, habe ich noch geschlafen. Ich bin um Viertel nach sieben aufgestanden.

Ich habe schon Sport gemacht, als du aufgestanden bist.

2 Berichte aus dem Arbeitsalltag

a) Lesen Sie die Berichte, ergänzen Sie die Berufe und ordnen Sie die Fotos zu.

a

b

c

1 ◯ der/die _____ /in

Jeden Montagmorgen treffen wir uns schon um sechs Uhr in unserer Zentrale. Wir decken zusammen den Tisch und bei unserem Frühstück spreche ich mit meinen Kolleg*innen über die Woche. Ich gebe ihnen Tipps für die Arbeit im Haushalt, weil ich schon seit über zehn Jahren dabei bin und viel Erfahrung habe.

2 ◯ _____

In meinem Beruf kommt es leider auch vor, dass Kolleg*innen krank sind. Dann arbeite ich mit ihren Klassen. Ich unterrichte Mathe und Deutsch. Und in der großen Pause fahre ich oft mit meinem Auto zur nächsten Schule. Manchmal haben die Kolleg*innen schon etwas vorbereitet und ich kann mit ihrem Plan arbeiten.

3 ◯ _____

Ich bin bei der Arbeit nie allein, weil es in unserem Arbeitsalltag viele Gefahren gibt. Mit meiner Kollegin beobachte ich den Verkehr. Manchmal gibt es Staus und jeden Tag passieren Unfälle, weil die Fahrer*innen mit ihren Autos viel zu schnell fahren. Bei ihrer Kontrolle kann es auch Probleme geben, aber die meisten sind ganz nett.

b) Sammeln Sie Possessivartikel im Dativ in den Texten in a). Ergänzen und vergleichen Sie.

der Alltag, im Alltag – in meinem Alltag, in deinem Alltag, in seinem …
das Auto, im Auto – mit meinem Auto …
…

c) *In unserer Kantine …* Wo und mit wem? Sprechen Sie schnell.

Ich bin	oft manchmal selten nie	mit meinem Kollegen mit deiner Chefin mit eurem Fahrer mit unseren Kunden mit meinen Schüler*innen	in unserem Konferenzraum. in unserem Labor. in unserer Werkstatt. bei unserer Sekretärin. bei unserem Direktor.

ALLTAGSLEBEN

3 In meinem Alltag …

a) Hören Sie und lesen Sie mit. Achten Sie auf *-em, -er* und *-en*.

In mein**em** Alltag bin ich oft mit uns**eren** Kunden in uns**erer** Werkstatt.

b) Hören Sie die Sätze und sprechen Sie nach.

4 Der Mann, der alles falsch gemacht hat

a) Lesen Sie die Geschichte und ordnen Sie die Bilder.

Ein Mann arbeitete in einer großen Firma im Büro. Wie jeden Freitagnachmittag um 16:30 Uhr wollte er eigentlich nur noch schnell die Ordner ins Regal stellen, die Pflanze gießen und die Kaffeemaschine sauber machen. An diesem Tag konnte er sich aber nicht richtig konzentrieren, weil sein Telefon ständig geklingelt hat. Und so hat er die Pflanze ins Regal gestellt und die Ordner sauber gemacht und die Kaffeemaschine gegossen. In dem Moment
5 hat er gemerkt, dass er alles falsch gemacht hat. Er wollte gerade die Pflanze aus dem Regal holen, als das Telefon schon wieder geklingelt hat. Nach dem Gespräch hat er die Kaffeemaschine ins Regal gestellt und die Pflanze geputzt. Als er gerade die Ordner gießen wollte, hat er gemerkt, dass wieder alles falsch war. In dem Moment hat auch schon wieder das Telefon geklingelt, aber der Mann hat nicht geantwortet und jetzt endlich alles richtig gemacht. Er …

b) *Endlich hat er alles richtig gemacht!* Erzählen Sie die Geschichte weiter.

c) Schreiben Sie die Geschichte von seiner Kollegin, die auch alles falsch gemacht hat. Die Geschichte aus a) hilft. Vergleichen Sie Ihre Texte.

*Seine Kollegin wollte eigentlich nur noch schnell die Milch in den Kühlschrank stellen,
ihren Terminkalender in ihre Tasche packen und die Post zum Briefkasten bringen. Aber ….*

5 *Eigentlich wollte ich …*

Manchmal geht alles schief. Beschreiben Sie so einen Tag und stellen Sie Ihren Text vor. **ODER** Bereiten Sie eine Fotogeschichte vor. Die anderen erzählen, was passiert ist.

ÜBUNGEN

1 **Immer dasselbe!?** Ordnen Sie den Aussagen passende Wendungen zu.

1 ○ Herr Seiler hat am Wochenende endlich Zeit für sich!
2 ○ Frau Kamp findet ihren Alltag langweilig und grau.
3 ○ Herr Uhl putzt die Wohnung und macht den Einkauf.
4 ○ Frau Pérez telefoniert sogar im Restaurant.
5 ○ Frau Chan kann ihren Alltag interessanter machen.
6 ○ Herr Jäger arbeitet nur an drei Tagen in der Woche.
7 ○ Frau Huber meint, der Plan funktioniert nicht.
8 ○ Herr Schmidt ist 67 und arbeitet nicht mehr.

a Das macht sie immer und überall.
b Er arbeitet in Teilzeit.
c Er ist in Rente.
d Sie macht immer dasselbe.
e Er macht den Haushalt.
f Sie glaubt, das geht schief.
g Sie hat es selbst in der Hand.
h Dann kann er machen, was er will.

2 **Alltagsroutinen**

a) Der Arbeitstag von Frau Gruber. Ein Verb passt nicht. Streichen Sie es durch.

1 zur Arbeit — fahren – ~~nehmen~~ – gehen
2 die Zeitung — kaufen – lesen – helfen
3 E-Mails — bekommen – tun – beantworten
4 Rechnungen — schreiben – mieten – prüfen
5 Mittagspause — haben – machen – warten
6 Kunden — stattfinden – besuchen – betreuen

Beate Gruber, 51, Versicherungskauffrau

b) Wählen Sie in jeder Zeile in a) eine Nomen-Verb-Verbindung aus. Beschreiben Sie den Alltag von Frau Gruber.

Frau Gruber fährt jeden Morgen mit dem Bus zur Arbeit. Unterwegs …

3 **Alltag und Urlaub**

a) Hören Sie den ersten Teil aus dem Podcast von Dr. Adile Yildiz noch einmal und ergänzen Sie.

3.08

_____ ¹ aufstehen.

Schnell _____ ².

Im Berufsverkehr _____ ³ stehen.

Arbeiten.

_____ ⁴.

Arbeiten.

Im _____ ⁵ im Stau stehen.

Lebensmittel einkaufen.

_____ ⁶ machen.

Vor dem _____ ⁷ einschlafen.

_____ ⁸ gehen.

b) **Endlich Urlaub!** Beschreiben Sie einen Urlaubstag wie in a). Sprechen Sie Ihren Text laut und nehmen Sie sich mit dem Handy auf.

ALLTAGSLEBEN

9

4 Familie Born

a) Lesen Sie die Aussagen und hören Sie noch einmal, was Anke, Torsten und Lena über ihren Alltag berichten. Kreuzen Sie richtige Aussagen an.

3.09

richtig

1 Anke hat meistens viel zu tun, weil sie den ganzen Tag in der Schule arbeitet. ○
2 Die Vorbereitungen für die Schule macht Anke am Abend, wenn die Kinder schon schlafen. ○
3 Anke meint, dass soziale Kontakte und Bewegung in der Natur ihr gegen den Stress helfen. ○
4 Torsten kann sich manchmal um Kinder und Haushalt kümmern, weil er Schichtdienst hat. ○
5 Er sagt, dass er viel Sport macht und sich sehr für Kochbücher und Backen interessiert. ○
6 Weil Lena gerne liest, geht sie oft mit ihren Eltern und ihrem Bruder in eine Buchhandlung. ○
7 Lena freut sich besonders, wenn ihr Vater am Wochenende bei den Spielen dabei ist. ○
8 Lenas kleiner Bruder Lukas geht noch nicht in die Schule, weil er erst vier Jahre alt ist. ○
9 Weil Lukas auch schon Hobbys hat, ist Anke oft den ganzen Nachmittag mit ihm unterwegs. ○

b) Hören Sie noch einmal und korrigieren Sie die falschen Aussagen aus a).

Anke hat immer viel zu tun, weil sie am Vormittag ...

5 Der Notruf

a) Die *fünf W*. Ergänzen Sie die W-Fragen.

1 W_____ ist der Unfall passiert?
2 W_____ ruft an?
3 W_____ ist passiert?
4 W_____ Menschen sind verletzt?
5 W*arten*_____ Sie auf unsere Fragen.

b) Hören Sie den Notruf und kontrollieren Sie Ihr Ergebnis aus a).

3.10

6 So ist der Unfall passiert. Sehen Sie sich das Bild an, lesen Sie den Unfallbericht und ergänzen Sie.

die Kreuzung

Um 13:40 Uhr war Frau Born mit ihrem Rad in der Parkstraße in Richtung Supermarkt *unterwegs*¹.
Herr Kamps wollte mit seinem Auto im Bohlweg _____² über die _____³ fahren.
Er achtete nicht auf die Rechts-vor-Links-Regel und _____⁴ nicht. Die Radfahrerin musste ins _____⁵. Dem Autofahrer _____⁶ nichts.

passierte • bremste • geradeaus •
~~unterwegs~~ • Kreuzung • Krankenhaus

ÜBUNGEN

7 Im Haushalt

a) Tätigkeiten im Haushalt. Ordnen Sie die Fotos zu und ergänzen Sie die Verben.

gießen • waschen • ausräumen • machen • bügeln • putzen • aufräumen • kochen

A   B   C   D
E   F   G   H

1 ◯ die Wäsche _____
2 ◯ die Blumen _____
3 ◯ das Zimmer _____
4 ◯ die Fenster _____
5 ◯ den Geschirrspüler *ausräumen*
6 ◯ die Betten *machen*
7 ◯ die Hemden _____
8 ◯ das Essen _____

b) Haushaltsgeräte. Was ist das? Ergänzen Sie wie im Beispiel.

1 Viele Menschen benutzen *eine Kaffeemaschine* _____ zum Kaffeekochen.
2 In jeder Küche gibt es _____ zum Lebensmittel kühlen.
3 Viele Haushalte haben auch _____ zum Geschirrspülen.
4 Eigentlich braucht jeder _____ zum Kochen.
5 Und ohne _____ zum Wäschewaschen geht es heute nicht mehr.

der Geschirrspüler • die Kaffeemaschine • der Herd • der Kühlschrank • die Waschmaschine

8 Familienpflegerin Dorothea Jütte

a) *Am wichtigsten ist in meinem Beruf, dass ...* Lesen Sie das Porträt von Frau Jütte auf S. 125 noch einmal. Ordnen Sie den Aussagen passende Gründe zu.

1 Man muss flexibel sein.
2 Man muss gut zuhören können.
3 Man muss kleine Kinder mögen.
4 Man muss gern im Haushalt arbeiten.

a Familienpfleger*innen sorgen für Ordnung.
b Jede Familie und jeder Haushalt ist anders.
c Familien in Notsituationen haben Probleme.
d Die Situation ist für sie besonders schwierig.

b) Verbinden Sie die Sätze aus a) mit *weil*.   *1 Man muss flexibel sein, weil ...*

c) Lesen Sie den Magazinartikel auf S. 125 noch einmal. Was macht Frau Jütte bei Familie Born? Markieren Sie im Text und notieren Sie.

1 für Ordnung sorgen: *den Geschirrspüler ausräumen, Tassen, Teller ...*
2 sich um die Kinder kümmern: _____

ALLTAGSLEBEN

9 Ein Brief von einer Leserin

a) In welcher Reihenfolge (1–6) beantwortet der Brief die Fragen? Ergänzen Sie wie im Beispiel.

- a ( ) Was ist passiert?
- b ( ) Welches Problem hatte sie?
- c ( ) Wann ist das passiert?
- d ( ) Wie hat die Familie das Problem gelöst?
- e (1) Warum schreibt die Leserin den Brief?
- f ( ) Was findet Frau Burke besser als früher?

Liebe Redaktion,

immer wieder lese ich Ihre Zeitschrift mit großem Interesse und möchte heute einmal Danke sagen. Der Artikel über die Familienpflegerin hat mir besonders gut gefallen. Ich weiß, wie wichtig ihre Arbeit für eine Familie in einer Notsituation ist.

1972 waren mein Bruder und ich erst vier und fünf Jahre alt, als meine Mutter einen Unfall im Haushalt hatte. Sie ist beim Fensterputzen vom Stuhl gefallen, hat sich den rechten Arm gebrochen und musste dann zehn Tage im Krankenhaus bleiben. Mein Vater konnte keinen Urlaub nehmen, weil es in seiner Firma so viel Arbeit gab. Natürlich wollten meine Eltern nicht, dass wir am Nachmittag allein sind. Aber mein Vater konnte uns auch nicht in den Betrieb mitnehmen.

Damals hatten wir noch keinen Familiendienst. Aber zum Glück hatten wir eine nette Nachbarin, die sofort Hilfe angeboten hat. Sie hat uns jeden Tag vom Kindergarten abgeholt und wir konnten bei ihr Mittag essen und mit ihren Kindern spielen, bis mein Vater von der Arbeit nach Hause kam. Ich glaube, sie hat sogar unsere Wäsche gewaschen. Weil wir keine Familienpflegerin hatten, musste mein Vater nach der Arbeit noch den Haushalt machen. Natürlich haben wir uns alle sehr gefreut, als meine Mutter endlich wieder zu Hause war.

Ich weiß nicht, ob es noch so nette Nachbarinnen oder Nachbarn gibt, die gerne helfen. Gut, dass es heute überall Familiendienste gibt!

Herzliche Grüße von einer begeisterten Leserin!

Ihre Elisabeth Burke

b) Lesen Sie den Brief noch einmal und markieren Sie die Modalverben im Präteritum.

10 Als ich ein Kind war, ...

a) Torsten Born berichtet. Was *konnte, musste, wollte* er? Ergänzen Sie.

1. Meine Mutter sagt, | ich *konnte* schon alleine laufen, als ich erst ein Jahr alt war.
2. Als ich zwei war, war ich sehr krank und _____ drei Wochen im Krankenhaus bleiben.
3. Mit drei _____ ich am liebsten schon in die Schule gehen. Natürlich war ich noch zu klein.
4. Als ich vier war, _____ ich meinen Namen schon ohne Fehler schreiben.
5. Mit fünf _____ wir im Kindergarten nachmittags zwei Stunden schlafen. Das war nervig.
6. Ich _____ jeden Morgen früh aufstehen und in die Schule gehen, als ich sechs Jahre alt war.
7. Als ich sieben war, _____ ich schon Polizist werden.

🔊 3.11 **b)** Hören Sie und markieren Sie die Pausen in a) wie im Beispiel. Sprechen Sie nach.

c) Und Sie? Was konnten, mussten, wollten Sie, als Sie ein, zwei, ... Jahre alt waren? Berichten Sie wie in a).

ÜBUNGEN

11 Beim Arzt

a) Mit welchen Problemen kommen die Patient*innen in die Praxis? Ordnen Sie zu.

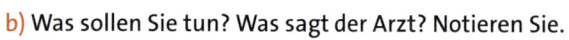

- a ○ Rückenschmerzen
- b ○ Verletzung an der Hand
- c ○ Kopfschmerzen
- d ○ das Bein ist gebrochen
- e ○ Bauchschmerzen

b) Was ist passiert? Lesen Sie die Aussagen und ordnen Sie die Personen aus a) zu.

- a ○ Ich wollte das Mittagessen kochen und habe mich beim Zwiebeln schneiden geschnitten.
- b ○ Gestern musste ich einer Freundin beim Umzug helfen und ein Sofa in die dritte Etage tragen.
- c ○ Ich konnte heute Morgen nichts essen oder trinken. Mir ist auch total schlecht.
- d ○ Ich wollte nach der Arbeit noch schnell etwas einkaufen und hatte einen Fahrradunfall.
- e ○ Unsere Kinder hatten letzte Woche eine Erkältung. Ich glaube, jetzt bin ich dran.

12 Was fehlt Ihnen denn?

a) Videokaraoke. Sehen Sie sich das Video an und antworten Sie.

b) Was sollen Sie tun? Was sagt der Arzt? Notieren Sie.

Ich soll ...

13 Arbeitsalltag

a) *Mit ...* Ergänzen Sie die Possessivartikel im Dativ wie im Beispiel.

1 Herr Özdemir isst manchmal mittags *mit seinen* Kunden (sein, Pl.).
2 Frau Nguyen bereitet _____ Assistentin (ihr, Sg.) die Meetings vor.
3 Frau Otte macht _____ Kollegen (ihr, Sg.) eine Frühstückspause.
4 Frau Popow trifft sich _____ (unser, Sg.) Chefin.
5 Herr Lauer putzt _____ Mitarbeiter (sein, Sg.) die Fenster.

b) *In unserer* Firma. Ergänzen Sie.

- a *in unserem* Konferenzraum
- b *in unserer* Kantine
- c _____ Kaffeeküche
- d _____ Sekretariat
- e _____ Büros

c) *Wer, mit wem, wo, was?* Ergänzen Sie in a) passende Angaben aus b).

1 Herr Özdemir isst manchmal mittags mit seinen Kunden in unserer Kantine.

ALLTAGSLEBEN

Fit für Einheit 10?

1 Mit Sprache handeln

über Alltag sprechen
Für mich bedeutet Alltag Routine. Es ist eigentlich immer dasselbe.
Alltag muss nicht grau und langweilig sein. Mein Alltag ist bunt!
Man kann immer und überall aus dem Alltag ausbrechen und etwas Neues anfangen!
Mein Alltag ist nicht stressig, aber manchmal geht auch etwas schief.

den eigenen Alltag beschreiben
Ich stehe morgens oft im Stau.
Ich bin Polizist und arbeite im Schichtdienst.
Mein Mann bringt die Kinder jeden Morgen in die Schule und holt sie mittags wieder ab.
Am Wochenende habe ich endlich Zeit für mich!

über Aufgaben in Haushalt und Betreuung sprechen
Meine Tochter ist jetzt acht Jahre alt und kann mir schon im Haushalt helfen. Sie macht jeden Morgen ihr Bett und räumt manchmal den Geschirrspüler aus.
Die Familienpflegerin putzt, kocht, räumt auf, wäscht und kümmert sich um die Kinder.
Als mein Großvater krank war, habe ich für ihn eingekauft und die Wohnung geputzt. Zum Glück musste ich nicht bügeln!

2 Wörter, Wendungen und Strukturen

Wortfeld Haushalt
die Wäsche waschen, die Hemden bügeln, das Bad putzen, den Geschirrspüler ausräumen, die Betten machen, die Blumen gießen

Modalverben im Präteritum
Es war schon spät. Sie musste sich beeilen.
Wir wollten am Wochenende im Garten arbeiten, aber dann hat es geregnet.
Ich habe das Auto nicht gesehen und konnte nicht mehr bremsen.

Possessivartikel im Dativ
Ich bin oft mit meinem Chef bei eurem Direktor.
Ich arbeite manchmal mit meiner Kollegin in unserer Werkstatt.
Ich arbeite manchmal mit deiner Chefin in eurem Labor.
Ich esse selten mit meinen Kolleginnen in unserer Kantine.
Wir sind manchmal mit unseren Praktikanten bei unserer Direktorin.

3 Aussprache

das -en, -em und -er am Wortende: In meinem Alltag bin ich oft mit unseren Kunden in unserer Werkstatt.

→ Interaktive Übungen

FESTIVAL-SOMMER

„Es hat wie immer auf dem W:O:A geregnet, aber die Stimmung war fantastisch. Heavy Metal macht mich einfach wach und glücklich."

#nassaberschön
#GlückimSchlamm
#Gänsehautpur

HIER LERNEN SIE:
- über Musik und Festivals sprechen
- nach Preisen und Ermäßigungen fragen
- Stimmung und Begeisterung ausdrücken
- einen Bericht verstehen und schreiben

Das **Wacken Open Air (W:O:A)** gehört zu den größten internationalen Heavy-Metal-Festivals. Es findet seit 1990 jedes Jahr am ersten Augustwochenende in Wacken in Schleswig-Holstein statt. 85.000 Besucherinnen und Besucher reisen aus der ganzen Welt an und verändern für einige Tage das gesamte Leben in dem kleinen Ort. Das Festival ist bekannt für seine gute und entspannte Stimmung. Es gibt acht Bühnen und im Programm gibt es über 200 Bands und Musikerinnen und Musiker. Vier Tage lang hören die Fans Metal- und Hard-Rock-Konzerte. Das Übernachten ist im Ticketpreis enthalten. Viele Fans schlafen in Zelten, aber es gibt auch Platz für Wohnmobile oder Autos. Auf dem Gelände gibt es Duschen und Toiletten und man kann auch Essen und Getränke kaufen. Wacken ist legendär, ein echtes Festival-Erlebnis!

1 Festivals. Wie ist die Stimmung? Wer geht hin? Sehen Sie sich die Fotos an. Beschreiben Sie.
💬 *Es ist sehr voll. Viele Menschen tanzen.*
💬 *Das Festival ist cool. Hier treffen sich ...*

2 Da will ich hin!
a) Wacken. Seit wann? Wo? ... Sammeln Sie Fragen zum Artikel und antworten Sie.
ODER Lesen Sie die Fragen und antworten Sie.
b) Klassik-Festival oder SMS. Lesen Sie einen Artikel und notieren Sie. Partner*in A berichtet. Partner*in B fragt nach. Die Fragen aus a) helfen.

3 #guteLaune. Lesen Sie die Zitate und die Hashtags. Schreiben Sie weitere Hashtags und vergleichen Sie.

4 Rock, Pop, Klassik, ...
a) Sammeln Sie Musikstile in den Artikeln.
b) Was ist was? Hören Sie und vergleichen Sie.
💬 *Das ist Popmusik.*
💬 *Nein, das ist Rock.*

5 Musik macht gute Laune
a) Hören Sie die Kommentare. Stimmen Sie zu? Aufstehen. Stimmen Sie nicht zu? Sitzenbleiben.
b) Was hören Sie wann gern? Berichten und kommentieren Sie.
💬 *Beim Geschirrspülen höre ich immer Popmusik.*
💬 *Ja, das macht gute Laune!*

6 Und Sie? Gehen Sie auf Festivals/in Konzerte/ ...? Wie ist die Stimmung? Beschreiben Sie.

Das Schleswig-Holstein Musik Festival zählt zu den größten Klassik-Festivals Europas. Es fand zum ersten Mal 1986 statt. Jeden Sommer hört man vor allem Klassik, aber es gibt auch Pop-, Jazz- und Elektro-Konzerte. Bekannt ist das Festival für die besonderen Konzertorte. So finden die Konzerte in Norddeutschland und Dänemark z. B. auf Bauernhöfen, auf Schiffen oder in Museen statt. Das Festival präsentiert viele junge Musikerinnen und Musiker, die dort ihre Musikkarrieren starten. Das Festival ist daher auch bei jungen Leuten sehr beliebt und bekannt für seine tolle Stimmung.

„Die Stimmung auf dem Schleswig-Holstein Musik Festival ist sehr entspannt, es ist gar nicht langweilig. Und man lernt viele coole Leute kennen."

#klasseKlassik
#Entspannung

Festival-Sommer spezial

Das SonneMondSterne Festival (kurz: SMS) ist das bekannteste Festival für Elektromusik in Deutschland. Hier spielen nationale und internationale DJs seit 1997 Elektromusik, manchmal auch etwas Rock- oder Popmusik. Das SMS findet jährlich am zweiten Augustwochenende mit bis zu 40.000 Besucherinnen und Besuchern in Thüringen statt. Das Festival ist beliebt, weil es direkt an einem See ist. Dort kann man die ganze Nacht zu den Shows tanzen und tagsüber im See baden oder am Strand schlafen. Das SMS dauert drei Tage und man kann auf dem Gelände zelten.

„Das SMS macht einfach gute Laune. Krasse Elektromusik und tolle Leute! Ich tanze die ganze Nacht."

#3Tagewach
#krasseStimmung

Wir fahren zum Festival!

1 Tickets bestellen

a) Name, Datum, Ort, Preis? Lesen Sie die Informationen. Berichten Sie.

03.–05. Juli	MOLA – Sommer Rock Festival Hannover	ab € 79,00 Weiter

 b) Warum ruft Emma den Kunden-Service an? Hören Sie das Telefongespräch und berichten Sie.

c) Hören Sie noch einmal. Ergänzen Sie die Informationen. Vergleichen Sie.

Ticket-Anzahl	Preis €	im Vorverkauf €	Ermäßigung für	Bus

 d) Emma informiert ihre Freundinnen in einer E-Mail über das Telefonat. Schreiben Sie die E-Mail und fassen Sie die Informationen aus dem Telefonat zusammen.

2 Ich hätte gern fünf Tickets

a) Wie geht der Dialog weiter? Lesen Sie und ordnen Sie.

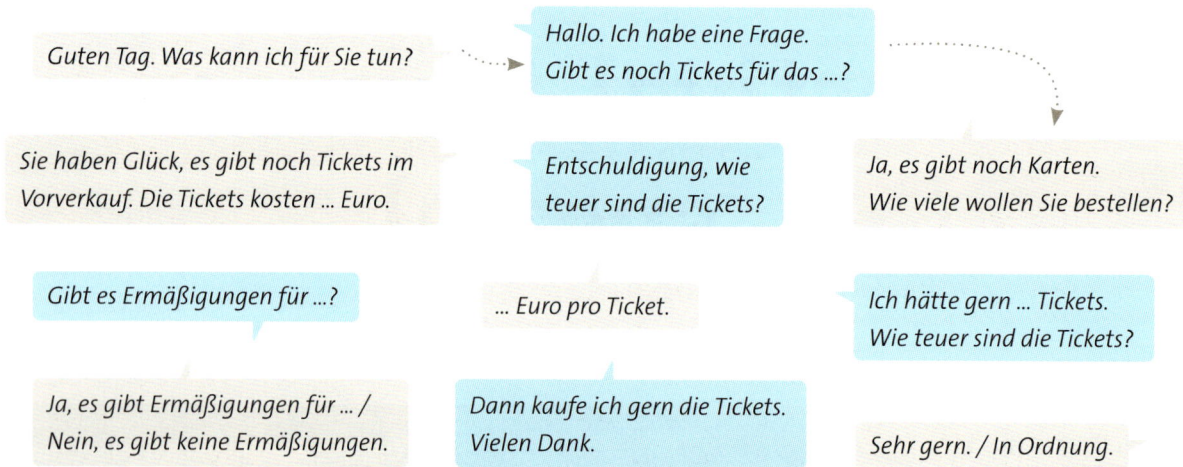

- Hallo. Ich habe eine Frage. Gibt es noch Tickets für das …?
- Guten Tag. Was kann ich für Sie tun?
- Ja, es gibt noch Karten. Wie viele wollen Sie bestellen?
- Ich hätte gern … Tickets. Wie teuer sind die Tickets?
- Entschuldigung, wie teuer sind die Tickets?
- Sie haben Glück, es gibt noch Tickets im Vorverkauf. Die Tickets kosten … Euro.
- … Euro pro Ticket.
- Gibt es Ermäßigungen für …?
- Ja, es gibt Ermäßigungen für … / Nein, es gibt keine Ermäßigungen.
- Dann kaufe ich gern die Tickets. Vielen Dank.
- Sehr gern. / In Ordnung.

b) Spielen Sie den Dialog.

3 Nach Informationen fragen

Lesen Sie die Rollenkarten. Spielen Sie die Dialoge. Der Dialog in 2a) hilft.

4 Drei Tage Musik-Festival

a) Was nehmen Sie auf ein Musik-Festival mit? Was ist wichtig? Erstellen Sie eine Liste und vergleichen Sie.

- *Ich nehme Sonnencreme mit.*
- *Am wichtigsten ist ein Zelt.*

 b) Vloggerin Jana gibt Festival-Tipps. Sehen Sie sich das Video an. Ergänzen Sie Ihre Liste aus a) und vergleichen Sie.

c) Was überrascht Sie? Sehen Sie sich das Video noch einmal an und kommentieren Sie.

Jana, Vloggerin

FESTIVAL-SOMMER

5 Ein Interview mit Vloggerin Jana

a) Warum meint Jana, dass die Festivalzeit die beste Jahreszeit ist? Lesen Sie das Interview und berichten Sie.

„Festivalzeit ist die beste Jahreszeit"

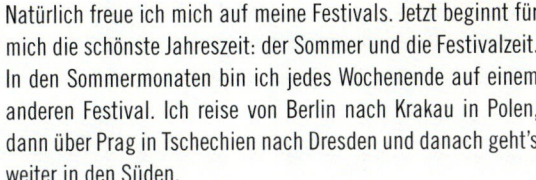

Jana ist Vloggerin und hat einen YouTube-Kanal. Sie liebt Festivals. In ihren Videos gibt sie Tipps für Anfänger und Profis.

Hallo Jana. Worauf freust du dich denn in den nächsten Wochen am meisten?

Natürlich freue ich mich auf meine Festivals. Jetzt beginnt für mich die schönste Jahreszeit: der Sommer und die Festivalzeit. In den Sommermonaten bin ich jedes Wochenende auf einem anderen Festival. Ich reise von Berlin nach Krakau in Polen, dann über Prag in Tschechien nach Dresden und danach geht's weiter in den Süden.

Wow, das heißt, du bist viel unterwegs. Wie reist du denn?

Ich bin immer mit meinem Kleinbus unterwegs. Früher bin ich oft mit Bussen oder Zügen gereist, aber das geht jetzt nicht mehr. Ich muss zu viele Sachen transportieren.

Warum brauchst du so viele Sachen?

Zum Arbeiten. Ich brauche meinen Laptop, meine Kamera, mein Mikrofon und vieles mehr. Ich mache ja Videos auf den Festivals und nehme Interviews auf. Ich kann in meinem Bus auch gut arbeiten, das geht im Zelt nicht so richtig. Die Videos bearbeite ich dann direkt am Computer. Ich schneide sie und schreibe Texte. Danach lade ich die Videos hoch. So können meine Fans die Videos direkt in meinem Vlog sehen und kommentieren.

Dann können sich deine Fans ja auch freuen. Worüber berichtest du genau?

Ich gebe Festival-Empfehlungen und berichte über die Künstler*innen, die dort auftreten. Ich mache z. B. Interviews mit den DJs. Die meisten sind echt coole Typen. Ich unterhalte mich super gerne über ihre Musik. Das ist für mich der schönste Job der Welt!

Für dich ist also ein Festivalbesuch Arbeit und nicht nur Spaß, oder?

Nein, Festivals bedeuten für mich immer nur Spaß, weil ich meine Arbeit so gern mache.

Gibt es denn auch Dinge auf Festivals, die nicht so schön sind? Worüber ärgerst du dich z. B.?

Über den Müll! Es gibt so viel Plastik überall. Ich ärgere mich oft über die Leute, die ihren Müll nicht wieder mitnehmen.

b) Festivals – Arbeit oder Spaß? Lesen Sie das Interview noch einmal. Sammeln Sie und begründen Sie.

Es macht Jana Spaß, weil ...   *Es ist auch Arbeit für sie, weil ...*

6 Worauf ...? Worüber ...?

a) Fragen und antworten Sie wie im Beispiel.

Worauf freust du dich?	Ich freue mich auf	meinen Urlaub / mein Ticket /
Worauf wartest du?	Ich warte auf	den Sommer / das Wochenende /
Worüber freust du dich?	Ich freue mich über	das Theaterstück / das Geschenk /
Worüber ärgerst du dich?	Ich ärgere mich über	die Kälte / den Regen / den Test / ...

b) Markieren Sie die Fragewörter und die Verben mit Präpositionen in 5a). Fragen und antworten Sie dann.

Worauf wartet Jana schon seit Monaten?

Sie wartet auf ...   *Worüber freust du dich?*

Minimemo
Ich **freue mich auf** die Tickets. Ich bekomme sie morgen.
Ich **freue mich über** die Tickets. Sie waren heute in der Post.

7 Festivals

Berichten Sie einem Freund / einer Freundin über ein Festival in Deutschland in Ihrer Sprache. **ODER** Berichten Sie auf Deutsch über ein Festival in Ihrem Land.

Die Stimmung war genial!

1 Laut, unbequem, aufregend, …

Was meinen Sie? Lesen Sie und kommentieren Sie.

1 Laut. Man hört drei Tage ohne Pause Musik. Das ist genial.

2 Unbequem. Ich brauche ein Bett.

3 Festivals sind aufregend. Ich tanze sehr gern draußen.

4 Dreckig. Der Boden ist manchmal schlammig.

5 Oft nass. Egal, wir tanzen einfach im Regen.

6 Unpraktisch. Ohne eigene Dusche und Toilette, das nervt!

2 Regen, Rock und gute Laune

a) Lesen Sie den Festival-Bericht und ordnen Sie die Aussagen zu.

1 Es regnete, aber es gab trotzdem Konzerte.
2 Hanno machte ein Foto von Kate aus Österreich.
3 Es spielten tolle DJs und es gab eine Lichtershow.

So war das Mola-Festival in Hannover

Ein Festival-Bericht von Hanno Paulsen, 22. Juli

◯ Das Mola-Festival startete am Freitagnachmittag an der kleinen Waldbühne. Pünktlich um 17 Uhr begann das erste Konzert von meiner Lieblingsband ‚Reiser'. Das Wetter und die Stimmung waren super krass. Alle sangen laut mit und tanzten. Das war ein super Anfang, ich war total begeistert. Ab 22 Uhr machte die kleine Waldbühne zu und es spielten dann nur noch DJs auf der großen Bühne. Es gab eine tolle Lichtershow und wir tanzten draußen bis spät in die Nacht. Es war sehr voll, aber die Stimmung war genial. Die Menschen, die Lichter und die Musik – Gänsehaut pur!

◯ Ganz anders war die Stimmung leider am nächsten Morgen. Es regnete von morgens bis zum späten Nachmittag. Wir besuchten trotzdem ein paar Konzerte. An der Waldbühne gab es aber leider nur Hard-Rock, die Bands waren nicht so gut. Und auch die Stimmung war noch nicht so toll. Viele blieben im Zelt. Am Abend hörte es endlich auf zu regnen und die Leute kamen nach und nach aus ihren Zelten.

◯ Ab 18 Uhr wurde es wieder voll und endlich gab es eine richtige Festival-Stimmung: Es war laut und alle waren gut drauf. Am coolsten war die Show von DJane Kate aus Wien! Ich traf auch ein paar Wienerinnen, die DJane Kate kennen. Mein persönlicher Höhepunkt war, dass ich mit ihr ein Selfie machen durfte. Mein Fazit: Tolle Organisation, großartige Stimmung und fantastische Shows. Ich bin immer noch begeistert und nächstes Jahr auf jeden Fall wieder dabei!

FESTIVAL-SOMMER 10

b) Bands, Wetter, Stimmung? Lesen Sie noch einmal und ergänzen Sie die Informationen. Berichten Sie.

Freitagnachmittag hat die Lieblingsband von Hanno gespielt. Es war ...

Abends gab es ...

Am Samstag hat es tagsüber geregnet und die Stimmung war ...

Lerntipp

Geben, finden, wissen, sein, haben und die *Modalverben* – auch mündlich oft im Präteritum, zum Beispiel *es gab, er fand, sie wussten, wir waren, er hatte.*

c) Unpraktisch? Nass? Aufregend? Wie fand der Autor das Mola-Festival? Vergleichen Sie.

Das Festival war ...   *Der Autor fand das Festival ...*   *Es gab ...*

3 Mega gut!

a) Wie reagieren Sie? Hören Sie und achten Sie auf die Emotionen.

1 Mega!   2 Krass!   3 Echt?   4 Toll!   5 Wirklich?   6 Genial!

b) Hören Sie und sprechen Sie nach.

4 DJane Kate gab eine Show

a) Markieren Sie die Verben im Präteritum auf S. 134–138. Lesen Sie und ergänzen Sie noch weitere Sätze wie im Beispiel.

Präteritum:	Infinitiv:
Das Festival **startete** am Freitagnachmittag.	starten
Es **gab** eine tolle Lichtershow.	geben
Es **fand** zum ersten Mal 1986 **statt**.	stattfinden

b) Spielen Sie Echo. Hören Sie und sprechen Sie nach.

Hanno durfte ein Selfie mit DJane Kate machen.   *Krass! Hanno durfte ein Selfie mit DJane Kate machen?*

5 Wo waren Sie?

a) Festival oder eine andere Veranstaltung (Ausstellung/Konzert/Theater/Sportveranstaltung/...). Schreiben Sie einen Bericht. Die Fragen helfen. **ODER** Machen Sie einen Podcast und berichten Sie. Die Emotionen aus 3a) helfen.

b) Von wem ist der Bericht? Tauschen Sie die Berichte. Lesen Sie und raten Sie. **ODER** Hören Sie die Podcasts. Kommentieren Sie.

Ich glaube, der Bericht ist von Erkan, weil er Sport sehr liebt.

Nein, der Text ist nicht von mir.

Ich habe deinen Podcast gehört. Echt genial! Gehst du oft auf Konzerte?

Ja, genau, der Text ist von mir. Letzten Monat war ich beim Baseball. Es war sehr interessant. Ich fand ...

einhundertneununddreißig 139

ÜBUNGEN

1 So eine gute Stimmung!

🔊 3.18   a) Hören Sie die Aussagen der Festivalgäste und ordnen Sie die Fotos zu.

a  b  c

b) Hören Sie noch einmal. Ordnen Sie die Fotos den Hashtags zu.

1 ◯ #klasseKlassik   3 ◯ #nassaberschön   5 ◯ #3Tagewach
2 ◯ #Entspannung   4 ◯ #krasseStimmung   6 ◯ #GlückimSchlamm

2 Drei Festivals in Deutschland

a) Richtig (r) oder falsch (f)? Lesen Sie die Texte auf S. 134–135 noch einmal und ergänzen Sie.

1 (f) Auf dem Wacken Open Air gibt es zehn Bühnen.
2 ( ) Auf dem SMS spielen nationale und internationale DJs und DJanes.
3 ( ) Auf dem W:O:A und dem SMS kann man übernachten.
4 ( ) Das Schleswig-Holstein Musik Festival gibt es seit 1968.
5 ( ) Das Schleswig-Holstein Musik Festival findet auch auf Schiffen statt.
6 ( ) Alle drei Festivals sind an einem See.

b) Korrigieren Sie die falschen Aussagen.

> *1 Auf dem Wacken Open Air gibt es …*

3 Festivals, Freunde, Freizeit

a) Was passt nicht? Streichen Sie durch.

1 Wie lange dauert ein Musik-Festival?   ein Jahr – mehrere Tage – einen Tag
2 Was macht man auf einem Festival?   tanzen – zelten – regnen
3 Wer spielt auf einem Festival?   Vlogger – Bands – DJs
4 Was gibt es auf einem Festival?   eine Bühne – Toiletten – einen Bahnhof

b) Zu welcher Frage passen die Fotos? Ordnen Sie zu.

a  b  c

 4 Musikstile. Wie gefallen Ihnen die Musikstile? Schreiben Sie einen Ich-Text.

Ich finde / Ich höre …

zu Hause • manchmal • beim Putzen • toll - selten • jeden Abend • nervig • beim Joggen • Klassik • langweilig • Jazz • Heavy Metal • Rock • immer • Pop • beim Lernen • morgens • nie • in der Bahn • oft

FESTIVAL-SOMMER **10**

5 Rockmusik oder doch lieber Klassik?

a) Hören Sie das Radio-Interview mit Shila. Was ist das Thema? Kreuzen Sie an.

1 ◯ Shilas erster Festival-Besuch
2 ◯ Shilas Leben als DJane
3 ◯ Shilas Alltag mit Musik

Shila im Interview

b) Was erzählt Shila? Hören Sie noch einmal und sammeln Sie Informationen.

1 Welchen Beruf hat Shila? _____
2 Welche Musikstile hört sie? _____
3 Wann hört sie Musik? _____

c) Hören Sie noch einmal und ergänzen Sie die Sätze.

1 Popmusik höre ich _____. 3 Auf einer _____ höre ich Elektromusik.
2 Bei der _____ höre ich Klassik. 4 Rockmusik höre ich auf einem _____.

6 Ich hätte gern fünf Tickets.

a) Welches Wort passt? Ergänzen Sie.

die Ermäßigung • der Preis • der Vorverkauf • der Kunden-Service • die Ticket-Anzahl

1 Das Ticket kostet 105 €. _____
2 Ich hätte gern fünf Tickets. _____
3 Schüler*innen und Student*innen bezahlen weniger. _____
4 Ich habe eine Frage. Ich rufe diese Nummer an. _____
5 Wir müssen jetzt Tickets buchen. Später sind sie teurer! _____

b) Wer sagt das? Kund*in (K) oder Verkäufer*in (V)? Ergänzen Sie.

1 ◯ Was kann ich für Sie tun? 5 ◯ Ticketshop, Mila Otte, guten Tag.
2 ◯ Ich hätte gern zwei Tickets. 6 ◯ Haben Sie sonst noch einen Wunsch?
3 ◯ Ich habe eine Frage. 7 ◯ Wie viel kostet das zusammen?
4 ◯ Wie kann ich Ihnen helfen? 8 ◯ Wann kommen die Tickets an?

7 Wir planen zusammen

a) Videokaraoke. Sehen Sie sich das Video an und antworten Sie.

b) Welche Informationen fehlen?
Sehen Sie sich das Video noch einmal an und ergänzen Sie.

___ – ___ September	**Lollapalooza**
	in _____ ___ €

ÜBUNGEN

8 *Entschuldigung, was kostet ein Ticket?*

a) **Lesen Sie und ordnen Sie das Telefongespräch.**

Verkäufer: Herr Rachow

○ Für zwei Tage kostet ein Ticket 149 €.
① Ticketshop Rachow, guten Tag. Was kann ich für Sie tun?
○ Das sind dann 745 €.
○ 149 €. Wie viele Tickets brauchen Sie denn?
○ Fünf Tickets kosten 745 €.

Kundin: Frau Pérez

○ Ich möchte fünf Tickets kaufen.
○ Entschuldigung, was kostet ein Ticket?
○ O.k., vielen Dank! Dann kaufe ich jetzt die Tickets.
○ Wie bitte? Können Sie den Preis nochmal wiederholen?
② Hallo, Pérez mein Name. Ich habe eine Frage zum Lollapalooza Festival. Wie teuer sind die Tickets?

b) **Hören Sie das Telefongespräch und kontrollieren Sie in a)** (3.20)

c) **Wie bittet Frau Pérez um Wiederholung? Markieren Sie die Redemittel in a).**

d) **Hören Sie die Wiederholungen und sprechen Sie nach.** (3.21)

9 Janas Packliste

a) **Was ist das? Ordnen Sie die Wörter 1–5 den Bildern zu.**

○ 1 das Zelt — a Es regnet oft und der Boden ist schlammig.
○ 2 der Schlafsack und die Isomatte — b Ich möchte etwas essen und trinken.
① 3 die Regenjacke und die Gummistiefel — c Hier schlafe, entspanne und esse ich.
○ 4 das Essen und das Camping-Geschirr — d Ich brauche ein Pflaster, Kopfschmerztabletten und einen Verband.
○ 5 die Reiseapotheke — e Ich möchte warm und bequem schlafen.

(Beispielverbindung: 1 das Zelt → c)

b) **Sehen Sie sich Janas Video auf S. 136 noch einmal an. Was nimmt sie auf ein Festival mit und warum? Verbinden Sie in a) mit den Sätzen a–e wie im Beispiel.**

c) **Wortfeld *Festival*. Sammeln Sie.**

Rock — Musikstile — **das Festival** — Tickets bestellen

FESTIVAL-SOMMER 10

10 Vloggerin Jana. Lesen Sie das Interview auf S. 137 noch einmal. Wem stimmt Jana zu? Kreuzen Sie an.

1 ○ „Für gute Videos braucht man viel Wissen: Wie filmt man mit der Kamera? Wie führe ich ein Interview? Wie schneide ich die Videos? Das kann nicht jeder."
Madeleine, 25

2 ○ „Ein Festival ist nicht für jeden nur Spaß. Viele Menschen arbeiten dort. Sie organisieren, räumen auf oder verkaufen Getränke."
Steve, 33

3 ○ „Vlogger*in ist kein richtiger Beruf. Man braucht dafür keine Ausbildung. Jeder kann das machen."
Andreas, 54

11 Worauf freust du dich?

a) *Worauf oder worüber?* Markieren Sie die Verben mit Präpositionen und ordnen Sie zu.

Worauf ...?
Worüber ...?

1 Die Firma **antwortet auf** meinen Brief.
2 Wir informieren uns über die Festival-Preise.
3 Er berichtet über das Festival.
4 Die Kinder warten auf die Ferien.
5 Im Deutschkurs sprechen wir über die Grammatik.
6 Er bereitet sich auf die Prüfung vor.
7 Viele ärgern sich über das Wetter.

b) Lesen Sie und sprechen Sie laut. Ergänzen Sie wie im Beispiel.

1 sich freuen – sich freuen auf – Ich freue mich auf die Pause.
2 sich ärgern – sich ärgern über – Wir ärgern uns über den Stau.   *Worüber ärgert ihr euch?*
3 warten – warten auf – Sie warten auf den Bus.
4 sich freuen – sich freuen über – Sie freut sich über den neuen Job.

c) *Sich freuen auf ...* oder *sich freuen über ...* Ordnen Sie zu.

1 Nächste Woche ist das Festival. Ich freue mich auf das Festival.
2 Gestern war ich beim Fußballspiel. Ich habe mich über das tolle Spiel gefreut.
3 Mein Freund kommt morgen. Ich freue mich auf seinen Besuch.

a Es hat noch nicht stattgefunden.
b Es hat schon stattgefunden.

12 Tolle Erlebnisse

a) Welche Überschrift passt? Lesen Sie die drei Berichte. Ordnen Sie zu.

1 ○ Football-Überraschung
2 ○ Kultur in Jena
3 ○ Kunst aus Portugal

a Am Freitag öffnete die *Galerie am Hafen* ihre Türen. Ein portugiesischer Künstler präsentierte seine Bilder. Es gab auch ein leckeres Buffet.

b Was für ein krasses Football-Erlebnis! Am Samstag spielten die *New York Giants* gegen die *Chicago Bears*. Es blieb bis zum Schluss spannend. Aber dann gewannen die Bears doch noch mit 35:30.

c Auch dieses Jahr kamen tausende Besucher*innen in die *Kulturarena* nach Jena. Hier konnte man im Juli und August mehrmals pro Woche Konzerte, Theaterstücke und Filme besuchen. Klasse!

b) Markieren Sie die Präteritum-Formen in a) und machen Sie eine Tabelle wie im Beispiel.

Präteritum	Infinitiv
öffnete	*öffnen*
blieb	...

einhundertdreiundvierzig 143

ÜBUNGEN

13 Wie war das Festival?

a) Ergänzen Sie die Wörter im Chat. Es gibt mehrere Möglichkeiten.

toll • krass • echt • wirklich • mega • genial

Hey Alicia, wie war das Festival?

Das Festival war _____!
Jeden Tag schien die ☀

_____? Das freut mich! 😃
Und wie war die Musik?

Die Musik war _____! Einfach _____!
👍 Und das Beste: Ich habe ein Foto mit dem Sänger von meiner Lieblingsband gemacht!! 🤩

_____? Das ist ja _____!
😮 Das klingt nach einem super Wochenende.

b) Flüssig sprechen. Lesen Sie den Chat laut. Achten Sie auf die Emotionen.

14 Das Mola-Festival

a) Lesen Sie den Festival-Bericht auf S. 138 noch einmal. Bringen Sie die Bilder in die richtige Reihenfolge.

 a 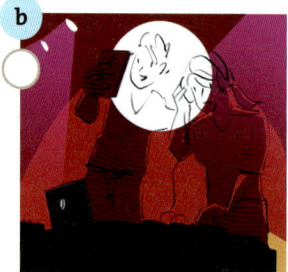 b  c  d

b) Ordnen Sie die Wendungen den Bildern in a) zu.

◯ es regnet, im Zelt bleiben   ◯ eine Lichtshow ansehen   ◯ ein Selfie machen   ◯ laut mitsingen und tanzen

c) Schreiben Sie einen Bericht wie im Beispiel.

Letzte Woche waren wir auf dem Mola-Festival. Wir tanzten und ... laut ...

15 Ich möchte dir berichten

a) Welche Informationen können Sie austauschen? Markieren Sie wie im Beispiel.

1 <mark>Letztes Wochenende</mark> war ich mit meiner Freundin in einem Konzert.
2 Wir fuhren mit dem Bus zur großen Konzerthalle.
3 Die Stimmung war mega, echt toll!

b) Tauschen Sie die markierten Informationen mit den Wendungen im Schüttelkasten. Schreiben Sie sechs Sätze.

Gestern war ich

1: gestern/im Sommer/letztes Jahr // mit meinem Bruder/mit meinen Freunden/mit meiner Kollegin // auf einem Festival/in einem Museum/auf einer Party
2: mit dem Zug/mit der Straßenbahn/mit dem Fahrrad // nach Stuttgart/ins Stadtzentrum/zur Waldbühne
3: die Veranstaltung/die Musik/die Party // krass/langweilig/aufregend/entspannt

FESTIVAL-SOMMER 10

Fit für Einheit 11?

1 Mit Sprache handeln

über Musik und Festivals sprechen
... gehört zu den größten Festivals. Es findet jedes Jahr in/im ... statt.
Das Festival dauert ... Tage.
Wir packen das Zelt, den Schlafsack, die Isomatte und ... ein.
Auf dem Festival gibt es fünf Bühnen mit vielen internationalen DJs und Bands.
Das Festival war an einem See. Wir haben im See gebadet.
Ich höre am liebsten Jazz/Klassik/Rock/ ...

nach Preisen und Ermäßigungen fragen
Ich hätte gern fünf/... Tickets. Wie teuer ist ein Ticket?
Wir haben die Karten im Vorverkauf gekauft.
Gibt es Ermäßigungen für Schüler*innen/...?

Stimmung und Begeisterung ausdrücken
Die Stimmung war krass/toll/klasse/entspannt/...

2 Wörter, Wendungen und Strukturen

Worauf...? Worüber...?
Worauf freust du dich?   Ich freue mich auf die Pause.
warten auf, antworten auf, aufpassen auf, sich vorbereiten auf

Worüber ärgerst du dich?   Ich ärgere mich über den Regen.
sich freuen über, berichten über, sich informieren über, sprechen über

unregelmäßige Verben im Präteritum
DJane Kate gab eine Show.
Sie blieb drei Tage auf dem Festival.
Dort traf sie bekannte Musiker*innen und sprach mit ihnen über das Konzert.
Wusstest du, dass ... nächstes Jahr auf dem Festival in Wacken spielen? Toll!

um Wiederholung bitten
Entschuldigung, was haben Sie eben gesagt?
Entschuldigung, das habe ich nicht genau verstanden.
Wie bitte?

3 Aussprache

Emotionen: Mega! Krass! Echt? Toll! Wirklich? Genial!

 Interaktive Übungen

NATUR UND UMWELT

HIER LERNEN SIE:
- die Umwelt beschreiben
- über Umwelt(schutz) sprechen
- Bedingungen und Folgen ausdrücken
- einen Tausch anbieten und ablehnen
- Ziele nennen

» Die Natur im Juni – das lieben wir! «

die Biene

Endlich Erdbeeren!

Spinat, Radieschen und Frühlingszwiebeln frisch aus dem Garten oder vom Markt – gesund und lecker!

Am 05.06. ist Weltumwelttag
(#WorldEnvironmentDay)

Der Weltumwelttag erinnert an die erste Weltumweltkonferenz 1972 in Stockholm und hat jedes Jahr ein Motto, z. B. 2020 „natur:verbunden". Es gibt Aktionen zum Umweltschutz, z. B. zum Recycling oder für Bienen und andere Insekten.

» Es gibt kein „weg". Wenn wir etwas wegwerfen, muss es irgendwo hingehen. «
– Annie Leonard

der Marienkäfer

Juni – Zeit für … Sandalen!

die **Umwelt** [ʊmvɛlt], <-> (kein Pl.), was die Menschen umgibt: die Erde, das Wasser, die Luft, die Pflanzen und Tiere; die Natur / die Umwelt schützen/zerstören/verschmutzen

» Umwelt ist nicht alles. Aber ohne Umwelt ist alles nichts. «

Umwelt geht uns alle an!

Am Weltumwelttag senden die Vereinten Nationen (UN) eine Botschaft an die Welt: „Die Lebensmittel, die wir essen, die Luft, die wir atmen, das Wasser, das wir trinken, und das Klima, das unseren Planeten bewohnbar macht, kommen alle aus der Natur. [...] Wenn wir für uns selbst sorgen wollen, müssen wir für die Natur sorgen." Das heißt, dass wir die Umwelt schützen müssen. Weniger ist oft mehr: Weniger Reisen mit dem Flugzeug, mehr Fahrradfahren, weniger neu kaufen, mehr reparieren ... Was wir tun, sehen Sie im Video auf www.natur.example.de.

Buchtipp zum Weltumwelttag: Jutta Grimms Buch für alle, die weniger Plastik nutzen und und mehr selber machen wollen.

1. **Das liebe ich im Juni!**
   a) Juni in D-A-CH. Sammeln Sie. Die Fotos helfen.
   🔴 *Es gibt ...*
   💬 *Es ist warm. / Das Wetter ist ...*
   b) *Endlich ...! Zeit für ...* Wählen Sie ein Foto und kommentieren Sie kurz.
   c) Was machen Sie gern im Juni? Wie ist das Wetter / die Natur bei Ihnen? Was essen Sie? Was ziehen Sie an? Sammeln und berichten Sie.
   🔴 *Bei uns in Chile ist es im Juni ziemlich kalt.*
   💬 *Also, Zeit für Winterjacken!*

2. **Umwelt ist ...** Lesen Sie den Lexikoneintrag und erklären Sie das Wort. Machen Sie eine Mindmap.

3. **Wenn ich aus dem Fenster sehe, ...** Beschreiben Sie Ihre Umwelt.
   🔴 *Ich sehe Häuser und ...*
   💬 *Es riecht nach ...*

4. **Wir müssen die Umwelt schützen**
   a) Sammeln Sie Ideen im Magazinartikel und im Video. Ergänzen Sie die Mindmap aus 2.
   b) *Ich finde ... (nicht so) sinnvoll, weil ...* Kommentieren und begründen Sie.
   c) *Stoffbeutel statt Plastiktüten, kein Wasser in Plastikflaschen kaufen ...* Lesen Sie den Buchtipp und sammeln Sie, was Sie für die Umwelt tun können. Ergänzen Sie die Mindmap.
   🔴 *Ich trenne Müll, zum Beispiel Glas und Metall. Und du?*
   💬 *Statt mit dem Auto fahre ich oft ... .*
   🔴 *Ich esse ...*

Tauschen statt kaufen

1 Wir tauschen!

a) T-Shirts, Fußballbilder oder …? Wer tauscht was warum? Hören Sie die Umfrage. Verbinden und vergleichen Sie.

Wer?	Was?	Warum?
1 Der junge Mann	Hilfe im Garten gegen einen Kuchen	es war ein Spiel
2 Zwei Freundinnen	Wurstbrote in der Schule	hilft der Nachbarin gerne
3 Der ältere Mann	Fußballbilder	wollen Geld sparen
4 Die ältere Frau	nichts	isst lieber Käse
5 Das ältere Ehepaar	T-Shirts und Mützen	brauchen nichts

Die ältere Frau hat … getauscht, weil …

b) Formulieren Sie richtige und falsche Aussagen zu a). Die anderen stimmen zu oder korrigieren.

Der Interviewer möchte wissen, ob …
… sagt/sagen, dass … / … tauscht/tauschen gern …, weil …

Der Interviewer möchte wissen, ob der junge Mann Fußballbilder getauscht hat.

Stimmt!

Nein, er möchte wissen, ob er schon einmal …

c) Einen Tausch anbieten. Hören Sie die Umfrage aus a) noch einmal und markieren Sie die Redemittel.

d) Und Sie? Haben Sie schon einmal etwas getauscht? Berichten Sie.

2 Gibst du mir …? Dann gebe ich dir …

Wählen Sie vier Gegenstände aus, die Sie haben möchten. Bieten Sie einen Tausch an. Die Redemittel aus 1c) helfen.

Was willst du tauschen?

Gibst du mir dein/e/en …?

Nein, das ist …

Einverstanden!

3 Tauschen ist in, neu kaufen ist out

a) Lesen Sie den Magazinartikel. Ergänzen Sie die Einladung zur Tauschparty und vergleichen Sie.

Leben und Trends   **Entdecken**

Kleidertausch-Partys sind „in"

Wenn man Dinge teilt, dann ist das gut für die Umwelt und das Portemonnaie.

Kennen Sie das: Ihr Kleiderschrank ist voll, aber Sie haben nichts zum Anziehen? Sie brauchen dringend
5 neue T-Shirts, und die Jacke im Geschäft war auch sooo schick! Dann sind Sie nicht allein. Jede/r Deutsche kauft im Durchschnitt 60 (!) Kleidungsstücke im Jahr. Mode macht Spaß, aber sie ändert sich schnell. Wenn wir dauernd neue Kleidung
10 kaufen, aber viele Hosen oder T-Shirts nicht länger als zwei Jahre tragen, dann wachsen die Altkleiderberge. Das kostet viel Geld und ist sehr schlecht für die Umwelt.
Kleidertauschpartys sind eine gute Lösung. Die
15 Teilnehmer*innen bringen Kleidung mit, die sie nicht mehr mögen, und tauschen sie gegen die Kleidung von anderen Teilnehmer*innen.
Es gibt zwei Bedingungen: Das Kleidungsstück muss sauber sein, und es darf nicht kaputt sein.
20 Jede/r darf so viele Stücke mitnehmen, wie sie/er braucht. Wenn etwas übrigbleibt, dann bekommt eine soziale Einrichtung die Kleidungsstücke und macht etwas Neues. So können z. B. eine Jeans und ein T-Shirt ein neues Leben als Schultasche und
25 Handyhülle beginnen. Nichts geht in den Müll, niemand muss etwas wegwerfen.
Probieren Sie also ruhig einmal eine Tauschparty in Ihrer Nähe aus oder laden Sie Freund*innen und Verwandte zum Tauschen ein.

30 *von Jakob Meyer-Stengl*

NATUR UND UMWELT **11**

b) Was machen Sie mit Kleidung, wenn ...? Sprechen Sie schnell.

Wenn mir Kleidung nicht mehr gefällt,
Wenn mir Kleidung nicht mehr passt,
Wenn ich Hosen/T-Shirts/Jacken/... nicht mehr schön finde,

(dann) gebe ich sie in die Altkleidersammlung.
(dann) werfe ich sie in den Müll.
(dann) schenke ich sie Freunden oder Verwandten.
(dann) verkaufe ich sie im Internet.
(dann) tausche ich sie auf einer Tauschparty.
(dann) verkaufe ich sie auf dem Flohmarkt.
(dann) style ich sie um – aus Alt mach Neu!

c) Wie funktioniert eine Kleidertauschparty und warum ist sie gut für die Umwelt? Lesen Sie den Magazinartikel noch einmal und berichten Sie.

d) *Kleidung tauschen finde ich komisch. Das gibt es bei uns nicht.* Kommentieren und diskutieren Sie. Die Redemittel helfen. **ODER** Bücher, Tassen und Teller, Spielzeug, Möbel ... Schreiben Sie eine Einladung zu einer Tauschparty. Präsentieren Sie.

4 Wenn ..., dann ...

a) Sammeln Sie fünf Sätze mit Bedingungen und Folgen auf S. 148–149. Markieren Sie wie im Beispiel.

<u>Wenn</u> wir dauernd neue Kleidung [kaufen], (dann) wachsen die Altkleiderberge.

b) Was tun Sie, wenn ...? Ergänzen Sie und berichten Sie.

Bedingungen
Wenn ich nichts zum Anziehen habe,
Wenn ich ein/e/n tolle/s/n ... im Geschäft sehe,
Wenn ich etwas für die Umwelt tun möchte,
Wenn ich Energie/Geld/... sparen möchte,

Folgen
dann ...

Du, wollen wir unsere Nummern tauschen?
Nein danke, ich finde meine Nummer super.

5 Umweltfreundlich handeln

Ordnen Sie und vergleichen Sie.

Tauschen statt kaufen, das ist umweltfreundlich!

Wenn wir nutzen, was wir haben, dann ist das am ...

Ich finde, ... ist besser als ...

Geniales Grün

1 Grün statt grau?

a) Ein Farb-Experiment. Sehen Sie sich beide Farben 10 Sekunden an. Welche finden Sie angenehmer? Welche tragen Sie (nicht) gern? Warum? Berichten Sie.

b) *Wenn ich an … denke, (dann) fällt/fallen mir … ein.* Ordnen Sie die Wörter den Farben Grün oder Grau zu. Vergleichen Sie.

Grün: …   Grau: …

c) *Parks und Bäume oder Häuser und …* Was macht Ihre Stadt grün oder grau? Berichten Sie.

Bei uns gibt es … Das macht unsere Stadt grün.   *In … haben wir …*   *Meine Stadt ist ziemlich …, weil …*

2 Zurück zur Natur

a) Lesen Sie die Überschrift vom Magazinartikel. Was ist das Thema? Kreuzen Sie an.

1 ◯ Der Garten in der Stadt ist nur ein Traum.
2 ◯ Ein Garten in der Stadt ist nicht bezahlbar.
3 ◯ In der Stadt träumen viele vom eigenen Garten.
4 ◯ Viele Leute wollen auf dem Land leben.

Gartenmagazin

Der Traum vom eigenen Garten in der Stadt

Als mich meine Mutter aus Indien zum ersten Mal in Hamburg besuchte, wunderte sie sich über die hübschen „Slums" mitten in der Stadt: Kleine Häuser auf einer grünen Wiese mit Gemüse, Blumen und Bäumen. Wir blickten über den Zaun in einen Kleingartenverein!

Regeln mit Tradition
Der Kleingarten oder auch Schrebergarten ist ein Stück Natur mitten in der Stadt. Die Gartenbesitzer*innen bauen hier Obst und Gemüse an und erholen sich am Wochenende. Wer einen Kleingarten hat, ist Mitglied in einem Kleingartenverein. Der Verein wählt die Besitzer*innen aus, organisiert Versammlungen und Sommerfeste, damit sich die Gartennachbarn kennenlernen, und er kontrolliert die Regeln. Es gibt zum Beispiel feste Ruhezeiten, damit sich alle erholen können. Man darf nicht in den Gartenhäusern wohnen und man muss essbares Obst und Gemüse anbauen. Diese Regel hat Tradition. Sie kommt aus dem 19. Jahrhundert, als Lebensmittel teuer waren. Arme Familien arbeiteten in den Kleingärten, damit sie bezahlbares frisches Obst und Gemüse hatten.

Pflanzen pflegen, Partys feiern
Auch immer mehr junge Leute wollen raus ins Grüne und interessieren sich für einen Kleingarten. Sie wollen wissen, woher ihr Essen kommt. Sie bauen Bio-Gemüse an und stellen Insektenhotels auf, damit Bienen und Käfer in die Gärten kommen – echte, erlebbare Natur. Aber die Kleingärten sind nicht nur zum Arbeiten da. „Nein, wir liegen auch gerne in der Sonne und die Kinder spielen im Sandkasten. Oder wir grillen und feiern hier mit Freunden und Nachbarn", erklärt Kleingarten-Fan Arthur (26). Obst und Gemüse in Bio-Qualität und Partyzone – ein Kleingarten ist schon genial. Seit dem letzten Jahr haben wir auch einen und meine Mutter findet ihn einfach wunderschön.

Ila Patel

1 — Kleingärten in der Großstadt
2 — Im Sandkasten spielen
3 — Ein „Hotel" für Insekten

b) Überfliegen Sie den Magazinartikel und ordnen Sie die Fotos passenden Zeilen zu.

c) Lesen Sie den Magazinartikel. Ergänzen Sie die Satzanfänge und berichten Sie.

Ila Patels Mutter hat gedacht, dass …

NATUR UND UMWELT

3 Ein Garten macht viel Arbeit, oder?

a) Hören Sie das Gartenjournal. Ordnen Sie die Ziele 1–6 den Personen zu. Vergleichen Sie.

Ole Strubinski mit Gero

Günter Grass und Ruth Stuart

Ira, Arthur, Isa und Leo am Grill

Die Strubinskis haben einen Garten, damit ihr Sohn ...

1 ◯ Wir arbeiten im Garten, damit wir uns mehr bewegen und aktiv bleiben.
2 ◯ Wir haben den Garten, damit unser Sohn weiß, dass Tomaten nicht im Laden wachsen.
3 ◯ Damit die Enkel spielen können, haben wir den Sandkasten gebaut.
4 ◯ Wir brauchen den Garten, damit wir Gemüse anbauen und uns entspannen können.
5 ◯ Damit alle gut zusammenleben können, haben wir im Verein einige Regeln.
6 ◯ Wir haben den Garten zusammen, damit wir die Arbeit und den Spaß teilen können.

b) Was ist richtig? Lesen Sie die Sätze in a) noch einmal und kreuzen Sie an.

Sätze mit *damit* sind ◯ Hauptsätze. ◯ Nebensätze.

c) Wo steht das Verb im Hauptsatz? Vergleichen Sie die Sätze in a).

d) Und Sie? Mit welchen Zielen machen Sie Sport, trennen Sie Müll, sparen Sie Geld, fahren Sie Rad, lernen Sie Deutsch, ...? Formulieren Sie drei *damit*-Sätze und vergleichen Sie.

Ich mache Sport, damit ich fit bleibe.

4 Das ist machbar, Herr Nachbar!

a) Sammeln Sie Adjektive mit der Endung -bar auf S. 150. Vergleichen Sie und ergänzen Sie die Regel.

Regel: In Adjektiven mit -bar steckt meistens ein _____. -bar heißt, man kann etwas machen.

b) Regel-Check.
Erklären Sie die Adjektive.

Verstehbar heißt, man versteht etwas, zum Beispiel eine Regel.

5 bezahlen – bezahlbar

Hören Sie und sprechen Sie nach. Achten Sie auf -bar.

1 bewohnen – bewohnbar
2 erleben – erlebbar
3 bezahlen – bezahlbar
4 brauchen – brauchbar
5 essen – essbar
6 verstehen – verstehbar

6 Raus ins Grüne! Zurück zur Natur! Wie sagt man das auf ...?

Gibt es die Wendungen auch in anderen Sprachen, die Sie kennen? Berichten und vergleichen Sie.

7 Ich will (k)einen Garten!

a) Erklären Sie einem Freund / einer Freundin in einer E-Mail, was ein Kleingarten ist, welche Regeln es gibt, welche Ziele die Besitzer*innen mit dem Garten haben, und warum Sie (k)einen möchten.

b) Pro oder kontra Kleingarten? Vergleichen Sie Ihre Gründe.

ÜBUNGEN

1 Sommer, Sonne, gute Laune

a) Was passt zusammen? Ordnen Sie zu.

a  b  c  d

1 Wir essen Obst und Gemüse aus dem Garten.
2 Sieh mal, eine Biene!
3 Endlich Zeit für Sandalen.
4 Wir haben Spaß am Strand.

b) Wie ist der Juni in D-A-CH? Kreuzen Sie an.

1 Das Wetter ist   a ○ immer windig und kalt.   b ○ oft warm und sonnig.
2 Man kann   a ○ im See oder im Meer baden. b ○ Ski fahren.
3 Es gibt   a ○ frisches Obst aus dem Garten. b ○ heiße Schokolade mit Sahne.
4 Durch die Luft fliegen a ○ viele bunte Blätter.   b ○ Bienen und Marienkäfer.

2 Umwelt und Natur

a) Was können Sie in Ihrer Umwelt sehen, hören, riechen, schmecken und fühlen? Ordnen Sie zu.

a sehen 👁
b hören 👂
c riechen 👃
d schmecken 👄
e fühlen ✋

1 die Sonne _a, c_
2 der Regen _____
3 die Häuser _____
4 die Biene _____
5 der Fluss _____

6 das Obst _____
7 die Wiese _____
8 die Bäume _____
9 das Eis _____
10 der Garten _____

11 der Wind _____
12 die Blumen _____
13 der Berg _____
14 das Blatt _____
15 die Sandalen _____

b) Beschreiben Sie Ihre Umwelt in fünf Sätzen wie im Beispiel.

Ich sehe Bienen und bunte Blumen. Ich höre den Wind, ...

3 Das können Sie für den Umweltschutz tun!

a) Was passt zu den Fotos? Ordnen Sie zu.

1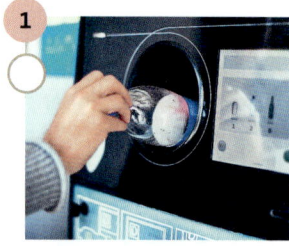

2

Ich kann ...
a Stoffbeutel benutzen.
b Flaschen recyceln.
c Müll trennen.
d Glasflaschen benutzen.
e öffentliche Verkehrsmittel benutzen.
f weniger in den Urlaub fliegen.
g kaputte Dinge reparieren.
h regional auf dem Markt einkaufen.

3

4

NATUR UND UMWELT 11

b) Lesen Sie den Magazinartikel auf S. 147 noch einmal und ergänzen Sie passende Verben.

1 eine Botschaft _____
2 frische Luft _____
3 für die Natur _____
4 weniger mit dem Flugzeug _____
5 mehr Fahrrad _____
6 weniger neu _____

c) Komposita knacken. Ergänzen Sie wie im Beispiel.

1 der Umweltschutz = *die Umwelt* + *der*
2 der Umwelttag = _____ + _____
3 die Umweltverschmutzung = _____ + _____
4 die Plastikflasche = *das* + _____

4 Wollen wir tauschen?

a) Lesen Sie und ordnen Sie den Dialog.

Jerome, 27

Echt? Willst du vielleicht tauschen?

Hey, du hast ja eine tolle Sonnenbrille! 1

Hm, du möchtest also deine Sonnenbrille gegen meine Mütze tauschen? Ja gut, einverstanden!

Ach, das alte Ding? Ich möchte gerne eine neue Brille haben …

Super, das freut mich!

Tauschen? O.k., ich möchte gegen deine Mütze tauschen. Die gefällt mir gut!

Elias, 32

3.25

b) Hören Sie den Dialog und kontrollieren Sie in a).

c) Was sagt man, wenn man tauschen möchte? Markieren Sie die Redemittel in a).

5 Eine etwas andere Party

a) Lesen Sie den Magazinartikel auf S. 148 noch einmal. Was passt nicht? Streichen Sie durch.

1 Kleidertauschpartys sind gut …
   a für die Umwelt.
   b für das Portemonnaie.
   c ~~für die Nachbarn~~.

2 Man kauft neue Kleidung, weil …
   a sie teuer ist.
   b die Mode sich schnell ändert.
   c sie schnell kaputt geht.

3 Neue Kleidung …
   a ist schlecht für die Umwelt.
   b kostet viel Geld.
   c ist gut für die Altkleiderberge.

4 Wenn man Kleidungstücke tauschen will, …
   a müssen sie sauber sein.
   b müssen sie neu sein.
   c dürfen sie nicht kaputt sein.

5 Man darf bei einer Kleidertauschparty …
   a so viele Sachen mitnehmen, wie man braucht.
   b nur ein Stück mitnehmen.
   c keine schmutzigen Sachen mitbringen.

6 Die Kleidungsstücke kommen …
   a in den Müll.
   b zu neuen Besitzer*innen.
   c zu einer sozialen Einrichtung.

b) *Ich kaufe (keine) neue Kleidung, weil …* Beenden Sie den Satz.

ÜBUNGEN

6 Gehen wir auf den Flohmarkt?

a) Videokaraoke. Sehen Sie sich das Video an und antworten Sie.

b) Richtig oder falsch? Sehen Sie sich das Video noch einmal an und kreuzen Sie an.

		richtig	falsch
1	Konstantin möchte mit mir auf den Wochenmarkt gehen.	○	✗
2	Er möchte Sachen verkaufen, die er nicht mehr braucht.	○	○
3	Auf dem Markt kann man nur Klamotten verkaufen.	○	○
4	Konstantin holt mich mit seinem Auto ab.	○	○
5	Er kommt am Nachmittag zu mir.	○	○

c) Korrigieren Sie die falschen Aussagen.

7 Wenn ..., dann ...

a) Lesen Sie das Interview. Welche Überschrift passt? Kreuzen Sie an.

1 ○ Nicks Blog   2 ○ Immer neue Klamotten   3 ○ Die Tauschparty

> Nick ist Influencer und steht jeden Tag vor der Kamera. Wie wichtig ist ihm Kleidung? Unsere Journalistin Pia fragt nach.
>
> *Ist dir dein Aussehen als Influencer wichtig?*
> 5 Ja, mein Aussehen ist mein Job. Wenn ich Fotos auf Instagram oder in meinem Blog poste, dann ist coole Kleidung wichtig für mich. Aber wenn ich jedes Mal ein neues Outfit kaufe, dann wird das teuer.
>
> *Und wie machst du das?*   10
> Wenn ich neue Klamotten brauche, frage ich oft meine Freunde. Wir tauschen Kleidungsstücke oder ich leihe mir etwas für einen Tag aus. Manchmal gehe ich auch auf den Flohmarkt. Hier 15 in Berlin gibt es jedes Wochenende viele Flohmärkte. Wenn ich dort etwas finde, dann freue ich mich noch mehr. Ich habe neue Kleidung und es ist auch noch preiswert!

b) Lesen Sie das Interview noch einmal und ergänzen Sie.

		Zeile(n)
1	Nick ist Kleidung nicht egal.	_____
2	Manchmal tauscht er Klamotten mit Freunden.	_____
3	Sachen vom Flohmarkt sind oft billig.	_____

c) Markieren Sie die Bedingungen im Interview in a).

d) Machen Sie eine Tabelle mit den Sätzen aus c). Markieren Sie die Verben im Hauptsatz.

Nebensatz			Hauptsatz		
Wenn		Satzende	(dann)	Position 2	
Wenn	ich Fotos auf Instagram	poste,	(dann)	*ist*	coole Kleidung wichtig für mich.

e) Und Sie? Schreiben Sie vier Sätze wie in d). Markieren Sie die Verben im Hauptsatz.

Wenn ich Fotos poste, ... Wenn ich ein neues Outfit kaufe, ...

NATUR UND UMWELT

11

8 *Wenn ich kann, muss, darf, ...* Ergänzen Sie die Modalverben wie im Beispiel.

1 Wenn ich Ferien habe, (dann) *kann* ich ausschlafen.
2 Ich _____ warten, wenn ich den Zug verpasse.
3 Wenn du Lust hast, (dann) _____ wir ins Kino gehen.
4 Wenn ich Zeit habe, (dann) _____ ich viel reisen.
5 Wenn man krank ist, (dann) _____ man viel schlafen.
6 Wenn Mittagsruhe ist, (dann) _____ man keine laute Musik hören.

9 Grün oder Grau?

🔊 3.26

a) Was verbinden die Personen mit den Farben? Hören Sie und ergänzen Sie.

1 Wenn ich an Grün denke, dann fällt mir _____ ein.
2 Ich denke an _____, wenn ich an Grau denke.
3 Wenn ich an Grün denke, dann fällt mir _____ ein.
4 Mir fallen _____ von früher ein, wenn ich an Grau denke.

b) Wo stehen die Verben? Markieren Sie in a) die Verben im Nebensatz rot und im Hauptsatz gelb.

c) Und was denken Sie?

Wenn ich an Grün denke, dann ... Wenn ich an Grau denke, ...

10 Im Garten

a) Was passt zusammen? Ordnen Sie die Bildunterschriften den Fotos zu.

1 Obst und Gemüse anbauen
2 der Kleingartenverein
3 mit Freunden grillen
4 feste Ruhezeiten

a   b   c   d

b) Lesen Sie den Magazinartikel auf S. 150 noch einmal. Richtig (r) oder falsch (f)? Ergänzen Sie.

1 (r) In Hamburg gibt es Kleingartenvereine.
2 ( ) Kleingärten heißen auch Schrebergärten.
3 ( ) Dort sind die Leute meistens am Wochenende.
4 ( ) Man kann dort Obst und Gemüse kaufen.
5 ( ) Wer einen Garten hat, muss Mitglied in einem Kleingartenverein werden.
6 ( ) Im Kleingartenverein gibt es Regeln.
7 ( ) Junge Leute interessieren sich nicht für Kleingärten.
8 ( ) In einem Kleingarten darf man auch grillen und feiern.

c) Korrigieren Sie die falschen Aussagen.

ÜBUNGEN

11 *Wir lieben unseren Garten!*

a) Was passt zusammen? Verbinden Sie.

1 Damit wir fit und aktiv bleiben,
2 Wir pflanzen viel im Garten an,
3 Damit wir nicht so viel Arbeit haben,
4 Wir gehen mit unseren Kindern in den Garten,

a damit wir frisches Obst und Gemüse haben.
b arbeiten wir im Garten.
c damit sie draußen spielen können.
d teilen wir uns den Garten mit Freunden.

b) Ordnen Sie den Sätzen in a) passende Fotos zu.

c) Markieren Sie die Verben im Hauptsatz in a).

3.27
d) Tauschen Sie die Haupt- und Nebensätze in a). Sprechen Sie laut und kontrollieren Sie mit dem Hörtext.

> *1 Wir arbeiten im Garten, damit wir ...*

e) Was machen Sie, damit Sie fit bleiben? Schreiben Sie vier Sätze.

> *Damit ich fit bleibe, ...*

12 *Gut machbar!*

a) Ergänzen Sie wie im Beispiel.

1 denkbar – *denken*
2 machbar –
3 anbaubar –
4 ausleihbar –

5 bezahlbar –
6 essbar –
7 herunterladbar –
8 lesbar –

b) Was passt? Ergänzen Sie die Adjektive mit *-bar* aus a).

1 Deine Schrift ist nicht _____!
2 Die Pilze sind nicht gefährlich. Sie sind _____.
3 Die App für das Smartphone ist _____.

4 Das Buch ist in der Bibliothek _____.
5 Wir können das Handy nicht reparieren. Das ist leider nicht _____.
6 Mein neuer Pullover war nicht teuer, echt _____!

13 *Wollen Sie einen Garten?* Sammeln Sie Argumente für (pro) und gegen (kontra) einen eigenen Kleingarten.

pro: Ich möchte einen Kleingarten, weil ...	kontra: Ich möchte keinen Kleingarten, weil ...
ich frisches Obst und Gemüse anbauen möchte.	*ich die Regeln nicht mag.*
...	...

NATUR UND UMWELT 11

Fit für Einheit 12?

1 Mit Sprache handeln

die Umwelt beschreiben
Im Sommer ist es warm. Die Sonne scheint. Es gibt viele Bienen und Marienkäfer.
Das Wasser / Die Luft / ... ist hier (nicht) sehr sauber.

über Umwelt(schutz) sprechen
Umwelt ist nicht alles, aber ohne Umwelt ist alles nichts.
Wir müssen die Natur / die Umwelt / das Klima schützen.
Wir müssen Wasser und Energie sparen.
Umwelt geht uns alle an!
Weniger ist oft mehr!
Benutzen Sie Stoffbeutel statt Plastiktüten!
Man kann eine Plastiktüte ganz oft nutzen.
Wir trennen Müll.

einen Tausch anbieten	einen Tausch annehmen	einen Tausch ablehnen
Wollen wir tauschen?	Ja, gerne. / Ja, das ist gut.	Nein, das ist kein guter Tausch.
Gibst du mir ...? Dann gebe ich dir ...	Einverstanden.	Nein, das ist unfair, weil ...

2 Wörter, Wendungen und Strukturen

Wortfeld Garten
sich bewegen und aktiv bleiben, Obst und Gemüse anbauen, grillen, feiern und sich entspannen

Bedingungen und Folgen
Wenn mir Kleidung nicht mehr gefällt,   (*dann*) verkaufe ich sie auf dem Flohmarkt.
Wenn man den Kühlschrank immer nur kurz aufmacht,   (*dann*) spart man Energie und Geld.

Ziele nennen mit *damit*
Wir haben einen Kleingarten, *damit* wir frisches Obst und Gemüse anbauen können.
Damit wir uns draußen entspannen können, haben wir einen Kleingarten.
Wir müssen die Umwelt schützen, *damit* unsere Kinder sauberes Wasser und saubere Luft haben.

Adjektive mit der Endung *-bar*
les**bar**   Ich kann deine Schrift nicht lesen. Sie ist nicht lesbar.
mach**bar**   Das können wir so machen. Das ist machbar.
ess**bar**   Es gibt auch Blumen, die essbar sind. / Nicht alle Pilze sind essbar.

3 Aussprache

die Endung *-bar*: brauch**bar**, trink**bar**, bezahl**bar**, bewohn**bar**

→ Interaktive Übungen

REPARIEREN UND SELBERMACHEN

HIER LERNEN SIE:
- über Reparaturcafés sprechen
- sagen, was man wozu braucht
- Anleitungen verstehen und formulieren
- etwas reklamieren

Das „Café kaputt" in Leipzig

Reparieren im „Café kaputt"

Am 21.06.2021 feierte das Leipziger Reparaturcafé seinen siebten Geburtstag.

Seit 2014 werden im „Café kaputt" in der Merseburger Straße 102 Möbel, Elektrogeräte und Kleidung repariert. In dem Reparaturcafé treffen sich Menschen aus aller Welt, trinken zusammen Kaffee, essen Kuchen und
5 unterhalten sich. Lisa Kuhley hat das Reparaturcafé gegründet. Sie sagt: „Im ‚Café kaputt' können Menschen mitmachen, die sich austauschen möchten. Und natürlich Leute, die etwas reparieren wollen und Hilfe brauchen."

10 Und so geht's: Die Besucher*innen bringen ihre kaputten Sachen von der Kaffeemaschine, über das Smartphone bis zur Lieblingsjacke mit ins Café. Man muss die Dinge aber tragen können, also z. B. keine Waschmaschinen oder Geschirrspüler. Für die Repara-
15 tur gibt es Werkzeuge, Nähmaschinen, Bohrmaschinen und Ersatzteile. Die kaputten Sachen werden dann von den Besucher*innen gemeinsam mit den Expert*innen repariert. Die Reparaturen sind kostenlos. Nur für Material wie Schrauben, Nägel und Ersatzteile müssen
20 die Besucher*innen etwas bezahlen. „Das Café lebt nur, wenn uns viele unterstützen oder im Café mithelfen", sagt Lisa. „Alle können hier mitmachen und sind herzlich willkommen!"

>> **Lieber reparieren als neu kaufen.** «
— Lisa Kuhley

158 einhundertachtundfünfzig

12

DIE GRÜNDERIN

Die Kulturwissenschaftlerin Lisa Kuhley hat die Idee für ein Reparaturcafé von der Bloggerin Martine Postma, die 2009 in Amsterdam ein Repair Café gründete. Zusammen mit ihrer Freundin Anne Neumann entwickelte Lisa Kuhley dann das Konzept für das „Café kaputt", sammelte Geld, mietete die Räume und richtete das Reparaturcafé zusammen mit anderen Helfer*innen ein. Jetzt organisiert sie ein großes Team, sammelt Spenden für das Café und bietet viele Workshops an.

Lisa Kuhley

Wusstest du, dass …
- selbst reparieren voll im Trend liegt?
- es weltweit mehr als 1000 Reparaturcafés gibt und ca. 500 in Deutschland?
- das „Café kaputt" 2019 einen Preis von 5.000 Euro gewonnen hat?

 Klaus H.

★★★★★ sehr zufrieden

Letzte Woche ist mein Toaster kaputtgegangen. Mit Erwin Lindemanns Hilfe konnte ich ihn reparieren. Bin total glücklich!

 Elham S.

★★★★★ sehr zufrieden

Das Display von meinem Handy war kaputt. Maria Funk hat es für mich in nur einer Stunde ausgetauscht. Ich habe viel Geld und Zeit gespart. Das neue Display hat nur 50 Euro gekostet.

1 **Das „Café kaputt"**
Was macht man im „Café kaputt"? Sehen Sie sich die Fotos an und beschreiben Sie.
💬 *Das erste Foto zeigt das „Café kaputt" von außen. Die Wände sind … Ich glaube, dass …*

2 *Kann man das noch reparieren?*
a) Was? Wer? Warum? Wie? Überfliegen Sie den Magazinartikel und berichten Sie.
b) Lieber reparieren als neu kaufen. Wie finden Sie diese Idee?

3 **Mein Hobby – Toaster reparieren!**
a) Berufe. Wer macht was?
💬 *Ich backe Kuchen.*
💬 *Wenn du Kuchen backst, dann …*
b) Sehen Sie sich das Video an. Welche Berufe haben die Helfer*innen? Sammeln und vergleichen Sie.

4 **Reparaturcafés**
a) Wie heißen „Reparaturcafés" in Ihrer Sprache?
b) Recherchieren Sie im Internet ein Reparaturcafé und berichten Sie.

Gute Stimmung im Café kaputt

Erwin Lindemann repariert einen Staubsauger

Café kaputt
Merseburger Straße 102
04177 Leipzig-Lindenau

Öffnungszeiten
Heimwerken — Di: 18–20 Uhr
Elektro — Di: 16–18 Uhr
Textil — Do: 16–18 Uhr

Wir schaffen das!

1 Selbermachen liegt voll im Trend

Was machen Sie (gern) selbst? Hast du schon einmal …? Fragen und antworten Sie.

> *Im Sommer koche ich oft Marmelade. Meine Erdbeermarmelade ist total lecker!*

> *Ich kann ganz gut nähen. Ich habe schon oft Hosen kürzer gemacht, weil sie zu lang waren.*

> *Wo hast du das gelernt?*

> *Dauert das lange?*

> *Das ist bestimmt schwer, oder?*

2 Kurse für Heimwerker*innen

a) Lesen Sie die Kursangebote. Welcher Kurs passt zu welcher Situation? Für eine Situation gibt es keine Lösung.

DIE NEUEN TERMINE SIND DA!
Heimwerkerkurse in unseren Werkstätten in der Buchenstraße 7

1 Die Werkzeugkiste für Anfänger*innen

Du willst endlich mal wissen, welche Zange du für welche Aufgabe brauchst, warum es unterschiedliche Schrauben gibt, wie du eine Säge oder Bohrmaschine richtig benutzt, und und und …? In diesem Kurs zeigen wir dir, wie du kleine Reparaturen selbst machen kannst.

Datum: 05.09., 14:30–18 Uhr
Kursgebühr: 40 €

2 Wir machen Frauen fit fürs Heimwerken

Sie möchten Heimwerken wie die Profis? Mit unseren Women's Night-Kursen geht das online ganz bequem von Zuhause! Die Kurse werden gestreamt und live über Facebook gesendet. Im Chat könnt ihr auch Fragen stellen, die dann von den Profis beantwortet werden.

Datum: 25.09., 18–21 Uhr
Kursgebühr: kostenlos

3 Wände und Decken richtig streichen

Hier lernen Sie:
– welche Werkzeuge Sie für das Streichen von Wänden und Decken brauchen.
– welche Fehler Sie beim Streichen nicht machen dürfen.
– welche Farben Sie gut kombinieren können.

Datum: 26.10., 9–18 Uhr
Kursgebühr: 25 €

4 Möbel bauen für Anfänger*innen

Wie baut man Möbel aus Holz? Welche Werkzeuge braucht man? Das lernen Sie hier! Nach diesem Kurs können Sie Tische, Regale, Bänke und vieles mehr selber bauen.

Kenntnisse: keine
Datum: 25.10., von 9–17 Uhr
Kursgebühr: 45 € plus Materialkosten

1. ◯ Ihre Freundin möchte einen Heimwerkerkurs machen. Sie hat eine kleine Tochter und kann abends und am Wochenende nicht weg.
2. ◯ Ihr Freund hat viele Bücher. Er braucht ein neues Regal für seine Wohnung.
3. ◯ Sie möchten lernen, wie man mit Werkzeugen richtig arbeitet.
4. ◯ Die Farbe in Ihrem Wohnzimmer gefällt Ihnen nicht mehr.
5. ◯ Sie möchten lernen, wie man ein Bad renoviert.

> *Ich interessiere mich für den Kurs Möbel bauen, weil ich ein Regal aus Holz bauen möchte.*

b) Für welchen Kurs interessieren Sie sich (nicht)? Warum?

3 Schreiben, der Schreibtisch, die Schriftstellerin

a) Hören Sie und achten Sie auf *schr-*. Gibt es *schr-* in Ihren Sprachen? Vergleichen Sie.

b) Hören Sie noch einmal und sprechen Sie nach.

REPARIEREN UND SELBERMACHEN 12

4 Wir renovieren das Wohnzimmer!

a) Hypothesen vor dem Hören. Was machen Sarah und Ben in welcher Reihenfolge? Ordnen Sie die Bilder.

1 Wände streichen

2 Löcher bohren

3 das Regal abholen

4 Farbe kaufen

5 eine Leiter leihen

6 Kaffee trinken

b) Sarah und Ben machen einen Plan. Hören Sie den Dialog und überprüfen Sie Ihre Hypothesen in a). [3.30]

c) Was brauchen Sarah und Ben? Hören Sie das Gespräch in b) noch einmal. Machen Sie eine Checkliste und vergleichen Sie.

> Bens Schwester: …
> Baumarkt: weiße Farbe (4 Liter Eimer), …
> Möbelhaus: …
> Paula und Murat: …

5 Wozu …?

a) Ordnen Sie zu. Fragen und antworten Sie.

1 Wozu hat Sarah einen Heimwerkerkurs gemacht?
2 Wozu brauchen Sarah und Ben eine Bohrmaschine?
3 Wozu haben sie ein Auto geliehen?
4 Wozu fahren sie zum Baumarkt?
5 Wozu brauchen sie eine Leiter?

a Um die Decke zu streichen.
b Um Farbe zu kaufen.
c Um die Möbel im Möbelhaus abzuholen.
d Um Geld für Reparaturen zu sparen.
e Um Löcher zu bohren.

b) Markieren Sie *um … zu* und den Infinitiv.

1 Sarah und Ben brauchen eine Leiter, um die Decke zu streichen.
2 Um die Möbel im Möbelhaus abzuholen, haben sie ein Auto geliehen.

c) Nebensätze mit *um … zu*. Lesen Sie die Regel und kreuzen Sie an.

Regel: Nebensätze mit *um … zu* drücken ◯ einen Zweck und ein Ziel ◯ eine Bedingung aus.

Bei trennbaren Verben steht *zu* ◯ vor ◯ zwischen Vorsilbe und Verb.

6 Um … zu

Kursspaziergang. Fragen und antworten Sie wie im Beispiel. `Brauchst du ein Auto?` `Nein, ich brauche kein …` `Ja, um …`

7 Das mache ich selber!

Material, Werkzeug, Zeit. Was haben Sie schon selber gemacht? Bringen Sie ein Foto mit und berichten Sie. **ODER** Was möchten Sie selber machen? Berichten Sie.

Wie geht das?

1 Ein Sofa aus Paletten

a) Wer? Was? Warum? In welcher Reihenfolge beantwortet der Online-Artikel die Fragen? Lesen Sie und berichten Sie.

Möbel aus Paletten – der neue Trend

Möbel aus Paletten werden schon seit Jahren für drinnen und draußen gebaut. Sofas, Betten und Regale sind besonders beliebt. Palettenmöbel haben viele Vorteile: Sie sind günstig, gut für die Umwelt und sehen super aus. Man muss auch kein Profi sein, um sie selber zu bauen. Und so geht's:

Bauanleitung: ▼   Das brauchen Sie: ▶

b) Wie baut man ein Palettensofa? Ordnen Sie die Bilder in a) den Sätzen zu.

1 ◯ Die Paletten werden mit Schrauben zusammengeschraubt.
2 ◯ Wenn die Farbe trocken ist, werden die Kissen auf das Sofa gelegt.
3 ◯ Das Palettensofa wird gestrichen – weiß, schwarz oder bunt.
4 ◯ Mit einer Bohrmaschine werden Löcher in die Paletten gebohrt.

2 Was wird hier gemacht?

a) Aktiv oder Passiv? Lesen Sie die Sätze. Was ist anders? Vergleichen Sie und ergänzen Sie die Regel.

1 Ben und Sarah bauen ein Sofa.   Ein Sofa wird gebaut.
2 Sarah bohrt die Löcher.   Die Löcher werden gebohrt.

Regel: Das Passiv bildet man mit dem Verb _____ und dem Partizip II.

b) Eine Regel kontrollieren. Markieren Sie *werden* und das Partizip II in 1 b).

c) Die Decke wird gestrichen. Sehen Sie sich die Bilder an und berichten Sie.

3 Vor- und Nachteile von Palettenmöbeln

Vergleichen Sie im Kurs. Die Redemittel helfen.

Ein großer Vorteil von Möbeln aus Paletten ist, dass sie so billig sind.

Ja, aber ich finde nicht so gut, dass …

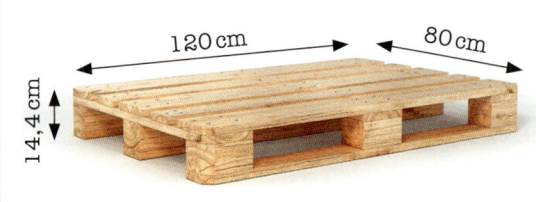

Eine Palette ist 120 cm breit, 80 cm tief und 14,4 cm hoch. Sie wiegt ca. 20 Kilo und kostet weniger als 20 Euro.

REPARIEREN UND SELBERMACHEN

12

4 Wie funktioniert das?

Zuerst wird das Ladekabel angeschlossen und …

Wie wird das Smartphone eingerichtet? Erklären Sie die Schritte einem Partner / einer Partnerin.

1
2
3
4

Das Ladekabel anschließen und den Akku aufladen.

Die Taste mehrere Sekunden drücken.

Die SIM-Karte ins SIM-Fach legen und die PIN eingeben.

Ein WLAN wählen und das Passwort eingeben. Fertig!

5 Mein Tablet funktioniert nicht – eine Reklamation

a) Im Medienmarkt. Was ist das Problem? Was möchte die Kundin? Hören Sie und lesen Sie mit.

- Guten Tag. Wie kann ich Ihnen helfen?
- Ich habe ein Problem mit meinem Tablet.
- Was ist denn das Problem?
- Ich kann es seit gestern nicht mehr einschalten.
- Ist der Akku geladen?
- Ja. Den habe ich gleich gecheckt.
- Darf ich mal sehen? Wenn Sie die Ein-/Aus-Taste circa zehn Sekunden lang drücken, dann startet das Gerät meistens wieder.
- Das habe ich schon probiert.
- Hm, ich glaube, es ist defekt. Dann müssen wir es leider zur Reparatur schicken. Haben Sie noch die Rechnung?
- Ja, hier bitte. Ich habe das Tablet erst vor zwei Monaten gekauft. Sehen Sie, ich habe noch Garantie. Ich möchte ein neues Gerät oder mein Geld zurück.
- Gut, dann tauschen wir es um. Ich schaue mal nach, ob wir dieses Modell noch haben. Einen Moment, bitte. Bin gleich wieder da.

Umtausch nur mit Garantie!

b) Kund*innen, Verkäufer*innen oder beide? Lesen Sie vor und kommentieren Sie.

Das sagen …

c) Handy, Laptop oder Computer. Variieren Sie den Dialog aus a). Die Redemittel aus b) helfen.

6 Etwas reklamieren

a) Wählen Sie eine Situation aus. **ODER** Beschreiben Sie eine neue Situation. Bereiten Sie den Dialog vor. Die Redemittel helfen.

Situation 1 (Kunde/Kundin)	Situation 2 (Kunde/Kundin)	Situation 3 (Kunde/Kundin)
Gerät: Notebook, 1 Jahr alt, es gibt noch Garantie Problem: Akku lädt nicht Ziel: Umtausch/Geld zurück	Gerät: Kaffeemaschine, 4 Jahre alt, keine Garantie Problem: macht keinen Kaffee, Starttaste kaputt Ziel: Reparatur	

b) Spielen Sie den Dialog.

einhundertdreiundsechzig **163**

ÜBUNGEN

1 „Café kaputt" – das Reparaturcafé in Leipzig

a) Lesen Sie den Magazinartikel auf S. 158 noch einmal und kreuzen Sie an.

		richtig	falsch
1	Das „Café kaputt" ist ein Eltern-Kind-Café in Leipzig.	○	⊗
2	Die Besucher*innen im „Café kaputt" kommen aus aller Welt.	○	○
3	Die Besucher*innen können ihre kaputten Sachen mit Expert*innen reparieren.	○	○
4	Die Werkzeuge müssen die Besucher*innen selbst mitbringen. Im Café gibt es nur Ersatzteile für die Reparaturen.	○	○
5	Die Besucher*innen können alle kaputten Sachen zur Reparatur mitbringen. Auch Waschmaschinen.	○	○
6	Die Reparaturen müssen die Besucher*innen nicht selbst bezahlen.	○	○
7	Die Ersatzteile für die Reparaturen sind kostenlos.	○	○
8	Martine Postma hatte die Idee für das „Café kaputt".	○	○

b) Korrigieren Sie die falschen Aussagen.

1 Das „Café kaputt" ist ein …

c) Das „Café kaputt" in Zahlen. Lesen Sie S. 158–159 noch einmal und sammeln Sie Informationen.

a 2014   c 2009   e 1000   g 5.000
b 102   d 18–20   f 500   h 50

a Das „Café kaputt" gibt es in Leipzig seit 2014.

d) Nomen und Verben gehören zusammen. Sammeln Sie auf S. 158–159.

1 einen Preis _____
2 Spenden _____
3 im Trend _____
4 Räume _____
5 ein Team _____
6 Workshops _____

2 *Mein … ist kaputt.* Ordnen Sie die Fotos den Aussagen zu.

1 ○ Meine Kaffeemaschine funktioniert nicht. Der Kaffee wird nicht richtig heiß.
2 ○ Mein Staubsauger ist kaputt. Ich glaube, es gibt ein Problem mit dem Motor.
3 ○ Meine Uhr bleibt manchmal stehen.
4 ○ Mein Handy ist vom Tisch gefallen und jetzt ist das Display kaputt.

REPARIEREN UND SELBERMACHEN 12

3 Lieber reparieren als neu kaufen

a) Hören Sie den Podcast von Seyan. Worüber berichtet sie?

1 ◯ über ein Werkzeuggeschäft   2 ◯ über das „Café kaputt"   3 ◯ über eine Reparatur

b) „Werkzeugkiste" – Ein Workshop im „Café kaputt". Hören Sie noch einmal und ergänzen Sie.

Workshop „Werkzeugkiste"

WANN? _____

WO? _____

KOSTEN? _____

▶ die Werkzeugkiste

4 Heimwerkerkurse

a) Was passt? Sehen Sie sich das Bild an und ordnen Sie die Wörter zu.

1 die Wand   3 die Bohrmaschine   5 die Schraube   7 die Zange
2 die Säge   4 das Holz   6 die Farbe   8 das Bohrloch

b) Arbeiten Sie mit der Wortliste auf S. 283–301 und ergänzen Sie die Pluralformen in a) wie im Beispiel.

Singular	Plural
1 die Wand	die Wände

c) Was passt zusammen? Ergänzen Sie die Verben und ordnen Sie dann zu.

nähen   a die Wand _____   1 die Nähmaschine
streichen   b die Hose _____   2 die Bohrmaschine
bohren   c das Holz _____   3 die Farbe
sägen   d das Loch _____   4 die Säge

5 Gibt es noch freie Plätze?

a) Lesen Sie die Kursangebote auf S. 160 noch einmal und hören Sie dann die Telefongespräche. Ordnen Sie die Gespräche den Kursen zu.

a ◯ Die Werkzeugkiste für Anfänger*innen   c ◯ Wände und Decken richtig streichen

b ◯ Wir machen Frauen fit fürs Heimwerken   d ◯ Grundkurs Möbelbau

b) Hören Sie das Gespräch 2 noch einmal und notieren Sie die Informationen.

c) Wer? Wo? Wie viel? Wann? Hören Sie das Gespräch 4 noch einmal. Welche Informationen sind richtig? Kreuzen Sie an.

1 ◯ Clara interessiert sich für den Kurs „Wir machen Frauen fit fürs Heimwerken."

2 ◯ Clara möchte ihre Wohnung renovieren.

3 ◯ Der Kurs ist kostenlos.

4 ◯ Der nächste Kurs findet am 26.10. statt.

ÜBUNGEN

6 Wände streichen ohne Stress

🔊 3.36 **a)** Hören Sie und sprechen Sie nach. Achten Sie auf *str-*.

1 die Straße   2 streichen   3 der Stress   4 streiten   5 der Strand   6 die Struktur

b) Lesen Sie die Sätze laut. Achten Sie auf *str-*.

1 Familie Strubinski hat Stress und streitet sich in Stralsund am Strand.
2 Frau Strauß und Herr Strobel streicheln eine Katze auf der Straße.

7 *Endlich sind wir fertig!*

a) Lesen Sie die E-Mail. Was ist richtig? Kreuzen Sie an.

1 ◯ Das Wochenende war stressig.   3 ◯ Ben und Sarah sind zufrieden.
2 ◯ Es gab keine Probleme.   4 ◯ Ben hat das falsche Regal gekauft.

Hi Lilli,
am letzten Wochenende haben Ben und ich endlich unser Wohnzimmer renoviert. Am Freitag sind wir mit dem Auto von Bens Schwester zum Baumarkt gefahren und haben Farbe gekauft. Danach sind wir zum Möbelhaus gefahren und haben ein Regal, einen Teppich und eine Deckenlampe gekauft.
Am Samstag haben wir die Wände gestrichen, aber wir hatten viel zu wenig Farbe. Ben ist dann noch einmal in den Baumarkt gefahren und ich wollte das Regal aufbauen. Aber stell dir vor: Die Schrauben haben gefehlt! Ich habe Ben angerufen und er ist noch einmal ins Möbelhaus gefahren. So ein Stress. Jetzt sind wir endlich fertig!
Am Sonntag haben wir Paula und Murat zum Kaffeetrinken eingeladen. Ihnen gefällt unser neues Wohnzimmer sehr gut. Du musst es dir unbedingt anschauen.
Liebe Grüße von Sarah

---

b) Lesen Sie die E-Mail noch einmal und sammeln Sie Informationen.

1 Was haben Sarah und Ben in ihrer Wohnung gemacht?
2 Was haben sie im Baumarkt und im Möbelhaus gekauft?
3 Warum musste Ben noch einmal in den Baumarkt und zum Möbelhaus fahren?

8 *Wozu brauchst du das?*

a) Ergänzen Sie.

> die Bohrmaschine • die Schrauben • die Farbe • die Leiter

1 eine Lampe installieren: _____   3 ein Regal aufbauen: _____
2 ein Loch in die Wand bohren: _____   4 ein Zimmer streichen: _____

b) *Wozu brauchst du …? Um … zu …* Formulieren Sie Fragen und Antworten mit den Sätzen aus a).

c) *Ich brauche …, um …* Beschreiben Sie.

1

2

3

4

5

REPARIEREN UND SELBERMACHEN

9 Mein Palettenbett

a) Lesen Sie den Blogartikel und sammeln Sie Informationen.

1 Was braucht Samira für ihr neues Bett?
2 Was hat sie ausgeliehen?
3 Was hat sie gekauft?
4 Wie hat ihr die Arbeit gefallen?

Meine Wohnung wird noch schöner – endlich neue Möbel!

Habt ihr schon einmal Möbel aus Paletten gebaut? Ich wollte für mein Schlafzimmer etwas ganz Besonderes haben: ein Palettenbett. Das habe ich natürlich selbst gebaut. Wisst ihr, wie schwer eine Palette ist? Eine Palette wiegt zwischen 20 und 24 Kilo – ganz schön schwer! Zum Glück haben mir meine Freunde geholfen. Zuerst haben wir mit einer Bohrmaschine Löcher in die Paletten gebohrt. Die Bohrmaschine habe ich aus dem Baumarkt ausgeliehen. Danach haben wir die Paletten mit Schrauben zusammengeschraubt. Das geht am besten mit einem Akkuschrauber. Dann haben wir das Palettenbett grau gestrichen. Das sieht sehr modern aus. Danach haben wir gewartet, bis die Farbe trocken ist. Zum Schluss haben wir die Kissen auf das Bett gelegt – fertig!

b) *Zuerst werden ...* Lesen Sie noch einmal und ergänzen Sie die Bauanleitung im Passiv.

Schritt 1:	*Zuerst werden ...*
Schritt 2:	
Schritt 3:	
Schritt 4:	

10 Mein neues Bücherregal

a) Hören Sie die Bauanleitung und bringen Sie die Fotos in die richtige Reihenfolge.

3.37

a Holzbretter streichen

b Schrauben in die Wand schrauben

c Löcher in die Wand bohren

d das Regal aufhängen

e Löcher in die Holzbretter bohren

f Holzbretter sägen

b) Schreiben Sie die Bauanleitung im Passiv.

Zuerst werden die Holzbretter ...

ÜBUNGEN

11 Das neue Tablet. Ordnen Sie die Bilder zu und ergänzen Sie die Verben.

schließen • einschalten • anschließen • legen • eingeben • drücken • aufladen

1 ◯ Das Ladekabel _____ und den Akku _____
2 ◯ Die SIM-Karte ins Fach _____
3 ◯ Das SIM-Fach mit der SIM-Karte _____
4 ◯ Die Taste _____ und das Tablet _____
5 ◯ Das WLAN-Passwort _____

12 *Das Handy funktioniert nicht richtig!*

a) Lesen Sie und ordnen Sie den Dialog. Die Reklamation auf S. 163 hilft.

a ◯ 💬 Leider funktioniert mein Handy nicht richtig.
b ◯ 💬 Gut, einen Moment, bitte.
c ◯ 💬 Guten Tag, wie kann ich Ihnen helfen?
d ◯ 💬 Die Kamera ist defekt.
e ◯ 💬 Ich möchte das Handy umtauschen.
f (1) 💬 Guten Tag.
g ◯ 💬 Das tut mir leid. Was ist denn das Problem?
h ◯ 💬 Darf ich mal sehen? Hm, ich verstehe. Wir können das Handy zur Reparatur schicken oder es umtauschen.

🔊 3.38 b) Hören Sie den Dialog und kontrollieren Sie in a).

13 *Ich möchte mein Geld zurück*

▶ 2.07 a) Sehen Sie sich das Video an und antworten Sie.

b) Sehen Sie sich das Video noch einmal an. Welche Redemittel hören Sie? Kreuzen Sie an.

1 ◯ Mein Ladekabel funktioniert nicht.
2 ◯ Kannst du dir das mal ansehen?
3 ◯ Was ist denn das Problem?
4 ◯ Kannst du das Display reparieren?
5 ◯ Es ist auf den Boden gefallen.
6 ◯ Da kann man nichts mehr machen.
7 ◯ Was kostet die Reparatur?
8 ◯ Rechne mal mit 120 Euro.

REPARIEREN UND SELBERMACHEN 12

Fit für Einheit 13?

1 Mit Sprache handeln

über Reparaturcafés sprechen
Im Reparaturcafé treffen sich Leute, die kaputte Geräte reparieren wollen.
Dort werden kaputte Geräte repariert.
Die Reparaturen sind kostenlos, aber Ersatzteile muss man bezahlen.

Anleitungen verstehen und formulieren

Zuerst werden …	Zuerst werden Löcher in die Wand gebohrt.
Als nächstes werden …	Als nächstes werden die Bretter gestrichen.
Zum Schluss werden …	Zum Schluss wird das Regal aufgehängt.

etwas reklamieren

Wie kann ich Ihnen helfen?	Leider funktioniert … nicht (richtig). /
Was ist denn das Problem?	Ich glaube … ist defekt. / Ich habe ein Problem mit …
Haben Sie noch Garantie? / Haben Sie die Rechnung noch?	Ja, ich habe noch Garantie. Ich möchte … umtauschen. / Ich möchte mein Geld zurück.

2 Wörter, Wendungen und Strukturen

Wortfeld Werkzeug
das Werkzeug – das Werkzeug in die Werkezugkiste legen, die Säge – das Holz sägen,
die Bohrmaschine – ein Loch in die Wand bohren, die Zange – einen Nagel aus der Wand ziehen

einen Zweck ausdrücken mit *um … zu*

Wozu brauchst du die Farbe?	Ich brauche die Farbe, um die Wand zu streichen.
Wozu brauchst du das Werkzeug?	Um meine Waschmaschine zu reparieren.
Wozu brauchst du die Leiter?	Um die Lampe zu installieren.

Präsens Passiv

Herr Lindemann repariert den Toaster.	Der Toaster wird repariert.
Ich streiche die Paletten.	Die Paletten werden gestrichen.

3 Aussprache

das *schr-*: **schr**eiben, der **Schr**eibtisch, die **Schr**iftstellerin, der **Schr**ank, die **Schr**aube

das *str-*: Familie **Str**ubinski hat **Str**ess und **str**eitet sich in **Str**alsund am **Str**and.

→ Interaktive Übungen

Wörter Spiele Training

1 *Wenn ich an Natur denke, fällt/fallen mir ... ein.*

a) Ergänzen Sie die Mindmap zum Thema Natur und Umwelt.

die Bäume — **Natur und Umwelt** — schützen — den Kühlschrank schließen

b) Tauschen Sie die Mindmaps. Finden Sie drei gemeinsame und drei unterschiedliche Wörter.

....

2 Partnerdiktat

a) Was machen die Leute wo und warum? Sehen Sie sich das Foto an und beschreiben Sie.

b) Setzen Sie sich Rücken an Rücken. Diktieren Sie und schreiben Sie im Wechsel. Achten Sie auf die Aussprache.

A
- Letzten Samstag haben wir
- Wir haben Müll
- Alte Zeitungen, Flaschen, Dosen und
- Paul hat sogar
- Das will er
- Ich hätte nie gedacht,
- Aber jetzt ist der Park
- Umweltaktionen sind
- Bei der nächsten

B
- bin ich auch wieder dabei.
- sehr sinnvoll.
- wieder sauber.
- dass wir so viel Müll finden.
- jetzt reparieren.
- ein altes Fahrrad gefunden.
- viel Plastik lagen überall.
- im Stadtpark gesammelt.
- bei einer Umweltaktion mitgemacht.

c) Lesen Sie den Text noch einmal laut. Erklären Sie das Wort *die Umweltaktion*.

....

3 Wörter knacken

a) Nomen mit *-ung*. Welche Verben erkennen Sie? Vergleichen Sie.

1 Die Anmeldung – _____
2 Die Bestellung – _____
3 Die Betonung – _____
4 Die Einladung – _____
5 Die Öffnung – _____
6 Die Prüfung – _____

b) *lesbar, machbar* ... Erklären Sie die Adjektive wie im Beispiel.

1 essbar
2 bewohnbar
3 trinkbar
4 bezahlbar

> *Lesbar heißt, dass man etwas gut lesen kann.*

> *Aha, dann ist meine Schrift nicht gut lesbar.*

PLATEAU **3**

4 Informationen betonen

a) Was ist hier falsch? Hören Sie und kommentieren Sie.

b) Welche Informationen sind wichtig für Sie? Lesen Sie laut und betonen Sie wichtige Informationen.

„So ein Reparaturcafé ist eine tolle Idee. Hier kann man mit den Expertinnen und Experten zusammen kaputte Geräte reparieren. Man spart Geld und lernt neue Leute kennen.
Ich hätte auch gern ein Reparaturcafé in meiner Stadt."

c) Welche Informationen betont Ihr Partner / Ihre Partnerin? Es gibt mehrere Möglichkeiten. Hören Sie dann den Text und vergleichen Sie.

d) Wählen Sie einen kurzen Text aus Einheit 9–12. Lesen Sie ihn laut vor. Achten Sie auf die Betonung. ODER
Schreiben Sie einen Text. Lesen Sie den Text laut vor. Betonen Sie wichtige Informationen.

5 Kim-Spiele

a) Ein Merk-Kim. Wer weiß die meisten Gegenstände? Sehen Sie sich das Bild 60 Sekunden an und merken Sie sich die Gegenstände. Schließen Sie das Buch, notieren Sie die Gegenstände und vergleichen Sie.

b) Ein Fühl-Kim selber machen. Wählen Sie 8–10 Gegenstände aus. Decken Sie sie zu. Die anderen fühlen die Gegenstände und raten, was unter der Decke liegt.

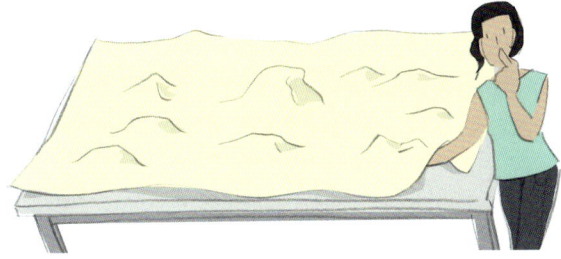

6 Um … zu / damit – wenn …, dann – und/aber

a) Wählen Sie aus und schreiben Sie sechs Sätze. Es gibt viele Möglichkeiten.

um … zu /
damit:
1 Farben kaufen – das Zimmer streichen
2 das Rock-Festival besuchen – Tickets reservieren
3 Strom sparen – den Kühlschrank schließen

Wenn …, dann:
1 vier Paletten haben – ein Sofa bauen
2 Smartphone kaputt sein – ins Reparaturcafé gehen

und/aber:
1 die Umwelt schützen – (k)einen Umwelttag organisieren
2 Essen und Trinken zum Festival mitnehmen – auch Essen und Trinken dort kaufen

b) Wer hat den besten Satz? Vergleichen Sie.

Der Hase und der Igel

Ein Märchen frei nach den Brüdern Grimm

Es war einmal ein schöner Sonntagmorgen im Herbst. Draußen schien die Sonne, die Vögel sangen und die Bienen summten. Frau Igel und Herr Igel tranken Kaffee und Herr Igel ging danach im Feld spazieren.

5 Als er noch nicht weit weg war, traf er den Hasen. Er grüßte ihn höflich: „Guten Morgen, Herr Hase." Aber der Hase antwortete nicht, weil er sehr unhöflich war. Er sagte erst nach einer Zeit: „Was machst du hier schon so früh am Morgen im Feld?"
10 „Ich gehe spazieren", sagte der Igel.
„Spazieren?", lachte der Hase. „Du mit deinen kurzen Beinen?"

Das ärgerte den Igel sehr und er sagte: „Glaubst du, dass du schneller laufen kannst als ich?" „Aber natürlich!",
15 antwortete der Hase.
Da sagte der Igel: „Machen wir einen Wettlauf. Ich bin mir sicher, dass ich gewinne und schneller bin als du."
„Das ist ja zum Lachen. Du mit deinen kurzen Beinen denkst, dass du schneller bist als ich? Komm, wir machen einen Wettlauf.
20 Was bekommt der Gewinner?"

„Ein Goldstück und eine Flasche Wein", sagte der Igel.
„Gut, fangen wir sofort an!", sagte der Hase.

„Moment", sagte der Igel. „Ich muss noch frühstücken, aber in einer halben Stunde bin ich wieder hier."

---

1 **Die Bildergeschichte.** Sehen Sie sich die Bilder an. Kennen Sie die Geschichte? Erzählen Sie. **ODER** Beschreiben Sie die Bilder.

2 Der Hase und der Igel

a) Lesen Sie das Märchen und ordnen Sie die Bilder den Textabschnitten zu.

b) Der Hase und der Igel. Beschreiben Sie die Figuren.

c) Warum verliert der Hase? Berichten Sie und kommentieren Sie.

25 Als der Igel nach Hause kam, sagte er zu seiner Frau: „Ich habe mit dem Hasen gewettet, dass ich schneller laufen kann als er. Komm mit!"

„Du bist verrückt", antwortete seine Frau.

30 „Nein, ich habe eine Idee", sagte der Igel. „Hör gut zu, ich brauche deine Hilfe. Wir machen den Wettlauf auf dem Feld. Der Hase und ich starten am Baum. Stell du dich hier an das Haus. Hier ist das Ziel. Wenn der Hase hier ankommt, dann rufst du: *Ich bin schon da!*"

Dann ging der Igel wieder zum Hasen. „Fangen wir an?", fragte
35 der Igel den Hasen. „Na, klar. Eins, zwei, drei", zählte der Hase und lief los.

Der Igel machte nur drei, vier Schritte und blieb dann bequem im Feld sitzen. Als der Hase unten am Ziel ankam, rief Frau Igel: „Ich bin schon da!" Der Hase war sehr überrascht. Er rief sofort: „Noch
40 einmal!" und lief wieder zurück. Als er am Baum ankam, rief Herr Igel: „Ich bin schon da!"

„Noch einmal!", rief der Hase und lief wieder los. Und „Noch einmal!", und „Noch einmal!". So lief der Hase noch dreiundsiebzig Mal und immer hörte er nur: „Ich bin schon da!"

45 Beim vierundsiebzigsten Mal blieb der Hase liegen. Er konnte nicht mehr aufstehen. Der Igel nahm das Goldstück und die Flasche Wein, rief seine Frau und sie gingen glücklich nach Hause.

Und wenn sie nicht gestorben sind, dann leben sie noch heute.

Das kann ich mit dem Märchen machen
- Märchen nachspielen
- ein Standbild zu einer Szene aus dem Märchen machen und die Szene erraten
- Märchen erzählen
- Märchen aus meinem Land recherchieren und vorstellen

3   Es war einmal … Wie beginnen und enden Märchen aus Ihrem Land? Vergleichen Sie.

4   Hasenbesuch. Der Hase wacht nach einer Stunde auf und versteht immer noch nicht, was passiert ist. Er geht zum Haus von Familie Igel. Wie geht es weiter? Schreiben Sie einen Dialog und spielen Sie vor. **ODER** Schreiben Sie ein neues Ende und lesen Sie vor.

1 Das Leben geht weiter

a) …, das Problem mit dem WG-Plan auch. Was passt zu wem?
Lesen Sie die Aussagen vor, ordnen Sie zu und kommentieren Sie.

Sebastian   Nina   Lisa   Nico

1,

> Es reicht doch aus, wenn wir nur alle zwei Wochen das Bad putzen.

> Das passt zu Sebastian. Er hat nie Lust zum Putzen.

b) Sehen Sie sich das Video an und kontrollieren Sie Ihr Ergebnis aus a).

c) *Täglich, jede Woche, alle zwei Wochen* und *einmal im Monat*. Wiederholen Sie immer, was die letzte Person gesagt hat und ergänzen Sie wie im Beispiel.

> Ich mache täglich Sport, kaufe jede Woche auf dem Markt ein, gehe alle zwei Wochen ins Kino und schreibe einmal im Monat einen Test.

> … macht täglich Sport, kauft … Und ich lerne täglich Vokabeln, spiele jede Woche …

d) Lisa hatte Stress. Die anderen haben ihr geholfen. Sprechen Sie schnell.

Als Lisa
- den Unterricht vorbereitet hat,
- die Hausaufgaben korrigiert hat,
- zur Arbeit gefahren ist,
- in der Abendschule unterrichtet hat,

- hat Sebastian das Bad geputzt.
- hat Nico das Wohnzimmer aufgeräumt.
- hat Nico das Geschirr abgewaschen.
- hat Nina den Müll rausgebracht.
- hat Nina die Flaschen weggebracht.

e) Lisa macht das wieder gut. Berichten Sie wie im Beispiel. Die Angaben in d) helfen.

> Wenn Lisa (wieder) mehr Zeit / weniger Stress hat, (dann) putzt sie für Sebastian das Bad.

f) Inge ist aus Bingen am Rhein zurück und kommt wieder ins Marek. Was wollen Max und Tarek wissen? Was erzählt Inge? Schreiben Sie einen Dialog mit vier Fragen und spielen Sie die Szene vor.

> Hallo Inge! Wie …?

> War das Hotel gut?

> Naja, das Wetter war …

g) Sehen Sie sich die Szene im Marek an und vergleichen Sie mit Ihren Dialogen. Was ist gleich? Was ist anders? Berichten Sie.

> Max und Tarek haben Inge nicht gefragt, ob das Hotel gut war.

h) *Jacques ist …* Sehen Sie sich die zweite Szene noch einmal an. Was erzählt Inge (nicht)? Notieren Sie und berichten Sie.

PLATEAU 3

2 Das macht Spaß!

a) Lesen Sie die Bildbeschreibung, vergleichen Sie mit dem Foto und markieren Sie fünf weitere Fehler.

Das ist ein Foto von Nico und Selma. Sie sind in einem Park am Fluss. Es ist Frühling. Die Bäume haben schon viele Blätter verloren und das Wetter ist an diesem Tag besonders schön. Im Vordergrund sieht man noch andere Personen, die im Park grillen. Nico und Selma sind in der Bildmitte. Sie sitzt auf einem Fahrrad und er läuft links neben ihr. Sie machen eine Radtour. Man sieht, dass es ihnen viel Spaß macht!

b) Korrigieren Sie den Text aus a) und vergleichen Sie.

Das ist ein Foto von Nico und Selma. Sie sind in einem Park am Fluss. Es ist Herbst.

 c) Sehen Sie sich das Video an und verbinden Sie die Sätze.

1 Ein Naturtalent nennt man eine Person,
2 Man muss die Bremse ziehen,
3 Manchmal muss man andere fragen,
4 Nico hat ein Talent,

a wenn man etwas braucht.
b das Selma noch nicht kannte.
c wenn man bremsen möchte.
d die etwas sehr schnell lernt.

d) Welche (Natur-)Talente gibt es in Ihrem Kurs? Sammeln Sie und berichten Sie.

... hat ein Talent für das Kuchenbacken. Ihre Torten sind super lecker!

Das stimmt. Und ... hat ein Talent für Sprachen. Er/Sie konnte schon als Kind ...

e) Nico braucht eine Gitarre. Wie kann er am besten fragen? Wählen Sie einen Vorschlag aus, lesen Sie vor und vergleichen Sie.

Hallo, ...

 f) *Sowieso* ... Hören Sie, achten Sie auf die Satzmelodie und sprechen Sie nach.

1 Ohne Musik kann ich nicht tanzen. – Ohne Musik kann ich sowieso nicht tanzen.
2 Wir haben hier nichts zu sagen. – Wir haben hier sowieso nichts zu sagen.
3 Ich weiß nicht, wie ich das schaffen soll. – Ich weiß sowieso nicht, wie ich das schaffen soll.
4 Ich gehe gleich noch einkaufen. – Ich gehe gleich sowieso noch einkaufen.
5 Ich habe morgen keine Zeit. – Ich habe morgen sowieso keine Zeit.

g) Wie sagt man die Sätze mit *sowieso* aus f) in Ihrer Sprache? Übersetzen Sie.

h) *Ich melde mich bei dir.* Lesen Sie Selmas Nachricht. Wie kann Nico antworten? Schreiben Sie eine Nachricht an Selma und lesen Sie sie vor.

einhundertfünfundsiebzig **175**

3 Nico und Selma

a) Worüber sprechen Max und Tarek? Sehen Sie sich die Szene im Marek an. Kreuzen Sie an und vergleichen Sie.

1 ◯ Sie diskutieren über die Bundesliga und ihre Fußballhelden.
2 ◯ Max und Tarek wollen bald heiraten und sprechen über die Hochzeitsfeier.
3 ◯ Sie haben Das Marek vor zehn Jahren gegründet und denken über eine Jubiläumsparty nach.
4 ◯ Sie planen eine neue Webseite für Das Marek und brauchen noch Fotos von allen Mitarbeiter*innen.

b) Jubiläum, Hochzeitstag, Geburtstag, Zahnarzt, Prüfung, ... Haben Sie schon einmal einen wichtigen Termin (fast) vergessen? Was ist passiert? Berichten Sie.

Ich habe einmal fast den Geburtstag von meiner besten Freundin vergessen. Aber dann ...

c) *Bloß nicht!* Aussagen stärker machen. Hören Sie, markieren Sie die Betonung und sprechen Sie nach.

1 ◯ Komm bloß nicht!
2 ◯ Mach das bloß nicht!
3 ◯ Freu dich bloß nicht zu früh!
4 ◯ Sag ihm bloß nichts!

d) Wie gehen die Aussagen weiter? Ordnen Sie passende Sätze in c) zu und vergleichen Sie.

e) Selma vergisst ihr Handy. Was passiert dann? Ergänzen Sie die Bildergeschichte und berichten Sie.

Ich gehe zum Sprachkurs. Mach dir keine Sorgen, Mama.

Wann kommt Selma endlich?

Hey Selma,

Nico???

f) Sehen Sie sich das Video weiter an und vergleichen Sie mit Ihrem Ergebnis aus e).

Goethe-Zertifikat A2: Schreiben

Der Prüfungsteil Schreiben hat zwei Teile. Sie müssen eine SMS und eine E-Mail schreiben. Sie haben für beide Prüfungsteile zusammen nur 30 Minuten Zeit. Wörterbücher und Mobiltelefone sind nicht erlaubt.

Schreiben Teil 1: Sie sind in der U-Bahn und schreiben eine SMS an ihren Freund Ahmed.

- Entschuldigen Sie sich, dass Sie zu spät kommen.
- Schreiben Sie, warum.
- Nennen Sie einen neuen Ort und eine neue Uhrzeit für das Treffen.

Schreiben Sie 20 bis 30 Wörter.
Schreiben Sie zu allen drei Punkten.

Schreiben Teil 2: Ihre Chefin, Frau Wojcik, wird bald 50. Sie hat Ihnen eine Einladung zu ihrer Geburtstagsfeier geschickt. Schreiben Sie Frau Wojcik eine Antwort.

- Bedanken Sie sich für die Einladung und sagen Sie, dass Sie gern kommen.
- Fragen Sie, ob Sie jemanden mitbringen dürfen.
- Fragen Sie nach dem Weg.

Schreiben Sie 30 bis 40 Wörter.
Schreiben Sie zu allen drei Punkten.

Tipps zum Prüfungsteil Schreiben auf einen Blick

GIPFELSTÜRMER

HIER LERNEN SIE:
- über Wanderurlaub sprechen
- Wörter in D-A-CH verstehen
- Beratungsgespräche führen
- Emotionen ausdrücken
- auf Emotionen reagieren
- einen Film beschreiben

Hüttengerichte – die Top 5
- der Kaiserschmarren
- die Speckknödel
- die Käsespätzle
- die Brotzeit
- der Apfelstrudel

Ist das jetzt eine Brotzeit, eine Jause oder ein Znüni?

„Zu Fuß kann man besser schauen."
(Paul Klee, Maler, *1879, †1940)

Von Hütte zu Hütte

Wanderparadies Österreich

Wanderer und Wanderinnen erleben die Natur und das Wetter sehr intensiv. Es ist kein Wunder, dass Wandern boomt. Österreich ist das ideale Ziel für einen Wanderurlaub. Seine neun Bundesländer bieten Wanderern und Wanderinnen hohe Berge, saubere Seen und schöne Dörfer. 784 Berggipfel in Österreich sind über 3.000 Meter hoch – der höchste ist der Großglockner (3.798 m).

Das Bundesland Tirol hat 24.000 Kilometer Wanderwege für Wanderprofis und Anfänger*innen. Sieben von zehn Tourist*innen kommen zum Wandern. Viele lieben Hüttenwanderungen. Man wandert zwei bis sieben Tage lang und übernachtet jeden Abend in einer anderen Hütte. „Klar, das Wandern ist anstrengend. Aber die Aussicht auf die Berge ist traumhaft", meint Silvy Lehner, die durch Tirol wandert. Sie hat in einer Berghütte übernachtet. „Der Kaiserschmarren und die Käsespätzle zum Abendessen waren lecker. Und die Hüttenwirte Mona und Sepp haben sich gut um die Gäste gekümmert."

Ein Highlight ist immer die Sonnenaufgangswanderung. „Es ist wunderschön, wenn die Sonne früh am Morgen auf die Berge scheint. Das genieße ich und vergesse, dass meine Füße weh tun", erzählt David Kogl, Silvys Freund und Wanderpartner. „Kein Urlaub ohne Berge!", da sind sich David und Silvy sicher. Sie machen schon Pläne für eine Herbstwanderung um den Hahnkampl (2.082 m) im Karwendelgebirge.

David und Silvy beim Bergwandern

---

1 **Die Berghütte, der See, ...**
Beschreiben Sie das Foto und die Stimmung.

2 **In Bayern heißt es *Brotzeit*, in Österreich und in der Schweiz ...?**
a) Recherchieren Sie im Internet und berichten Sie. Das Foto hilft.
b) Wählen Sie ein Hüttengericht und beschreiben Sie.
🔴 *... ist ein Gericht, das man aus ... macht.*

3 **Wanderparadies Österreich**
a) Lesen Sie den Magazinartikel und sammeln Sie Informationen zu den Zahlen 784, 3.798, 24.000 und *sieben von zehn*. Berichten Sie.
b) Erklären Sie *die Hüttenwanderung, die Berghütte, die Sonnenaufgangswanderung.*
c) Wortfamilie *-wander-*. Sammeln Sie Wörter im Magazinartikel.

4 **Und Sie? Wandern Sie gern? Waren Sie schon einmal in den Bergen? Berichten Sie.**
🔴 *Bei uns gibt es keine Berge, aber im Wald kann man auch wandern.*

5 **Erklären Sie das Zitat von Paul Klee.**
🔴 *Paul Klee meint, dass ...*
💬 *Wenn man zu Fuß geht, dann ...*

1 Urlaub im Tannheimer Tal in Tirol

a) Wo liegt das Tannheimer Tal? Was kann man dort im Sommerurlaub tun? Sammeln Sie im Prospekt und berichten Sie.

Das Tannheimer Tal – Erholung pur

Durch Wälder wandern, auf Berggipfel steigen – das hilft gegen Stress und ist super für die Fitness! Das Tannheimer Tal auf 1.100 Metern Höhe bietet seinen Gästen viel Abwechslung: Hier kann man wandern, klettern oder an einem See die traumhafte Natur genießen. Für Fahrradfans gibt es Touren mit dem Mountainbike oder dem E-Bike. Und danach schmecken unsere Spezialitäten richtig gut! Probieren Sie unbedingt mal Käsespätzle, Speckknödel oder einen köstlichen Kaiserschmarren!

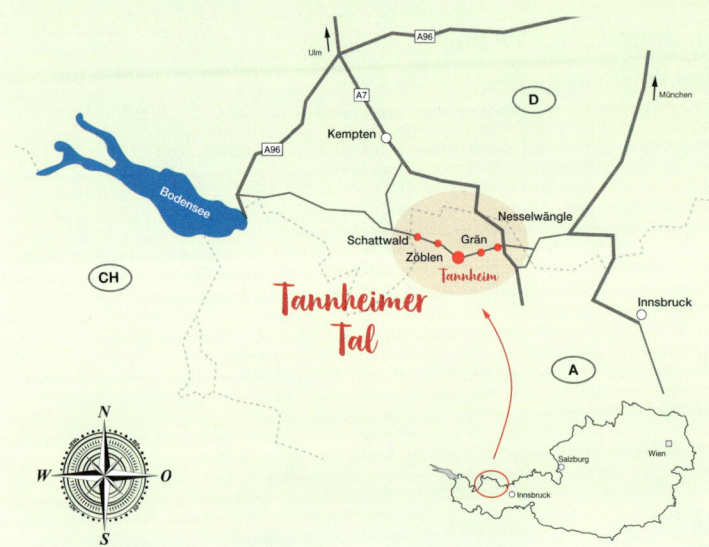

Am Vilsalpsee

Eine von 15 Fahrradtouren

b) Wo sind Silvy und David und was planen sie? Wohin wollen sie gehen? Hören Sie und notieren Sie. Der Prospekt in a) hilft.

c) Auf welche Fragen finden Sie auf der Webseite eine Antwort? Markieren Sie und vergleichen Sie.

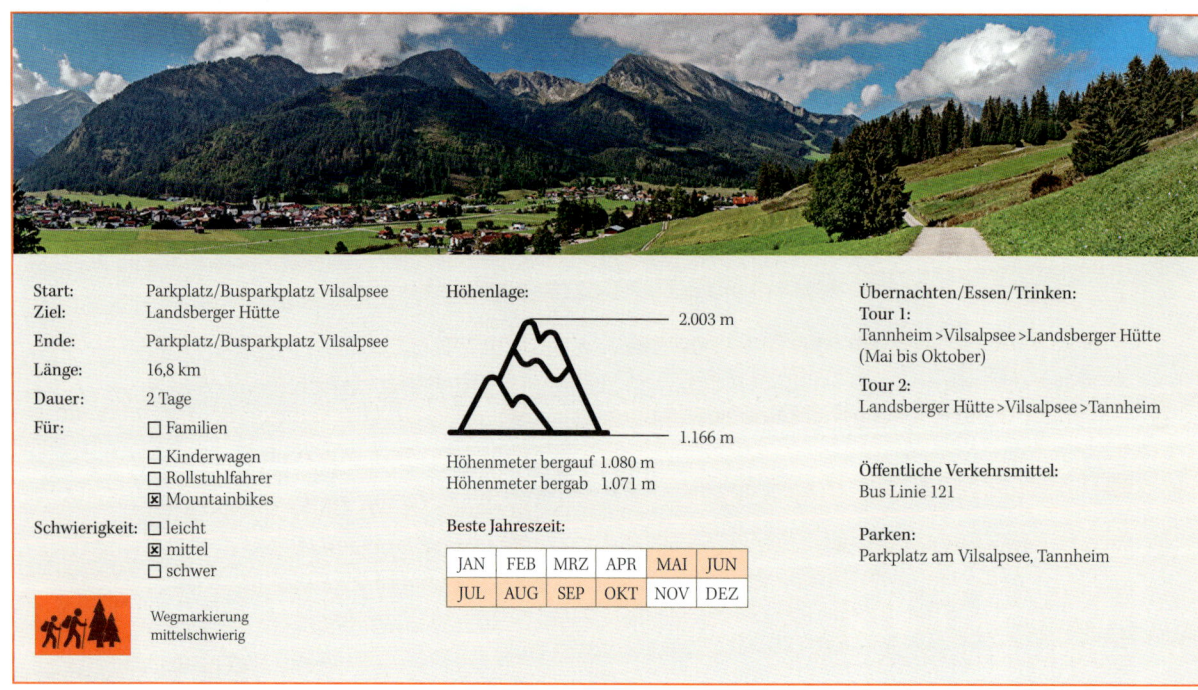

Start: Parkplatz/Busparkplatz Vilsalpsee
Ziel: Landsberger Hütte
Ende: Parkplatz/Busparkplatz Vilsalpsee
Länge: 16,8 km
Dauer: 2 Tage
Für: ☐ Familien
     ☐ Kinderwagen
     ☐ Rollstuhlfahrer
     ☒ Mountainbikes
Schwierigkeit: ☐ leicht
               ☒ mittel
               ☐ schwer

Wegmarkierung mittelschwierig

Höhenlage:
2.003 m
1.166 m
Höhenmeter bergauf 1.080 m
Höhenmeter bergab 1.071 m

Beste Jahreszeit:

| JAN | FEB | MRZ | APR | **MAI** | **JUN** |
| **JUL** | **AUG** | **SEP** | **OKT** | NOV | DEZ |

Übernachten/Essen/Trinken:
Tour 1:
Tannheim > Vilsalpsee > Landsberger Hütte (Mai bis Oktober)
Tour 2:
Landsberger Hütte > Vilsalpsee > Tannheim

Öffentliche Verkehrsmittel:
Bus Linie 121

Parken:
Parkplatz am Vilsalpsee, Tannheim

GIPFELSTÜRMER 13

2 In der Touristeninformation

Landeskunde

In Österreich
Begrüßung: Grüß Gott! / Servus!
Verabschiedung: Servus!/Baba! / Auf Wiederschauen!

a) Hören Sie das Gespräch und beantworten Sie die offenen Fragen aus 1c).

b) Redemittel analysieren. Lesen Sie die Redemittel und ordnen Sie die Kategorien zu.

sich bedanken und verabschieden • fragen und nachfragen • über Preise und Zeiten informieren • Hinweise und Tipps geben • Beratung und Hilfe anbieten

_____ : Was kann ich für Sie tun? / (Wie) Kann ich Ihnen helfen?

_____ : Wir möchten wissen, ob/wann/wo … / Wir möchten / hätten gerne Informationen über … / Wann/Wo fährt … ab? / Wo startet …? / Wie lange …? / Ist die Tour …? / Wie viel kostet …? / Was muss man mitnehmen? / Wo kann man … leihen/kaufen/reservieren? / Wo kann man übernachten / etwas trinken/essen? / Habe ich Sie richtig verstanden, dass …?

_____ : Waren Sie schon mal …? / Sehen Sie mal hier. / Ich zeige Ihnen … auf der Karte / am Computer. / Sie gehen am besten durch/um … / Nehmen Sie … gegen die Sonne / den Regen mit. / Wandern Sie nie ohne … / Die Aussicht ist … / Schlafsäcke/E-Bikes/Wanderschuhe leihen / kaufen Sie am besten bei/in … / Sie müssen … anrufen / eine E-Mail schreiben / Sie können bei uns reservieren.

_____ : Die Fahrt / Die Wanderung / Der Spaziergang dauert (nur) … / Abfahrt ist um … / … dauert ungefähr … / … kostet … € für Erwachsene. / Erwachsene bezahlen … €, Kinder … €.

_____ : Vielen Dank für die Infos/Tipps/Wanderkarte. / Danke, Sie haben uns sehr geholfen. / Bitte, gerne. / Servus!/Baba! / Viel Spaß!

c) Hören Sie noch einmal und markieren Sie die Redemittel in b).

3 W wie Wanderweg

Hören Sie, lesen Sie mit und sprechen Sie nach. Achten Sie auf **w**.

1 **W**ir möchten **w**issen, **w**o **w**ir **w**andern können.
2 **W**ir **w**ollen einen **W**anderurlaub für **W**anderprofis buchen.
3 **W**aren Sie schon mal im **W**inter im **W**anderparadies Österreich?
4 **W**ollen Sie eine **W**anderkarte für die **W**ander**w**ege kaufen?

4 Durch den Wald nie ohne …

a) Lesen Sie die Hinweise. Markieren und vergleichen Sie die Präpositionen. Ergänzen Sie die Regel.

Durch den Wald nie ohne eine Flasche Wasser wandern!
Gegen die Sonne Sonnencreme für die ganze Familie mitnehmen!
Anfänger wandern besser um den Berg und genießen die Aussicht!

Regel: Die Präpositionen *durch, ohne, gegen, für, um* immer mit _____ .

b) D-O-G-F-U. Eine Regel kontrollieren. Sammeln Sie weitere Beispiele auf S. 178–181. Vergleichen Sie.

5 Aktiv in den Bergen

Ich möchte … Kommst du mit?

a) Wählen Sie eine Aktivität und finden Sie eine Partnerin / einen Partner mit Ihren Urlaubswünschen.

b) Welche Informationen brauchen Sie? Wählen Sie die passenden Situationskarten. Schreiben und spielen Sie das Gespräch in der Touristeninformation.

Heidi

1 Eine Geschichte in sechs Bildern

a) *Wütend, traurig, glücklich, ängstlich, überrascht.* Ordnen Sie die Emotionen den Situationen zu.

a  wütend

b  traurig

c  glücklich

d  ängstlich

e  überrascht

b) Sie kennen *Heidi*? Erzählen Sie die Geschichte. Die Zeichnungen helfen. ODER Sie kennen *Heidi* noch nicht? Beschreiben Sie die Bilder. Die Emotionen aus a) helfen.

Das kleine Mädchen sieht … aus.   *Die Frau ist streng.*

c) Emotionen ausdrücken, auf Emotionen reagieren. Ordnen Sie zu.

d) Hören Sie und üben Sie mit einer Partnerin / einem Partner. Die Redemittel in c) helfen. ODER Emotionen verstehen. Ihre Partnerin / Ihr Partner sieht … aus. Reagieren Sie.

2 Heidi – Der Film

a) Lesen Sie die Filmbeschreibung und ordnen Sie den Bildern aus 1a) passende Textzeilen zu.

Movie life stellt vor

Heidi (2015) *ein Film von Alain Gsponer (Regie)*

Heidi ist ein Film aus dem Jahr 2015. Er basiert auf den Romanen, die Johanna Spyri 1880 und 1881 geschrieben hat.
Im Film geht es um Heidi, die bei ihrem Großvater in den Schweizer Bergen lebt. Das kleine Mädchen liebt die Berge sehr und passt am liebsten mit dem Geißen-Peter auf die Ziegen auf. Plötzlich kommt Heidis Tante Dete und bringt sie nach Frankfurt zu der reichen Familie Sesemann. Klara Sesemann ist gelähmt. Sie kann nicht gehen und sitzt im Rollstuhl. Heidi und Klara werden gute Freundinnen und Heidi lernt lesen und schreiben. Das Kindermädchen, Fräulein Rottenmeier, mag Heidi nicht und ist sehr streng. Aber Klaras Vater und der Diener Sebastian schließen sie schnell in ihr Herz. Heidi vergisst den Großvater nicht und auch die Berge fehlen dem Kind. Sie ist sehr traurig. Großmutter Sesemann versteht das kleine Mädchen gut und schickt sie in die Berge zurück. Im Winter ziehen Heidi und der Großvater ins Dorf. Heidi besucht die Schule und bringt dem Geißen-Peter das Lesen bei. Im Frühjahr kommen Klara und die Großmutter auf die Alp. Peter ist wütend auf Klara und macht ihren Rollstuhl kaputt. Er glaubt nicht, dass Heidi ihn genauso gern hat wie Klara. Ohne Rollstuhl muss sie das Gehen wieder lernen und Heidi und Peter helfen ihr. Vater und Großmutter Sesemann sehen, dass Klara wieder laufen kann, und sind überglücklich. Am Ende zeigt der Film eine fröhliche Heidi, die über die Wiesen rennt.
Movie life meint: „Wir gratulieren dem Filmteam: Tolle Bilder, tolle Schauspieler*innen – Heidi ist ein Film für die ganze Familie!"

b) *Heidi, Peter, der Großvater, Klara, Großmutter Sesemann, Fräulein Rottenmeier* – Wer ist wer im Film? Sammeln Sie Informationen in der Filmbeschreibung und berichten Sie.

GIPFELSTÜRMER

3 Heidi (2015) – Der Trailer

a) Wählen Sie Suchwörter aus der Filmbeschreibung. Recherchieren Sie den Filmtrailer im Internet.

Heidi

Ich habe ... eingegeben, und du?

b) Sehen Sie sich den Trailer an und ergänzen Sie Ihre Informationen in 2b).

c) *Meine Filmfigur ist/hat/mag/lebt ...*
Beschreiben Sie eine Filmfigur zuerst allgemein, dann immer genauer.
Die anderen raten. ODER Wer bin ich?
Stellen Sie Fragen zur Filmfigur. Die anderen antworten mit *Ja./Nein.* oder mit *Warm. / (Sehr) Heiß. / (Ganz) Kalt.*

4 Fehlen, lieben, vergessen, ...

a) Ergänzen Sie die Sätze mit Informationen aus der Filmbeschreibung in 2a).

1 Das kleine Mädchen liebt _____ (A) sehr.
2 Heidi vergisst _____ ◯ nicht.
3 Auch die Berge fehlen _____ ◯.
4 Großmutter Seesemann versteht _____ ◯ gut.
5 Heidi _____ ◯.
6 Peter macht _____ ◯ kaputt.
7 Heidi und Peter helfen _____ ◯ beim Gehen.
8 *Movie life* gratuliert _____ ◯.

b) Akkusativ (A) oder Dativ (D)? Ergänzen Sie in a). Markieren Sie dann die Verben und vergleichen Sie.

Minimemo
Akkusativ oder Dativ?
Das Verb entscheidet!

Lerntipp
Auf die Verben achten: *fehlen* + Dativ: *Du fehlst mir!*
lieben + Akkusativ: *Ich liebe dich!*

c) Wie sagt man *Du fehlst mir!* und *Ich liebe dich!* in anderen Sprachen? Übersetzen Sie und vergleichen Sie.

5 Einen Film beschreiben

a) Markieren Sie die Redemittel aus der Filmbeschreibung in 2a).

b) Einleitung, Hauptteil, Schluss. Markieren Sie in der Filmbeschreibung und vergleichen Sie.

c) Beschreiben Sie die Hauptfiguren in *Heidi* und erzählen Sie, was im Film passiert. ODER Beschreiben Sie Ihren Lieblingsfilm / Ihren letzten Kinofilm / einen interessanten Film im Fernsehen oder im Internet. Die Redemittel helfen.

einhundertdreiundachtzig **183**

ÜBUNGEN

1 Eine Hüttenwanderung durch Tirol

a) Lesen Sie den Magazinartikel auf S. 179 noch einmal. Ergänzen Sie die Informationen.

1 Österreich ist das ideale Ziel für _____.

2 Der höchste Berg in Österreich _____.

3 Bei einer Hüttenwanderung übernachtet man _____.

4 Silvy Lehner sagt, dass eine Hüttenwanderung _____.

5 David Kogl meint, eine Sonnenaufgangswanderung _____.

6 Silvy und David wollen im Herbst _____.

b) Komposita. Bestimmen Sie wie im Beispiel.

> der Wanderurlaub • die Brotzeit •
> das Hüttengericht • die Hüttenwanderung •
> der Wanderpartner • die Wanderwege •
> das Abendessen • die Berghütte •
> die Herbstwanderung •
> die Sonnenaufgangswanderung

2 Ich habe wirklich einen tollen Job!

a) Was ist das Thema? Überfliegen Sie Monas Blogartikel und kreuzen Sie an.

1 ◯ ihre ersten Gäste   2 ◯ ihre Aufgaben als Hüttenwirtin   3 ◯ ihr neues Gericht

Mein Leben als Hüttenwirtin

Puh, das war heute wieder ein anstrengender Tag! Fragt ihr euch, was eine Hüttenwirtin den ganzen Tag so macht? Jeden Tag kommen neue Gäste. Viele von ihnen sind Hüttenwanderer, die auch bei uns übernachten möchten. Zuerst begrüße ich die neuen Gäste und zeige ihnen ihre Betten. Die meisten
5 Gäste möchten dann etwas essen. Sie haben großen Hunger, weil sie den ganzen Tag gewandert sind. Und was schmeckt am besten? Ich empfehle unseren Gästen oft Kaiserschmarren mit Apfelmus oder Käsespätzle. Manchmal sitzen mein Mann Sepp und ich nach dem Essen mit den Gästen zusammen. Wir geben ihnen Tipps für die Wanderung oder erzählen von unseren Erfahrungen. Viele Gäste interessiert das sehr! Die meisten wandern am nächsten Morgen weiter. Vor der Abreise
10 mache ich ihnen ein Frühstück. Viele Gäste nehmen für den Weg eine Jause mit, die ich vorbereite. Nach der Abreise räume ich auf und mache die Betten. Wie ihr seht, habe ich immer viel zu tun und treffe jeden Tag interessante Menschen aus der ganzen Welt. Ich habe wirklich einen tollen Job! ☺

Wir sind ein tolles Team!

b) Was ist richtig? Lesen Sie Aussagen und kreuzen Sie an. Korrigieren Sie die falschen Aussagen.

1 ◯ Mona ist Hüttenwirtin. Sie arbeitet jeden Tag in einer anderen Hütte.

2 ◯ Die Gäste bleiben mehrere Tage und kommen jeden Abend zur Hütte zurück.

3 ◯ Viele Gäste interessieren sich für die Tipps und Erfahrungen von Mona und Sepp.

4 ◯ Mona liebt ihren Beruf, denn auf der Hütte ist es jeden Tag sehr ruhig und entspannt.

1 Mona ist Hüttenwirtin. Jeden Tag kommen neue Gäste in ihre Hütte.

GIPFELSTÜRMER 13

3 Die beliebtesten Hüttengerichte. Die Brotzeit, die Jause oder das Znüni? Lesen Sie die Informationen in Aufgabe 2b) auf S. 179 noch einmal und ergänzen Sie die Tabelle.

	das Znüni	die Brotzeit	die Jause
Das Gericht kommt aus ...			
Es besteht aus ...			
Man isst es ...	um		

4 *Wir müssen endlich unsere Hüttenwanderung planen!*

a) Hören Sie den Hörtext in Aufgabe 1b) auf S. 180 noch einmal und kreuzen Sie an.

		richtig	falsch
1	Silvy und David planen einen Ausflug nach Innsbruck.	○	X
2	Für die Hüttenwanderung müssen sie Schlafplätze auf den Hütten reservieren.	○	○
3	David und Silvy suchen in einem Prospekt nach Vorschlägen für die Hüttenwanderung.	○	○
4	Sie möchten von Tannheim zur Landsberger Hütte wandern. Bis zum Vilsalpsee fährt ein Bus.	○	○
5	Auf der Landsberger Hütte kann man etwas essen, aber es gibt keine Schlafplätze.	○	○
6	Die Reservierung im Internet funktioniert nicht. Nach dem Frühstück gehen sie zur Touristeninformation.	○	○

b) Korrigieren Sie die falschen Aussagen.   *1 Silvy und David planen ...*

c) Wer kann hier wandern? Sehen Sie sich die Webseite in Aufgabe 1c) auf S. 180 noch einmal an und kreuzen Sie an.

1. ○ Chris und Elvira haben ein kleines Kind. Sie brauchen einen Kinderwagen.
2. ○ Julia hat kein Auto. Sie fährt mit den öffentlichen Verkehrsmitteln.
3. ○ Familie Schmidt möchte im Februar einen tollen Wanderurlaub machen.
4. ○ Jürgen ist Wanderprofi und mag schwierige Wanderwege.
5. ○ Orhan und Kaja haben wenig Zeit und möchten einen Tagesausflug machen.
6. ○ Thomas und Astrid möchten eine Fahrradtour in den Bergen machen.

5 Eine Hüttenwanderung in Südtirol

a) Videokaraoke. Sehen Sie sich das Video an und antworten Sie.

b) Sehen Sie sich das Video noch einmal an. Beschreiben Sie einer Freundin / einem Freund in einer E-Mail, was Manu im Urlaub machen möchte. Die Fragen helfen.

Termin/Ort	Wann fährt Manu in den Urlaub? Wohin fährt er?
Aktivitäten	Was macht er dort? Was nimmt er mit?
Essen/Trinken	Welches Gericht empfiehlt er?

ÜBUNGEN

6 Ein Gespräch in der Touristeninformation führen

a) Lesen Sie das Gespräch in der Touristeninformation und ordnen Sie die Kategorien zu.

1 Beratung und Hilfe anbieten 3 Begrüßung 5 über Preise und Zeiten informieren
2 sich bedanken und verabschieden 4 fragen und nachfragen 6 Hinweise und Tipps geben

💬 Servus! 🗨 Grüß Gott!	2
💬 Was kann ich für Sie tun?	
💬 Wir möchten einen Spaziergang zum Traualpsee machen. Wie lange dauert die Tour?	
💬 Der Spaziergang dauert nur circa eine Stunde. Am besten fahren Sie hier von Tannheim mit dem Bus zum Vilsalpsee. Von dort laufen Sie durch den Wald zum Traualpsee.	
🗨 Sehen Sie mal hier. Ich zeige es Ihnen auf der Karte. Das ist wirklich ein schöner Weg.	
💬 Super, vielen Dank! Auf Wiederschauen! 🗨 Gern, viel Spaß! Baba!	

b) Lesen Sie den Dialog und ordnen Sie.

🗨 Servus! Kann ich Ihnen helfen?

💬 ( ) Super, das machen wir. Danke für die Infos und Tipps.

🗨 Die Wanderung dauert ungefähr zwei Stunden. Kennen Sie schon das Restaurant am See? Dort können Sie Pause machen.

💬 ( ) Wir möchten eine Wanderung um den Vilsalpsee machen. Wie lange dauert die Tour?

🗨 Am besten fahren Sie mit dem Bus von Tannheim. Er hält direkt am Vilsalpsee.

💬 ( ) Vielen Dank! Auf Wiederschauen!

🗨 Bitte, gerne. Viel Spaß und Baba!

💬 ( ) Nein, aber das klingt toll! Das merken wir uns. Wie kommen wir am besten zum Vilsalpsee?

7 Morgen geht's los!

a) Was nimmt Silvy für ihren Wanderurlaub mit? Lesen Sie die E-Mail an Elif und kreuzen Sie an.

1 ( ) Bustickets 3 ( ) einen Schlafsack 5 ( ) Getränke 7 ( ) Sonnencreme
2 ( ) Wanderschuhe 4 ( ) ein Kissen 6 ( ) warme Kleidung 8 ( ) eine Sonnenbrille

---

Hi Elif,

morgen geht's endlich los! David und ich beginnen unsere Hüttenwanderung. Wir fahren mit dem Bus zum Vilsalpsee und gehen durch den Wald zum Traualpsee. Dann wandern wir um den Berg weiter zur Landsberger Hütte. Ich freue mich schon total auf die Wanderung! Durch die Wälder – herrlich! Für die Übernachtung in der Hütte brauchen wir einen Schlafsack und Socken oder Hüttenschuhe. Man darf in der Hütte keine Wanderschuhe tragen. Die Mitarbeiterin in der Touristeninformation hat uns auch gesagt, dass wir für die Tour viel Sonnencreme gegen die Sonne brauchen. Und: Wir sollen nie ohne eine Jacke (im Sommer!) und eine Flasche Wasser in den Bergen wandern. Ich schicke dir später Fotos.

Liebe Grüße von Silvy

b) Markieren Sie die Präpositionen mit Akkusativ in a).

c) Selbsttest. Lesen Sie die Sätze und ergänzen Sie die Präpositionen.

durch • ohne • gegen • für • um

1. Morgen wandern wir _____ den Vilsalpsee.
2. _____ eine Flasche Wasser gehen wir nicht wandern.
3. Zuerst gehen wir _____ den Wald.
4. _____ die Sonne brauchen wir Sonnencreme.
5. Wir brauchen eine Jacke _____ die Wanderung.

8 Das überrascht mich! Sehen Sie sich die Fotos an. Ordnen Sie den Personen passende Aussagen zu.

1. Ich bin total sauer!
2. Was für eine Überraschung!
3. Ich habe große Angst!
4. Ich bin echt traurig!
5. Ich bin einfach nur glücklich!

a
b
c
d
e

9 Heidi – Der Film

a) Lesen Sie die Filmbeschreibung in Aufgabe 2a) auf S. 182 noch einmal und sammeln Sie Informationen zu den folgenden Punkten.

Titel:
Jahr:
Personen:
Regie:
Romane von:

b) Ordnen Sie die Filmausschnitte. Die Filmbeschreibung in Aufgabe 2a) auf S. 182 hilft.

a ◯ Heidi fehlen die Berge und ihr Großvater. Großmutter Sesemann versteht sie und schickt Heidi zurück in die Berge.

b (1) Heidi lebt mit ihrem Großvater in den Schweizer Bergen. Sie passt am liebsten mit Peter auf die Ziegen auf.

c ◯ Klara und die Großmutter kommen auf die Alp. Sie besuchen Heidi und den Großvater.

d ◯ Heidis Tante Dete bringt sie zur Familie Sesemann nach Frankfurt. Heidi lernt Klara kennen. Sie werden gute Freundinnen und Heidi lernt Lesen und Schreiben.

e ◯ Vater und Großmutter Sesemann sind überglücklich, dass Klara wieder laufen kann.

f ◯ Heidi und Großvater Sesemann ziehen ins Dorf. Heidi besucht die Schule und bringt Peter das Lesen bei.

g ◯ Peter ist wütend auf Klara und macht ihren Rollstuhl kaputt. Klara muss das Gehen wieder lernen. Heidi und Peter helfen ihr.

ÜBUNGEN

10 Die Heidi-Bücher von Johanna Spyri

a) Lesen Sie die Biografie von Johanna Spyri und ergänzen Sie passende Verben im Präteritum.

> leben (2x) • unterrichten • gehen • sein (2x) • haben • bekommen • heiraten •
> ziehen (3x) • ~~lernen~~ • schreiben • helfen

Johanna Spyri – ihre Welt waren die Berge

Johanna Spyri _____¹ eine Schweizer Autorin. Sie _____² von 1827 bis 1901. Ihr Vater _____³ Arzt und ihre Mutter Dichterin. Sie _____⁴ mit ihren Eltern und ihren fünf Geschwistern in einem kleinen Ort bei Zürich. Mit 15 Jahren _____⁵ sie zu ihrer Tante nach Zürich. Sie _____⁶ zur Schule und *lernte*⁷ Französisch. Nach ihrer Schulzeit _____⁸ sie zurück in ihren Heimatort. Sie _____⁹ ihre jüngeren Geschwister und _____¹⁰ ihrer Mutter im Haus. 1851 _____¹¹ sie Bernhard Spyri. Mit ihrem Mann _____¹² sie zurück nach Zürich und _____¹³ einen Sohn. Ihren ersten Erfolg als Autorin _____¹⁴ sie erst mit 52 Jahren. Im Jahr 1879 _____¹⁵ sie das erste Buch über Heidi. Die Geschichten sind bis heute sehr beliebt.

b) Welche Fragen beantwortet die Biografie? Lesen Sie noch einmal und kreuzen Sie an.

1 ◯ Wann wurde Johanna Spyri geboren?
2 ◯ Wo lebte die Autorin mit ihrem Mann und Sohn?
3 ◯ Warum zog sie mit 15 Jahren zu ihrer Tante?
4 ◯ Wann schrieb sie das erste Buch über *Heidi*?

11 Ein Film, zwei Meinungen

a) Wie viele Sterne geben Jörg und Mia? Zwei oder fünf? Markieren Sie die Sterne.

Alpen-Jörg
★★★★☆ **Heidi – was für ein toller Film!**
Ich liebe den Film *Heidi* von Alain Gsponer. Der Film basiert auf den Romanen von Johanna Spyri. Die Geschichte erzählt von Heidi und ihren Erlebnissen. Am besten gefallen mir die tollen Bilder von den Schweizer Bergen. Die Aussicht vergesse ich bestimmt nie. Einfach traumhaft!

Mia P.
★★★★☆ **Ich habe mehr erwartet …**
Heidi – der Film. Habt ihr ihn auch schon gesehen? Alle lieben ihn, nur ich nicht. Ich habe das Buch schon fünfmal gelesen und habe mich total auf den Film gefreut. Aber mir fehlen so viele tolle Szenen aus dem Buch. Ich kann dem Filmteam nicht gratulieren!

b) Verben mit Dativ (D) oder Verben mit Akkusativ (A)? Ergänzen Sie.

1 ◯ Heidi liebt die Berge.
2 ◯ Heidi hilft der kranken Klara beim Gehen.
3 ◯ Heidi besucht die Schule im Dorf.
4 ◯ Die Berge fehlen dem Mädchen sehr.
5 ◯ Großmutter Sesemann schickt das Mädchen in die Schweiz zurück.
6 ◯ *Movie life* gratuliert den Schauspieler*innen.

GIPFELSTÜRMER

13

Fit für Einheit 14?

1 Mit Sprache handeln

über Wanderurlaub sprechen
Österreich ist das ideale Ziel für einen Wanderurlaub.
Die Aussicht auf die Berge ist traumhaft.
Ich genieße die Aussicht und vergesse, dass meine Füße wehtun.
Wir haben in einer Berghütte übernachtet und Käsespätzle gegessen.

Wörter in D-A-CH verstehen
Grüß Gott! Servus! Baba!

Beratungsgespräche führen
Was kann ich für Sie tun? / Kann ich Ihnen helfen?

Die Wanderung / Der Spaziergang dauert ...
Sehen Sie mal hier. / Ich zeige Ihnen ... /
Sie fahren am besten ... / Sie gehen am besten durch ...

Wir möchten eine Wanderung / einen Spaziergang in/zum ... machen.
Wie lange dauert die Tour/Wanderung?
Wo startet ...? Wann fährt ...? Wo kann man ...?
Vielen Dank für die Infos/Tipps.
Danke, Sie haben uns sehr geholfen.

Emotionen ausdrücken und auf Emotionen reagieren
Ich bin stinksauer!
Ich bin total glücklich!
Das ist (so) traurig!

Warum bist du denn so sauer? / Sei nicht wütend!
Schön, dass du (so) glücklich bist.
Tut mir leid, dass du (so) traurig bist.

einen Film beschreiben
Ich stelle den Film ... von ... vor. / Der Regisseur heißt ...
Der Film / Die Handlung spielt in ... / Der Film handelt von ... / Im Film geht es um ...
... ist ein Film für die ganze Familie.
Ich finde, dass der Film / die Schauspieler*in ... / Mir hat ... besonders gut gefallen.

2 Wörter, Wendungen und Strukturen

Wortschatz Emotionen
traurig, wütend, glücklich, überrascht, ängstlich

Präpositionen mit Akkusativ
durch den Wald, *ohne* eine Flasche Wasser, *gegen* die Sonne, *für* die Wanderung, *um* den See

Verben mit Akkusativ
Heidi *liebt* die Berge.
Sie *vergisst* ihre Heimat nie.
Er *macht* einen Wanderurlaub.
Großmutter Sesemann *versteht* das Mädchen.

Verben mit Dativ
Die Berge *fehlen* ihr sehr.
Der Kaiserschmarren *schmeckt* mir am besten.
Hüttenwanderungen *gefallen* den Touristen sehr.
Wir *gratulieren* dem Filmteam.

3 Aussprache

das *w*-: **W**ir möchten **w**issen, **w**o **w**ir **w**andern können. **W**ir **w**ollen einen **W**anderurlaub für **W**anderprofis buchen.

→ Interaktive Übungen

FREUNDE FÜRS LEBEN

Das ist Freundschaft!

HIER LERNEN SIE:
- über Freundschaften sprechen
- sich streiten und sich vertragen
- über Geschenke sprechen
- statistische Angaben machen
- Tipps geben und kommentieren

Egal ob ganz nah oder

ganz fern,

in schönen Momenten oder

in schweren Zeiten,

in jungen Jahren oder

im hohen Alter.

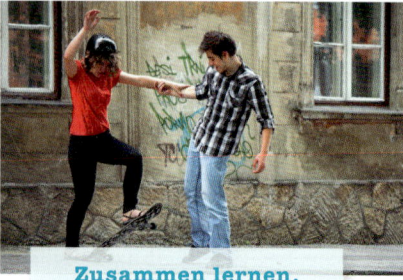
Zusammen lernen.

Zusammen lachen.

Zusammen sein.

Warum wir Freunde brauchen

Braucht jeder Mensch Freundinnen und Freunde? Macht Freundschaft gesund? Kann man Freundschaft erkennen? Verändern die sozialen Medien unsere Beziehungen? Ein Interview mit der Soziologin Saskia Barber.

Frau Barber, warum ist Freundschaft so wichtig?
Freundschaft gehört zum Leben. Freunde spielen neben der Familie und der Arbeit eine wichtige Rolle im Alltag der Menschen.

„Freunde machen glücklich und gesund."

Studien zeigen, dass Menschen mit engen Freundschaften gesünder sind und länger leben als Menschen ohne Freunde. Freunde sind für uns da, in guten und in schlechten Zeiten. Und so wissen wir, dass wir nicht alleine sind.

Wie definieren Sie Freundschaft?
Als Soziologin definiere ich Freundschaft als eine freiwillige und persönliche Beziehung. Das bedeutet, dass sich zwei Menschen mögen. Sie verbringen gern Zeit miteinander, sie treffen sich gern und sie vertrauen sich. Die Zeit spielt dabei eine wichtige Rolle.

Warum meinen Sie, dass Zeit wichtig ist? Können Sie das genauer erklären?
Echte Freundschaft braucht Zeit. Studien zeigen, dass Menschen mindestens 140 Stunden zusammen verbringen müssen, um Freunde zu werden. Beste Freunde brauchen mindestens 300 Stunden. Aber Freundschaft wird nicht in jedem Land gleich definiert. In Deutschland dauert es länger, bis man eine Person einen Freund oder eine Freundin nennt. In den USA geht das z. B. schneller.

„Amerikaner nennen viel mehr Menschen ‚friends' als zum Beispiel Deutsche."

Sind die Kontakte in sozialen Netzwerken richtige Freunde?
Ja, natürlich. Es ist eine neue Form von Freundschaft. In Social Media kann man sich heute einfach treffen oder unterhalten. Man tauscht Nachrichten, Fotos und Videos aus und nimmt so am Alltag von Freunden teil, die z. B. weit weg leben.

Saskia Barber, Soziologin

---

1 Freundschaft heißt …
Wählen Sie ein Foto aus und beschreiben Sie.
💬 *Freundschaft bedeutet, dass …*

2 Mein bester Freund – Meine beste Freundin
🔊 4.06–4.08 a) Hören Sie die Aussagen und ordnen Sie passende Fotos zu.
b) Warum sind beste Freund*innen wichtig? Hören Sie noch einmal, notieren und berichten Sie.

3 *Warum wir Freunde brauchen*
a) Vier Fragen. Lesen Sie die Einleitung des Magazinartikels und antworten Sie.
b) Wie definiert die Soziologin Freundschaft? Lesen Sie den Magazinartikel und vergleichen Sie.
💬 *Die Soziologin definiert Freundschaft als …*

c) 140 oder 300 Stunden? Was meinen Sie?
💬 *Ich finde nicht, dass Freundschaft viel Zeit braucht.*
💬 *Mich überrascht, dass …*

4 Und Sie?
a) Welcher Aussage stimmen Sie zu? Kommentieren Sie.
💬 *Genau. Das finde ich auch richtig.*
💬 *Nein, das stimmt nicht. Ich finde, …*
b) Beschreiben Sie Ihren besten Freund / Ihre beste Freundin. Die Fragen helfen.

Ich will mich nicht streiten, aber ...

1 Beste Freundinnen

a) Jasmin und Alba sind beste Freundinnen. Wo sind sie? Wie ist die Stimmung? Beschreiben Sie das Foto. Die Redemittel helfen.

Jasmin und Alba umarmen sich. Sie ...

Das Café ...

b) Was machen Jasmin und Alba im Café? Worüber sprechen sie? Sehen Sie sich das Video an und vergleichen Sie.

c) Aussehen, Charakter, ... Wählen Sie den Chef oder den Freund. Sehen Sie noch einmal, notieren und berichten Sie.

d) Was ist das Problem? Sehen Sie sich den zweiten Teil des Videos an. Beschreiben und kommentieren Sie.

Ich denke, das Problem ist ...   *Ich hätte (nicht) gedacht, dass ...*   *Mich erstaunt, dass ...*

2 Am Tag danach

a) Alba und Jasmin telefonieren. Hören Sie und ordnen Sie.

a ◯ Alba ist total sauer.
b ◯ Jasmin und Alba lachen zusammen.
c ◯ Jasmin entschuldigt sich.
d (1) Jasmin findet Vincent doof.
e ◯ Alba möchte sich nicht streiten.
f ◯ Die Freundinnen streiten sich.

b) Welche Redemittel benutzen Alba und Jasmin? Hören Sie noch einmal und markieren Sie.

3 Die Freundinnen haben sich wieder vertragen

Wer sagt was über wen? Wählen Sie eine Person aus und beschreiben Sie die anderen zwei Personen.

nie zufrieden • nett • kritisch • freundlich • lustig • hat viel Humor • wir lachen oft zusammen • ich kann ihr/ihm vertrauen • ...

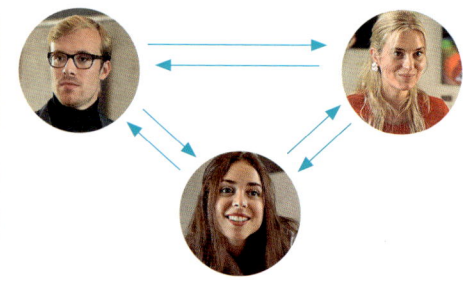

Alba ist immer ...
Ich mag (nicht), dass sie ...

... ist meine beste Freundin.
Ich kann ihr immer vertrauen.

4 Sich streiten und sich vertragen

Wählen Sie eine Situation aus. Schreiben Sie und spielen Sie den Dialog. Achten Sie auf die Emotionen.
ODER Beschreiben Sie eine Situation, in der Sie auf einen Freund / eine Freundin sauer waren, und wie Sie sich wieder vertragen haben.

FREUNDE FÜRS LEBEN

14

1 Ich schenke ihr ein Buch

a) Was sind gute Geschenke für Freundinnen und Freunde? Sammeln Sie und vergleichen Sie.

b) Wie finden Sie die Geschenke in dem Artikel? Lesen, markieren und kommentieren Sie.

Was kann ich ihr schenken?

Bücher finde ich langweilig.   *Ich freue mich immer über ein Buch. Aber Socken finde ich doof.*

Top Geschenke für die besten Freunde

Deine beste Freundin hat bald Geburtstag und du hast keine Ahnung, was du ihr schenken kannst? Dein bester Freund feiert bald ein großes Fest. Aber was kauft man einem Freund, der schon alles hat? Konzertkarten, eine gemeinsame Radtour, Bücher oder Socken sind oft eine gute Idee. Manchmal sind aber kleine Geschenke die besten: Schick ihr eine schöne Karte, back ihm einen Kuchen, ...
5 Hier sind ein paar Tipps von unseren Leser*innen:

„Ich schenke meiner besten Freundin gern Aktivitäten. Letztes Jahr habe ich ihr Karten für ein Fußballspiel gekauft. Ich habe ihr am Geburtstag die Tickets gegeben und wir sind direkt zum Spiel gegangen. Sie hat sich sehr gefreut, weil es eine Überraschung war. Das kann ich sehr empfehlen." **Markus, 25 Jahre**

„Mein bester Freund hatte dieses Jahr einen besonderen Geburtstag: 40 Jahre. Da musste ich ihm auch etwas
10 Besonderes schenken. Ich habe ihm ein Fotobuch mit Fotos von uns und einen Gutschein für ein Abendessen geschenkt." **Mascha, 43 Jahre**

2 Typische Geschenke

Wer schenkt wem was? Sprechen Sie schnell.

Er	schenkt	ihr	Parfüm/Blumen/ ...
Sie	kauft	ihm	Konzertkarten/Kinokarten / ...
			einen Gutschein für ein Frühstück im "Café Glück" / ...

3 Ich schenke ihr ...

a) Lesen Sie den Lerntipp und markieren Sie die Verben mit Dativ und Akkusativ in 1b).

b) Lesen Sie die Beispiele und ergänzen Sie die Regel.

Nominativ (Wer?)	Verb	Dativ (Wem?)	Akkusativ (Was?)
Markus	schenkt	seiner Freundin	Karten.
Markus	schenkt	ihr	Karten.
Mascha	schenkt	ihrem besten Freund	ein Fotobuch.
Mascha	schenkt	ihm	ein Fotobuch.

Lerntipp

Schenken, kaufen, bringen, geben, zeigen, wünschen, leihen immer mit **Dativ** und **Akkusativ**.

Regel: In Sätzen mit Dativ- und Akkusativergänzung steht _____ vor _____.

c) Sprachschatten. Geschenke bei Ihnen im Kurs. Wer schenkt wem was? Fragen und antworten Sie wie im Beispiel.

Ich schenke Tian einen Stift.   *Ah, du schenkst ihm einen Stift? Ich schenke Marta Kinokarten.*   *Du schenkst ihr Kinokarten? Toll. Ich schenke Mirko einen Kuchen.*

4 Keine gute Idee?

Was darf man in Ihrem Land nicht schenken? Vergleichen Sie.   *Bei uns in China schenkt man keine Uhren.*

Leute kennenlernen

1 Bist du Single?

🔊 4.10 Wer hat welchen Beziehungsstatus? Hören Sie, ordnen Sie zu und vergleichen Sie.

BEZIEHUNGSSTATUS
- ○ Single
- ○ in einer Beziehung
- ○ verheiratet
- ○ geschieden
- ○ es ist kompliziert
- ○ warte auf ein Wunder

Max sagt, dass …

Das habe ich auch gehört.

1 Alina

2 Max

3 Marina

4 Elias und Kira

2 Single oder verheiratet?

a) Lesen Sie die Grafik. Ergänzen Sie die Auswertung und vergleichen Sie.

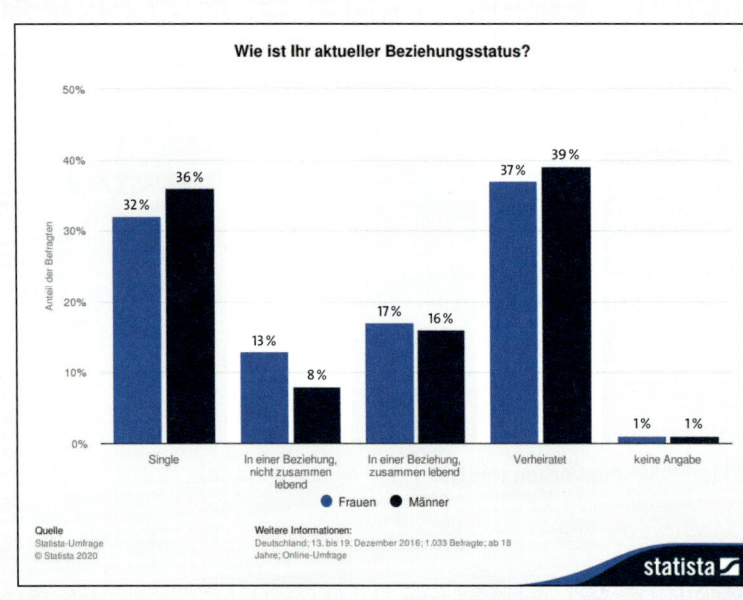

1) 36 % der Männer sind Single.
2) 13 % der Frauen sind in einer Beziehung, aber leben nicht mit dem Partner / der Partnerin zusammen.
3) ___ % der Frauen sind verheiratet.
4) 32 % der Frauen sind ___ .
5) Genau ein Drittel (33 %) der Männer und Frauen sind in einer Beziehung und leben zusammen.
6) ___ % der Männer sind verheiratet.
7) 2 % der Personen haben keine Angaben gemacht.
8) 8 % der ___ sind in einer Beziehung, aber leben nicht mit dem Partner / der Partnerin zusammen.

b) Was überrascht Sie? Kommentieren Sie.

Ich hätte nicht gedacht, dass …   *Mich überrascht, dass …*

3 Helga und Holger sind verheiratet

🔊 4.11 a) Aussprache *h*. In welchen Wörtern hören Sie *h*? Markieren Sie.

1 ○ verheiratet   4 ○ haben   7 ○ der Humor   10 ○ ihr   13 ○ helfen
2 ○ die Beziehung 5 ○ die Hochzeit 8 ○ halten   11 ○ der Hund   14 ○ der Stuhl
3 ○ das Handy   6 ○ das Ohr   9 ○ ihm   12 ○ das Heft

b) Hören Sie noch einmal und sprechen Sie nach.

4 Neue Freunde finden

Wo kann man neue Leute kennenlernen? Sammeln Sie und vergleichen Sie. Die Fotos helfen.

FREUNDE FÜRS LEBEN

14

5 Wie treffe ich neue Freunde?

a) Wohin ist Martin Sommerfeld umgezogen? Wie war sein erster Monat in der neuen Stadt? Lesen Sie den Magazinartikel und vergleichen Sie.

Tipp des Monats

Neu in der Stadt?

Ein neuer Job in einer neuen Stadt, aber keine Kontakte? Das kannst du ändern!

Vor drei Jahren habe ich einen neuen Job in Stuttgart angefangen. Ich war neu in der Stadt. Nach vier Wochen habe ich mich sehr allein gefühlt. Mein einziger Freund war der Hund des Nachbarn. Keiner hat mich angerufen oder eingeladen. Die Kolleginnen und Kollegen waren sehr nett, aber niemand hatte Zeit für einen neuen Freund. Ich habe mich nur einmal mit einer Kollegin und ihrem Freund getroffen. Der Partner der Kollegin hat mir ein paar Tipps gegeben. Und so habe ich dann auch neue Freunde gefunden. Diese Tipps können auch dir helfen:

1) Die Facebook-Gruppe „Ich bin neu in der Stadt". Diese Gruppe organisiert Treffen für Personen, die neu in der Stadt sind. Es gibt immer eine Person, die sympathisch ist. Am Ende des Treffens könnt ihr Nummern austauschen oder euch noch einmal verabreden.
2) Das MeetUp. Das MeetUp ist eine Online-Plattform. Jede Gruppe hat ein Thema. Die Themen der Gruppen sind sehr vielfältig, z. B. Essen, Literatur oder Sport.
3) Vereine. Etwas mehr als die Hälfte (53 %) der Menschen in Deutschland sind in einem Verein aktiv. Hier kannst du Freundinnen und Freunde finden, z. B. im Sportverein. Ich habe den Verein der Gartenfreunde gefunden und habe dort zwei tolle Freunde kennengelernt.

von Martin Sommerfeld

b) Vergleichen Sie die Tipps des Autors mit Ihren Vorschlägen aus 4 und berichten Sie. — Der Autor empfiehlt ...

6 Tipp des Monats

a) Was denken Sie? Sprechen Sie schnell.

| Die Tipps Die Vorschläge | der Seite des Artikels des Autors | helfen mir (nicht). empfehle ich (nicht) weiter. finde ich (nicht) interessant/spannend/... |

Lerntipp
des: Nomen + s

b) Ergänzen Sie die Artikel im Genitiv. Kontrollieren Sie mit der Grafik in 2a) und mit dem Magazinartikel in 5a).

1 der Monat: der Tipp ___ Monats
2 die Kollegin: der Partner ___ Kollegin
3 das Treffen: am Ende ___ Treffens

4 die Gruppen: die Themen ___ Gruppen
5 die Menschen: 53 % ___ Menschen
6 die Männer: ein Drittel ___ Männer

7 Tipps geben

Wählen Sie eine Situation aus. Ihr Partner / Ihre Partnerin gibt Tipps. Sie kommentieren. Die Redemittel helfen.

- Sie sind seit einem Monat in einer neuen Stadt und möchten neue Freunde finden.
- Sie sind Single und suchen nette Leute für Freizeitaktivitäten.
- Sie langweilen sich oft. Ihre Freund*innen haben keine Zeit.

einhundertfünfundneunzig 195

ÜBUNGEN

1 Freundschaft ist ...

a) Schreiben Sie Gegensatzpaare wie im Beispiel.

im hohen Alter • in der Freizeit • in schweren Zeiten • ~~fern~~ •
in der Schule • in schönen Momenten • ~~nah~~ • in jungen Jahren

nah – fern, ...

b) Lesen Sie die Aussagen und ordnen Sie passende Fotos zu.

○ Freundschaft kennt keine Kilometer.
○ Du bist immer bei mir.
○ Zusammen schaffen wir das!
○ Meine beste Freundin ist wie eine Schwester.

c) Kommentieren Sie die Aussagen mit den Gegensatzpaaren aus a).

Freundschaft kennt keine Kilometer. Egal ob nah oder fern.

2 **Warum wir Freunde brauchen.** In welcher Zeile finden Sie die Informationen? Lesen Sie den Magazinartikel auf S. 191 noch einmal und ergänzen Sie.

Zeile(n)

1 Freunde, Familie und Arbeit sind wichtig für Menschen. ____
2 Wer Freunde hat, ist nicht so oft krank. ____
3 Freunde sind immer für uns da, egal ob man glücklich oder traurig ist. ____
4 Sehr gute Freundschaften brauchen viel Zeit. ____
5 Freundschaft bedeutet in jedem Land etwas anderes. ____
6 In sozialen Netzwerken kann man mit Freunden in Kontakt bleiben. ____

3 Mein bester Freund – Meine beste Freundin

a) **Was bedeutet Freundschaft für Sie? Lesen Sie und kreuzen Sie vier Aussagen an.**

1 ○ zusammen Spaß haben
2 ○ über Probleme reden
3 ○ die gleichen Klamotten gut finden
4 ○ in der Nähe wohnen
5 ○ zusammen in den Urlaub fahren
6 ○ die gleichen Interessen haben
7 ○ sich jeden Tag sehen
8 ○ sich etwas schenken

b) Was noch? Ergänzen Sie die Liste in a).

c) Was haben Sie in a) angekreuzt? Warum?

... ist mein bester Freund / meine beste Freundin, weil ...

FREUNDE FÜRS LEBEN

14

4 Jasmin und Alba im Café. **Machen Sie ein Wörternetz.**

die Cola — das Getränk — im Café — der Kellner, die Kellnerin

5 Nie wieder Single

a) Sehen Sie sich das Video in Aufgabe 1b) auf S. 192 noch einmal an. Beantworten Sie die Fragen.

1 Warum heißt das Video „Nie wieder Single"? _____

2 Wie geht es Alba? Warum? _____

3 Was gefällt Jasmin an ihrem Job? _____

b) Der Freund (F) oder der Chef (C)? Ergänzen Sie.

1 ◯ ist perfekt   3 ◯ ist großartig   5 ◯ sagt nicht Danke   7 ◯ kann kochen
2 ◯ ist nie zufrieden 4 ◯ sieht gut aus   6 ◯ lächelt nicht   8 ◯ ist sportlich

c) Lesen Sie die Sätze laut vor. Achten Sie auf die Emotionen. Das Video hilft.

1 ◯ Er ist großartig. Er ist eigentlich perfekt.   4 ◯ Egal, was ich mache, alles ist falsch.
2 ◯ Ich bin so glücklich. Nie wieder Single!   5 ◯ Mein Chef ist nie zufrieden. Nie!
3 ◯ Er sieht so gut aus.   6 ◯ Ihr kennt euch?

d) Jasmin (J), Alba (A) oder Vincent (V)? Ergänzen Sie in c).

6 Sich streiten und sich vertragen. **Hören Sie das Telefongespräch von Alba und Jasmin in Aufgabe 2a) auf S. 192 noch einmal. Wann streiten sie sich und wann vertragen sie sich? Verbinden Sie.**

1 Ich kann nicht verstehen, dass du mir nicht glaubst.
2 Ich will mich nicht streiten.
3 Das habe ich doch gar nicht gesagt!   a sich streiten
4 Was ist eigentlich los mit dir?   b sich vertragen
5 Komm, vertragen wir uns wieder.

7 Du bist immer zu spät!

▶ 2.14

a) Videokaraoke. Sehen Sie sich das Video an und antworten Sie.

b) Was ist richtig? Kreuzen Sie an. Es gibt mehrere Möglichkeiten.

1 Sie sind sauer, weil …   2 Caro war zu spät, weil …

  a ◯ Caro immer zu spät kommt.   a ◯ sie den Bus verpasst hat.
  b ◯ Caro Sie nicht angerufen hat.   b ◯ sie den Fahrplan nicht gelesen hat.
  c ◯ Sie auf Caro warten mussten.   c ◯ sie nicht Fahrrad fahren wollte.

c) Was bedeuten die Sätze? Lesen Sie und kreuzen Sie an.

1 Ich bin echt sauer.   a ◯ Ich bin sehr wütend.   b ◯ Das finde ich nicht gut.
2 Es gibt doch Fahrpläne.   a ◯ Lies den Fahrplan!   b ◯ Ich brauche einen Fahrplan.
3 Ist jetzt auch egal.   a ◯ Ich möchte mich vertragen.   b ◯ Das interessiert mich nicht.

einhundertsiebenundneunzig **197**

ÜBUNGEN

8 Was soll ich ihm schenken?

a) Was schenkt Angelo gern? Lesen Sie und kreuzen Sie an. Es gibt mehrere Möglichkeiten.

1 ◯ nur Dinge, die man kaufen kann   3 ◯ Erlebnisse   5 ◯ seine Zeit
2 ◯ Kochrezepte   4 ◯ Geld   6 ◯ ein Buch

Angelo, 31

Egal ob zum Geburtstag oder einfach so – ich finde Schenken toll, weil ich meine Familie und meine Freunde mag. Sie freuen sich, wenn ich ==ihnen== *etwas schenke. Und wenn sie glücklich sind, bin ich auch glücklich.* ==Meinem Vater== *schenke ich Süßes. Schokolade schmeckt ihm am besten. Meiner Oma schenke ich Zeit. Ich helfe ihr im Haushalt und ich höre ihr gern zu, wenn sie von früher erzählt. Meine Geschwister sind kein Problem. Ihnen schenke ich einen Ausflug. Aber ich habe noch keine Ahnung, was ich meinem Freund dieses Jahr zum Geburtstag schenken soll.*

b) Markieren Sie alle Formen im Dativ in a) wie im Beispiel.

c) Was sagt Angelo? Ergänzen Sie die Tabelle wie im Beispiel.

Nominativ (Wer?)	Verb	Dativ (Wem?)	Akkusativ (Was?)
Angelo	schenkt		Schokolade.
	hilft		im Haushalt.
	schenkt	seinen Geschwistern / ihnen	einen Ausflug.

9 *Was schenkst du …?* Fragen und antworten Sie wie im Beispiel.

1 Was schenkst du Julius?
   Ich schenke ihm eine Flasche Wein.
2 Was leihst du …
3
4
5
6
7
8

1 Julius – schenken
2 Verena – leihen
3 Lina – kaufen
4 Lotte – schicken
5 Paul – bringen
6 meine Eltern – schicken
7 Laura – schenken
8 Sebastian – leihen

FREUNDE FÜRS LEBEN 14

10 Single und glücklich

a) Was passt zusammen? Verbinden Sie.

1 Ich bin Single.
2 Ich bin in einer Beziehung.
3 Ich bin verheiratet.
4 Ich bin geschieden.
5 Es ist kompliziert.
6 Ich warte auf ein Wunder.

a Es gibt Probleme.
b Ich bin nicht in einer festen Beziehung.
c Ich war verheiratet.
d Ich habe einen Partner / eine Partnerin.
e Ich habe einen Mann / eine Frau.
f Ich hoffe, dass ich bald jemanden kennenlerne.

b) Richtig oder falsch? Lesen Sie und kreuzen Sie an.

	richtig	falsch
1 Kimberley ist verheiratet.	○	○
2 Sie ist seit zwei Jahren geschieden.	○	○
3 Sascha ist Single.	○	○
4 Kimberley lebt allein.	○	○

Ich bin Kimberley. Ich war sieben Jahre mit Sascha verheiratet, aber seit zwei Jahren sind wir geschieden. Sascha hat wieder geheiratet, ich nicht. Ich bin jetzt schon zwei Jahre Single und ich bin glücklich. Ich habe ja meine Freunde und meine Familie. Und vielleicht treffe ich schon bald den richtigen Mann!

Kimberley, 34

11 Umzug in eine neue Stadt. Warum ziehen Frauen und Männer um? Sehen Sie sich die Grafiken an und ergänzen Sie.

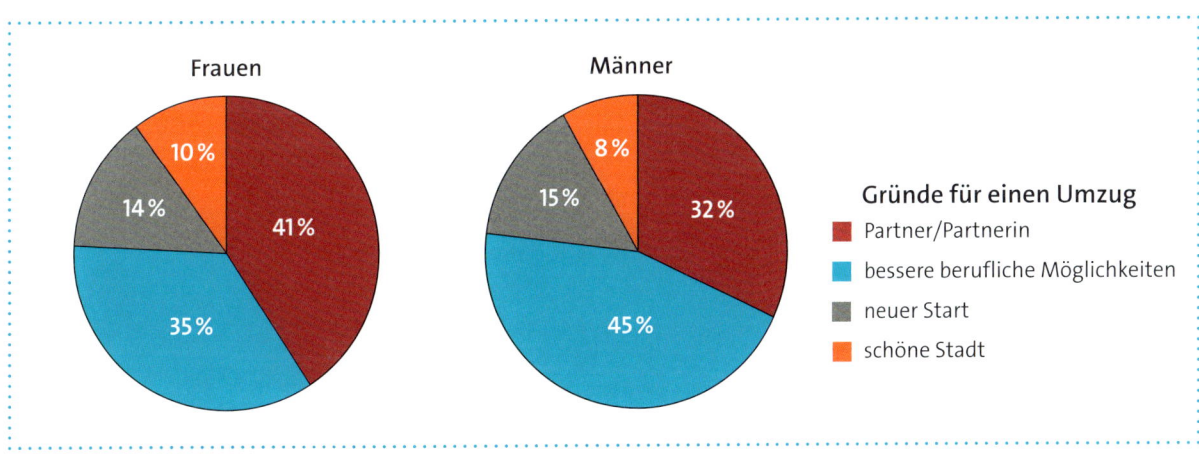

1 Fast die Hälfte der Männer (____%) zieht für einen Job in eine neue Stadt.

2 ____% der Frauen ziehen in eine neue Stadt, weil sie ihnen gut gefällt.

3 15% der _____ ziehen in eine neue Stadt, weil sie neu anfangen wollen.

4 Mehr als ein Drittel der Frauen (____%) zieht in eine neue Stadt, weil sie bessere Chancen im Beruf haben möchten.

5 ____% der Frauen und ____% der Männer ziehen für ihren Partner oder ihre Partnerin in eine neue Stadt.

ÜBUNGEN

12 Buchtitel und Bücher

a) Markieren Sie die Artikel und Nomen im Genitiv und ergänzen Sie wie im Beispiel.

1 _der Vater_ : Im Namen des Vaters
2 _____ : Die Geschichte des Wassers
3 _____ : Die Zukunft der Arbeit
4 _____ : Der Sommer der Frauen

b) Ergänzen Sie die Buchtitel. Die Angaben in a) helfen.

1 der See: Auf der anderen Seite _des Sees_
2 der Erfolg: Die Mutter _____
3 das Auto: Die Freunde _____
4 das Leben: Der Preis _____
5 die Welt: Südlich vom Ende _____
6 die Malerin: Das Haus _____
7 die Lügen (Pl.): Im Tal _____
8 die Forscher (Pl.): Das Haus _____

c) Lesen Sie die Buchrezensionen. Ergänzen Sie die Artikel im Genitiv.

1 *Die Geschichte* ____¹ *Bienen* von Maja Lunde war in Deutschland ein großer Erfolg und wurde Buch ____² Jahres 2017. Ein Jahr später erschien *Die Geschichte* ____³ *Wassers*. Dieses Mal spielt die Handlung an zwei Orten und in zwei Zeiten: Im Jahr 2017 in Norwegen und im Jahr 2041 in Frankreich. Im Mittelpunkt ____⁴ Geschichte steht wieder die Umwelt. „Ein echt toller Roman", ist die Meinung ____⁵ Leser*innen.

2 *Südlich vom Ende* ____⁶ *Welt* ist der Titel ____⁷ ersten Buches, das die Medizinerin Carmen Possnig 2020 veröffentlichte. Mit viel Humor beschreibt sie die Erfahrungen ____⁸ Reise, die sie zusammen mit zwölf anderen Wissenschaftlern in der Forschungsstation Concordia gemacht hat. Die vielen Fotos ____⁹ Berichts machen die Schönheit ____¹⁰ Natur für die Leser*innen erlebbar. Jetzt fehlt nur noch ein Film für die Kinos, damit diese Reise die Geschichte ____¹¹ Jahres wird.

13 Tipps für eine Freundin oder einen Freund

a) Welche Probleme und Tipps passen zusammen? Verbinden Sie.

1 „Mein Rücken tut weh."
2 „Mir ist kalt."
3 „Ich glaube, ich werde krank."
4 „Wir langweilen uns."
5 „Wir möchten nicht kochen."

a „Zieh einen Pullover an!"
b „Bestellt doch eine Pizza!"
c „Lest doch mal ein Buch!"
d „Probier doch mal Yoga!"
e „Trink einen heißen Tee!"

b) Ergänzen Sie die Tipps aus a) wie im Beispiel.

a einen Pullover leihen
b die Nummer vom Pizzadienst geben
c einen Krimi von Jan Seghers empfehlen
d eine Yogastunde schenken
e einen Tee machen

a Zieh einen Pullover an. Ich leihe dir meinen Pullover.

FREUNDE FÜRS LEBEN   14

Fit für Einheit 15?

1 Mit Sprache handeln

über Freundschaft sprechen
Freundschaft gehört zum Leben.
Freunde spielen eine wichtige Rolle.
Menschen mit engen Freundschaften sind gesünder und leben länger.
Echte Freundschaft braucht Zeit.

sich streiten
Ich kann nicht verstehen/glauben, dass …
Das habe ich doch gar nicht gesagt.
Was ist eigentlich mit dir los?

sich vertragen
Ich möchte nicht (mehr) streiten.
Es tut mir leid.
Komm, vertragen wir uns wieder.

über Geschenke sprechen
Ich habe meiner besten Freundin Konzertkarten geschenkt. Sie hat sich sehr gefreut, weil es eine Überraschung war.

statistische Angaben machen
23 % der Männer …
45 % der Frauen …
Fast die Hälfte der Frauen …
Mehr/Weniger als ein Drittel der Männer …

Tipps geben und kommentieren
Manchmal sind kleine Geschenke die besten. Schick ihr eine schöne Karte oder bring ihr einen Kuchen mit.
Ich möchte neue Leute kennenlernen.
Wo kann man hier gut neue Leute kennenlernen?
Probier doch mal die Online-Plattform MeetUp.
Ich habe den Verein der Gartenfreunde gefunden und habe dort zwei tolle Freunde kennengelernt.

2 Wörter, Wendungen und Strukturen

Verben mit Dativ- und Akkusativergänzung
Er schenkt Verena Karten.
Sie kauft Sebastian ein Buch.
Er zeigt Pablo und Moni die neue Wohnung.

Er schenkt ihr Karten.
Sie kauft ihm ein Buch.
Er zeigt ihnen die neue Wohnung.

geben, bringen, wünschen, leihen

Genitiv
die Tipps des Monats
der Partner der Kollegin
am Ende des Treffens
fast die Hälfte der Männer

3 Aussprache

das -h-: verheiratet, eine Beziehung, das Handy, haben, die Hochzeit, das Ohr, der Humor, der Stuhl

→ Interaktive Übungen

LEBEN AUF DEM LAND

Nichts los im Dorf?

Eine Entdeckungsreise
von Bernd Vogel

die Kneipe „Zum goldenen Hahn"

die Dorfstraße

der Sportplatz des SV Wettrungen

Wettrungen – eine kleine Gemeinde in Norddeutschland. Hier leben 582 Menschen, circa 3.800 Schweine und 350 Kühe auf einer Fläche von 14,6 km².

1 Der Musikverein auf einem Dorffest
2 Arbeit auf dem Feld mit dem Traktor
3 Hahn und Hühner auf der Dorfstraße
4 Die freiwillige Feuerwehr bei einer Übung

Bernd Vogel hat in Köln Germanistik studiert. Er lebt heute in Düsseldorf und arbeitet dort als Journalist und Fotograf.

Endlich komme ich in das Dorf, in dem meine Freunde Lisa und Tom leben. Alles ist sehr ruhig, als ich auf der Dorfstraße an den ersten Bauernhöfen
5 und der Dorfkneipe vorbeifahre. Nur ein paar weiße und braune Hühner laufen über die Straße. „Hier ist echt nichts los!", denke ich und frage mich, warum man hier leben will. Wettrungen
10 ist ein Dorf, in dem es keine Schule, keine Bank, keinen Supermarkt, keinen Arzt oder Kindergarten gibt. Ohne Auto geht hier gar nichts!

Lisa und Tom haben ein großes Haus
15 mit Garten. Ich parke vor einer modernen Doppelgarage, in der ein Auto steht. Lisa weiß schon, dass ich da bin. Sie steht in der Haustür. „Moin!", begrüßt sie mich. So ist das hier.

20 Nach einer Woche Recherchearbeit im Dorf habe ich meine Meinung geändert. Ich hätte wirklich nicht gedacht, dass es hier so viele interessante Menschen gibt. Ich habe
25 junge und alte Leute getroffen, mit denen man über Gott und die Welt reden kann. Manche wollten ihr Dorf nie verlassen, andere sind nach ein paar Jahren zurückgekommen und
30 wollen jetzt für immer bleiben.

„Wir haben hier viel Platz, jeder kennt jeden und alle halten zusammen", sagt Lisa zum Abschied und lächelt zufrieden. „Natürlich ist hier auch
35 nicht immer alles Sonnenschein. Langweilig ist es aber nie!" Stimmt. Ich komme ganz sicher bald wieder nach Wettrungen!

Im Dorf nachgefragt:

Woran denken Sie gerade?

HIER LERNEN SIE:
- das Leben im Dorf beschreiben
- Begriffe erklären
- ein Videointerview machen
- Wörter auf Plattdeutsch verstehen
- früher und heute vergleichen

Angela Korte (48), Bürgermeisterin und Hobbygärtnerin bei der Apfelernte

» **Ich denke an unsere Gemeinde. Wenn wir wollen, dass unser Dorf für die nächste Generation attraktiv ist, dann müssen wir jetzt etwas tun!** «

» **Ich denke an den Betrieb. Seit 1782 hat meine Familie diesen Hof, aber jetzt wollen meine Kinder hier nicht mehr weitermachen und lieber einen anderen Beruf lernen. Das tut weh!** «

Werner Altmann (64), Landwirt in seinem Kuhstall

1 Im Dorf
a) Ein Morgen im Dorf. Was hören Sie? (4.12) Notieren und vergleichen Sie.
b) Machen Sie ein Wörternetz. Die Fotos helfen.

2 Bernd Vogel
a) Wer ist Bernd Vogel? Lesen Sie das Autorenporträt und berichten Sie.
b) Was macht er in Wettrungen?

3 Nichts los in Wettrungen?
a) Was denkt Bernd Vogel vor und nach seinem Besuch über das Leben im Dorf? Lesen Sie den Magazinartikel und berichten Sie.

b) Leben im Dorf. Lesen Sie den Magazinartikel noch einmal und nennen Sie Vor- und Nachteile.
💬 *Mir gefällt am Leben im Dorf, dass ...*
💬 *Ein klarer Nachteil ist, dass ...*

4 Zwei Dorfbewohner*innen im Interview
a) Was finden die Bürgermeisterin und der Landwirt wichtig? Sehen Sie sich die Fotos an, lesen Sie die Zitate und berichten Sie.
b) Wählen Sie eine Person aus und hören Sie das (4.13) Interview. Über welche Themen wird gesprochen? Notieren und vergleichen Sie.

c) Angela, Werner oder beide? Wer sagt das? Lesen Sie die Interviews auf S. 271 und berichten Sie.

So ist das hier!

1 Wettrungen ist ein kleines Dorf, in dem …

a) Sprechen Sie schnell.

| Wettrungen ist
Wettrungen heißt | der kleine Ort, in dem
das kleine Dorf, in dem
die kleine Gemeinde, in der | Bernd Vogel für einen Artikel recherchiert.
582 Einwohner und über 4.000 Tiere leben.
es schon lange keine Schule mehr gibt.
es heute nur noch wenige Bauernhöfe gibt. |

b) Sammeln Sie Relativsätze (*in/mit* + Dativ) im Magazinartikel auf S. 202 und markieren Sie wie im Beispiel.

Ich habe viele Leute getroffen, mit denen man über Gott und die Welt reden kann.

2 Der Dorfkurier

a) *Was ist …?* Lesen Sie den Dorfkurier. Fragen und antworten Sie wie im Beispiel.

Was ist ein Dorfkurier? — *Das ist eine Dorfzeitung, in der alle wichtigen Termine stehen.*

Dorfkurier 10/2022

Sportverein
6.10., 19 Uhr:
Versammlung im
Vereinsheim des
SV Wettrungen

Landfrauenverein
30.10., 16 Uhr:
Kaffeetrinken mit
unseren Senior*innen
im Gemeindehaus

Jugendclub
18.10., 20:00 Uhr im
Gemeindehaus:
Dorfkino (ab 16)

Hofladen Holtkamp
sucht ab sofort
1 Verkäufer*in.

Herbstfest
mit Bauernmarkt

**Sonntag, 9. Oktober ab 15 Uhr
auf dem Dorfplatz**
(Bei schlechtem Wetter findet das Herbstfest
im *Goldenen Hahn* am Dorfplatz statt.)

———

26.10., 15:30 – 17:00 Uhr im Gemeindehaus:
Bürger*innen-Sprechzeit mit unserer
Bürgermeisterin Angela Korte

**Achtung! Ab 1. November gibt es einen neuen
Winterfahrplan für den Schulbus!**

———

*Wir gratulieren im Oktober:
02.10. Heinrich Klaas, 95 Jahre
27.10. Frieda Wölken, 82 Jahre
Alles Gute zum Geburtstag!*

Musikverein
Unsere Probe am 10.10. fällt
aus! Die nächste Probe findet
am 17.10. um 18 Uhr im
Goldenen Hahn statt.

Freiwillige Feuerwehr
1.10., 19 Uhr:
Notfall-Übung.
Danach wird gegrillt!

Die kleinen Mäxe
Spielgruppe für Mütter,
Väter und Kinder (1–3 Jahre):
12.10., 10:00 – 11:30 Uhr,
Alte Schule

---

b) Veranstaltungen, Termine und Orte. Fragen und antworten Sie wie im Beispiel.

Weißt du, was die Feuerwehr im Oktober macht? — *Ja. Die Feuerwehr macht am ersten Oktober um neunzehn Uhr eine Übung. Danach wird gegrillt.*

LEBEN AUF DEM LAND

15

3 Typisch Dorf!?

a) Bernd Vogel hat drei Karten mit Aussagen für Videointerviews vorbereitet. Welche Aussagen stehen auf den Karten? Sehen Sie sich das Video an, kreuzen Sie an und vergleichen Sie.

1. ◯ Alles Sonnenschein!?
2. ◯ Hier gibt es nichts!
3. ◯ Alle haben zwei Autos.
4. ◯ *Wettrungen forever!*
5. ◯ Es gibt viele Hunde.
6. ◯ Jeder kennt jeden!

b) Was sagen Hanni, Frank oder Lina zu den drei Aussagen? Wählen Sie eine Person aus, sehen Sie sich das Video noch einmal an und machen Sie sich Notizen.

Hanni Holtkamp (62), Hausfrau   Frank Schmidt (38), Maurer   Lina Schulte (17), Schülerin

Hanni Holtkamp: Wettrungen forever kann man auch auf Deutsch sagen, …

c) Vergleichen Sie Ihre Notizen aus b) und berichten Sie.

Hanni meint, dass in Wettrungen viel los ist.

d) Was meinen die Wendungen? Sehen Sie das Video noch einmal und verbinden Sie wie im Beispiel.

1. (Also) Ehrlich gesagt …
2. Man muss (ja) aufpassen, was man sagt.
3. Und ob!
4. Ich will ja nichts gesagt haben, aber …

a. Von mir hast du das (aber) nicht (gehört).
b. Wenn du mich fragst, …
c. Man darf nicht immer sagen, was man denkt.
d. Aber klar!

4 Hast du schon gehört, …?

a) Klatsch und Tratsch im Dorf. Hören Sie die Minidialoge und achten Sie auf die Intonation.

> Hast du schon gehört, dass Schultes schon wieder in den Urlaub fahren?

> Ich frage mich, wie die das bezahlen können. Aber man muss ja aufpassen, was man sagt.

> Otto muss jetzt doch sein Haus verkaufen. Von mir hast du das aber nicht gehört!

> Ich will ja nichts gesagt haben. Aber wenn du mich fragst, ist das auch kein Wunder!

b) Tratsch in Wettrungen. Machen Sie mit! Achten Sie auf die Intonation.

5 Typisch Deutschkurs!?

a) Interviews im Kurs. Schreiben Sie drei Aussagen zu Ihrem Deutschkurs auf Karten. Machen Sie dann Videointerviews mit zwei Kursteilnehmer*innen wie in Aufgabe 3.

Bitte mehr Vokabeltests!

Jeder kennt jeden! ☺

Deutsch macht Spaß!

b) Präsentieren Sie Ihre Videos. Die anderen kommentieren.

Dein/Euer Video hat mir sehr gut gefallen, weil …

 So war das mal!

1 Im Museumsdorf

a) Was ist ein Museumsdorf? Sehen Sie sich den Plan an, wählen Sie die richtige Aussage und berichten Sie.

Museumsdorf Alte Heimat

1 Haupteingang
2 Bauernhof
3 Dorfwiese
4 Bauernhof
5 Dorfschule
6 Backhaus
7 Dorfladen
8 Werkstatt
9 Museumscafé mit Museumsshop

b) Hören Sie den Audioguide, ergänzen Sie die Zahlen für die Gebäude im Plan in a) und vergleichen Sie.

2 Ein Rundgang durch das Museumsdorf

a) Was wurde hier früher gemacht? Sehen Sie sich die Fotos an und sammeln Sie Tätigkeiten.

1 Die Dorfschule wurde Anfang des 20. Jahrhunderts gebaut und steht seit 2004 im Museumsdorf.
2 Das Backhaus aus Wettrungen ist aus dem Jahr 1821.
3 In unserem Dorfladen ist die Zeit seit 1960 stehengeblieben!
4 Unsere Werkstatt sah in der Mitte des 19. Jahrhunderts genauso aus wie heute.

1 In der Werkstatt: etwas bauen, …

b) *Früher wurde hier …* Wählen Sie ein Gebäude aus. Hören Sie den Beitrag aus dem Audioguide. Vergleichen Sie dann mit Ihren Ergebnissen aus a) und ergänzen Sie.

c) Hören Sie den Beitrag noch einmal und berichten Sie in Ihrer Sprache.

LEBEN AUF DEM LAND

3 B wie Backhaus

Hören Sie und sprechen Sie nach. Achten Sie auf *b* und *w*.

1	2	3
wwwww – weiter	wwwww – wird	B – Backhaus
B – Backhaus	B – Brot – gebacken	wwwww – Werkstatt
Dann geht es weiter zum Backhaus.	Dort wird Brot gebacken.	Vom Backhaus gehen wir zur Werkstatt.

4 So wurde das früher gemacht!

a) Im Backhaus. Was, wann, wie, wo? Lesen Sie den Informationstext und sammeln Sie.

Backen wie in alten Zeiten

In unserem Backhaus aus dem Jahr 1789 wurden noch bis 1923 jeden Freitag die Brote für die ganze Woche gebacken. Der Teig wurde zuhause vorbereitet und dann ins Backhaus gebracht. Früh am Morgen wurde dort Feuer im Ofen gemacht und bis zum Nachmittag – und manchmal sogar Abend – gebacken.

Der Ofen im Backhaus

Im Backhaus wurde früher Brot gebacken.

Genau. Jeden Freitag wurden ...

Frisches Landbrot. Lecker!

b) Jeden Freitag wird gebacken! *Zuerst, dann, danach, zum Schluss*. Berichten Sie wie im Beispiel.

○ Zuerst wird der Teig vorbereitet.
● Auch am letzten Freitag wurde der Teig vorbereitet.
● Genau. Das macht der Bäcker. Er bereitet immer den Teig vor.

5 Moin!

a) Plattdeutsch für Anfänger*innen. Hören Sie und sprechen Sie nach.

1 ○ Moin! a Kein Problem!
2 ○ In'n Norden sech wie Moin! b Alles Gute!
3 ○ Maak moal mit! c Mach mal mit!
4 ○ Kien Problem. d Im Norden sagen wir *Moin*!
5 ○ Gut goan! e Guten Morgen! / Guten Tag! / Guten Abend!

Landeskunde

Zur Begrüßung kann man im Norden immer *Moin* sagen.

b) Was bedeuten die Aussagen aus a)? Ordnen Sie zu und berichten Sie.

Moin heißt ...

6 So war das hier!

a) Museumsdörfer in anderen Ländern. Recherchieren Sie und notieren Sie die Informationen. **ODER** Leben und Arbeiten vor 50 Jahren. Fragen Sie eine ältere Person in Ihrer Familie oder Nachbarschaft, wie sie gelebt und gearbeitet hat und notieren Sie.

b) Bereiten Sie mit den Informationen aus a) eine Präsentation vor. Die Redemittel helfen.

c) Stellen Sie Ihre Präsentation im Kurs vor. Die anderen kommentieren.

ÜBUNGEN

1 Drei Leser*innenbriefe

a) Wer hat sich über den Artikel von Bernd Vogel gefreut? Lesen Sie die Briefe und kreuzen Sie an.

1 ○ Vielen Dank für den schönen Artikel! Ich lebe auch in einem kleinen Dorf, in dem es genauso ist! <u>Ich konnte mir die Dorfstraße sehr gut vorstellen.</u> Bei uns ist es mittags auch sehr ruhig und man kann sogar riechen, was in den Häusern gekocht wird. (Uwe S., Belm)   Zeilen _____

2 ○ Die Artikel von Bernd Vogel lese ich immer gerne, aber dieser hat mir nicht so gut gefallen. Ich bin Landärztin und kenne hier in den Dörfern <u>viele Menschen, mit denen man über alles reden kann.</u> Dorfbewohner*innen sind doch nicht langweilig! (Dr. Eva W., Emden)   Zeilen _____

3 ○ Besonders gut hat mir der Artikel gefallen, in dem Bernd Vogel über seine Entdeckungsreise schreibt. Man kann auch zwischen den Zeilen viel entdecken. Zum Beispiel <u>leben in Wettrungen sicher (noch) nicht viele Menschen, die aus der Stadt kommen.</u> Wirklich toll geschrieben! Der Artikel macht große Lust auf das Leben auf dem Land. Danke! (Otto H., Bremerhaven)   Zeilen _____

b) Finden Sie die markierten Informationen aus a) im Artikel auf S. 202. Ergänzen Sie die Zeilen in a).

c) Zwischen den Zeilen lesen. Wie verstehen Sie die Sätze? Notieren Sie wie im Beispiel.

Lisa und Tom haben ein großes Haus mit Garten. Ich parke vor einer modernen Doppelgarage, in der ein Auto steht. Lisa weiß schon, dass ich da bin. Sie steht in der Haustür.

Lisa und Tom haben viel Platz. Ich habe gehört, dass ein Haus im Dorf nicht so teuer ist wie ...

2 In Wettrungen

a) Lesen Sie die Aussagen, vergleichen Sie mit dem Magazinartikel auf S. 202 und ergänzen Sie passende Wendungen.

a Die Menschen im Dorf kann nichts trennen. _____

b Hier ist es total langweilig. _____

c Es gibt auch Streit und Probleme.   *Hier ist nicht immer alles Sonnenschein.*

d Ohne ... kann man hier nichts machen. _____

e Man kann über alles reden. _____

b) Jugendliche berichten. Lesen Sie die Aussagen und ergänzen Sie passende Wendungen aus a).

1 Ich unterhalte mich eigentlich gerne mit den Leuten im Dorf. Das ist immer interessant.

Ich kann mit den Leuten im Dorf über Gott und die Welt reden.

2 Bei uns im Dorf ist es total langweilig. Hier gibt es kein Café, kein Kino und keine Partys.

_____

3 Man braucht unbedingt ein gutes Fahrrad, wenn man noch nicht Autofahren darf.

_____

4 Ärger gibt es hier natürlich auch manchmal.

_____

5 Jeder kennt jeden und jeder hilft jedem. Hier ist niemand allein.

_____

LEBEN AUF DEM LAND

3 Kreuzworträtsel. Ergänzen Sie die Wörter wie im Beispiel.

Lösungswort: der _U_____
                1 2 3 4 5 6 7 8

▼e ▼g Ü ▼j
▼b Ä ▼h
▶a F E U E R W E H R ▶f E C O N
▶c E · · W
▶d N · · · · · · R
▶i

- **a** Notruf 112
- **b** anderes Wort für Dorf oder Stadt
- **c** alle Jungen und Männer, die in einem Ort leben
- **d** Frauenorganisation im Dorf
- **e** Stadt im Westen Deutschlands
- **f** nicht geöffnet
- **g** Größe in Quadratkilometer (km^2)
- **h** Hier parken zwei Autos
- **i** Fahrzeug für die Arbeit auf dem Feld
- **j** Gruß im Norden Deutschlands

4 Markus Altmann im Interview

🔊 4.22

a) Welche Fragen stellt Bernd Vogel? Hören Sie das Interview und kreuzen Sie an.

1. ◯ Wie lebst du in 20 Jahren?
2. ◯ Welche Hobbys hast du?
3. ◯ Warum willst du nicht auf dem Hof arbeiten?
4. ◯ Wie findest du das Leben auf dem Land?
5. ◯ Was machst du eigentlich beruflich?
6. ◯ Wer kümmert sich denn um deine Eltern?
7. ◯ Wo lebst du jetzt?
8. ◯ Was fehlt dir in der Stadt?

b) Hören Sie das Interview noch einmal und machen Sie sich Notizen über Markus.

c) Ergänzen Sie das Profil wie im Beispiel. Die Notizen aus b) helfen.

„Ein Leben als Landwirt ist nichts für mich! Ich arbeite lieber mit Holz!"

Markus Altmann (36)

♥ mit Ilse ⌂ in Emden ✖ Möbeltischler

Das mache ich gerade:
Ich baue einen Esstisch aus Holz für ....

Das mag ich:
_____

Das macht mir Sorgen:
_____

Das wünsche ich mir für die Zukunft:
_____

ÜBUNGEN

5 Entdeckungsreise im Dorf

a) Erinnern Sie sich an den Merksatz aus Einheit 5? Ergänzen Sie.

Von _____, _____, _____ nach _____, _____, _____ kommst immer mit dem Dativ du.

b) Lesen Sie Bernds Notizen für den Magazinartikel und markieren Sie die Präpositionen wie im Beispiel. Welche Frage passt zu allen Präpositionen im Text? Kreuzen Sie an.

1 ◯ Wo …?   2 ◯ Wohin …?

Wettrungen

Tag 1: Endlich bin ich **in** Wettrungen. Ich fahre auf der Dorfstraße zwischen alten Bäumen und Bauernhöfen entlang und biege an der Kneipe rechts ab. Dann parke ich vor der Doppelgarage von Lisa und Tom. Eine Katze liegt unter einem Auto und schläft. Hinter dem Haus spielen Kinder. Lisa steht schon in der Tür und begrüßt mich.

c) Lesen Sie weiter und ergänzen Sie die Präpositionen.

Tag 2: Es ist halb sieben. Ich bin früh wach und gehe __im__¹ Dorf spazieren. _____² der Bushaltestelle _____³ der Dorfkneipe und der alten Schule warten ein paar Kinder. Ich rede _____⁴ ihnen, bis der Schulbus kommt. Dann treffe ich Frau Holtkamp, die heute draußen _____⁵ ihrem Hofladen frisches Obst und Gemüse anbietet. Ich frage sie, ob ich später ein Interview _____⁶ ihr machen darf. Ich darf! ;-)

mit – im – zwischen – mit – vor – an

6 Erinnerungen an einen Deutschkurs

a) Lesen Sie und verbinden Sie wie im Beispiel.

1 E102 war der Raum,   a mit denen ich oft Vokabeln gelernt habe.
2 Das ist die PagePlayer-App,   b mit der der Unterricht viel Spaß gemacht hat.
3 Ich erinnere mich gern an die Lehrerin, c in dem wir immer Unterricht hatten.
4 Und das sind Jaime und Ezra,   d mit der ich unterwegs Deutsch geübt habe.

b) Verbinden Sie die Sätze wie im Beispiel.

1 *Das Leben* ist das Buch. Mit dem Buch habe ich im A2-Kurs Deutsch gelernt.
2 Mir hat das Video gefallen. In dem Video hat Selma Radfahren gelernt.
3 Wir hatten 120 Stunden Unterricht. In den Stunden haben wir oft gelacht.
4 Deutsch A2 ist ein Kurs. In dem Kurs war es eigentlich nie langweilig.

1 Das Leben ist das Buch, mit dem…

c) Der Raum, das Heft, die Kursteilnehmerin, … Machen Sie Fotos von Gegenständen und Personen aus Ihrem Deutschkurs und beschreiben Sie sie. Die Beispiele in a) und b) helfen.

7 Woher kommen Sie eigentlich?

a) Ergänzen Sie die Informationen und lesen Sie den Text laut.

Ich komme aus _____. Das ist eine Stadt / ein Dorf in _____, in der / in dem _____ Menschen leben.

LEBEN AUF DEM LAND

15

b) Videokaraoke. Sehen Sie sich das Video an und antworten Sie.

c) Was wissen Sie über die Frau? Sehen Sie sich das Video noch einmal an und beschreiben Sie.

Die Frau kommt aus .... :

8 Hanni, Frank oder Lina?

a) Lesen Sie die Aussagen und sehen Sie sich das Video aus Aufgabe 3 auf S. 205 noch einmal an. Zu wem passen die Aussagen? Ergänzen Sie die Namen.

1 (a) *Lina* : „Dorfkino ist auch nicht so cool. Meistens werden da alte Filme gezeigt."
2 ◯ _____ : „Wir haben ja nicht nur das Herbstfest. Bei uns im Dorf wird oft und gerne gefeiert."
3 ◯ _____ : „Im Dorf wird viel geredet, weil jeder jeden kennt. Mir gefällt das gar nicht."
4 ◯ _____ : „Natürlich wird bei uns auch ab und zu mal ein Bier getrunken und gegrillt."
5 ◯ _____ : „Ich kenne hier alle und ich duze auch alle. Das wird hier so gemacht."
6 ◯ _____ : „Mir werden ja Fragen gestellt …! Ich wollte nie weg und bleibe auch im Dorf!"

b) Lesen Sie die Aussagen in a) noch einmal und markieren Sie die Passivformen.

c) Wer macht das? Ordnen Sie den Passivsätzen in a) passende Personen zu und schreiben Sie wie im Beispiel.

a der Jugendclub
b alle Einwohner*innen
c Frank und seine Nachbarn
d Bernd Vogel

1 Der Jugendclub zeigt meistens alte Filme.

9 Hast du schon gehört, …?

a) Frau Uhl tratscht im Büro. Hören Sie, lesen Sie mit und markieren Sie die betonten Wörter wie im Beispiel.

1 „Frau Meier aus dem Sekretariat hat schon wieder ein neues Kleid. Von mir haben Sie das aber nicht gehört!"
2 „Ich will ja nichts gesagt haben, aber gerade habe ich der Praktikantin zum zehnten Mal erklärt, wie die Kaffeemaschine funktioniert."
3 „Und ob die Tochter vom Chef Probleme in der Schule hat! Mein Sohn geht mit ihr in eine Klasse. Aber man muss ja aufpassen, was man sagt."

b) Zwischen den Zeilen hören. Was meint Frau Uhl? Kreuzen Sie an.

1 Ich glaube, dass Frau Uhl auch gerne ein neues Kleid haben möchte.

1 ◯ Ich finde es schön.   ◯ Sie hat schon so viele.
2 ◯ Ich bin genervt.   ◯ Das lernt sie noch.
3 ◯ Mein Sohn ist schlauer.   ◯ Die Tochter vom Chef hat Probleme in der Schule.

zweihundertelf **211**

ÜBUNGEN

10 Wettrungen früher und heute

4.24

a) Was gibt es heute nicht mehr? Hören Sie und kreuzen Sie in der Karte an.

b) Wettrungen früher und heute. Hören Sie noch einmal und machen Sie Notizen.

	Zur Sonne	das Backhaus	die Schule	die Werkstatt
früher	Hochzeit feiern, …			
heute				steht leer

c) Vergleichen Sie früher und heute. Die Angaben in b) helfen.

Zur Sonne: Früher wurden in der Dorfkneipe Hochzeiten gefeiert. Heute sind dort …

d) *Früher wurde(n) hier …* Hören Sie noch einmal und beschreiben Sie mit Präteritum Passiv wie im Beispiel.

1 Die alte Post – Briefe und Pakete verschicken: *Früher wurden hier Briefe und Pakete …*
2 Der alte Bahnhof – Tickets verkaufen, Gäste begrüßen: _____
3 Der alte Dorfladen – Lebensmittel einkaufen, über andere reden: _____

11 *Entschuldigung, wo ist …?* Hören Sie die Wegbeschreibungen, vergleichen Sie mit der Karte in 10a) und ergänzen Sie die Hausnummern.

4.25

a Familie Albers: _____   b das Feuerwehrhaus: _____

12 *Melk un Water*

a) Plattdeutsch und andere Sprachen. Recherchieren Sie und ergänzen Sie.

Englisch	Niederländisch	Plattdeutsch	Deutsch
eat and drink		eten un drinken	
	koken en bakken	koken un backen	
		Melk un Water	Milch und Wasser
	zout en peper	Solt un Peper	

b) Vergleichen Sie die Sprachen. Welche Wörter sind ähnlich?

LEBEN AUF DEM LAND **15**

Fit für Einheit 16?

1 Mit Sprache handeln

das Leben im Dorf beschreiben
Wettrungen ist ein kleines Dorf in Norddeutschland mit 582 Einwohnern.
Hier gibt es keine Schule, keine Bank, keinen Supermarkt und keinen Arzt.
Wir haben hier viele Vereine. Ich bin im Sportverein.
Die Feuerwehr bekommt ein neues Auto.
Ehrlich gesagt, finde ich das Leben im Dorf total langweilig. Ich will hier weg!

früher und heute vergleichen
Die Dorfschule wurde Anfang des 20. Jahrhunderts gebaut und steht seit 2004 im Museumsdorf.
Früher gab es hier noch eine Dorfschule. Heute fahren die Kinder mit dem Bus in den Nachbarort.
Bis 1923 wurde im Backhaus noch Brot gebacken.

Wörter auf Plattdeutsch verstehen
Moin!
Kien Problem.
Gut goan!

2 Wörter, Wendungen und Strukturen

im Dorf
der Traktor, die Hühner, der Landfrauenverein, der Kuhstall, der/die Landwirt*in, die Apfelernte
Hier ist echt nichts los! Ohne … geht hier gar nichts!
Jeder kennt jeden und alle halten zusammen.
Mit … kann man über Gott und die Welt reden.
Hier ist auch nicht immer alles Sonnenschein.

Relativsatz mit *in/mit* + Dativ
Tom ist der Freund, mit dem ich früher immer Fußball gespielt habe.
Wettrungen heißt das Dorf, in dem Bernd Vogel für einen Artikel recherchiert.
Der Dorfkurier ist die Zeitung, in der alle wichtigen Termine stehen.
Die Wettrunger sind die Leute, mit denen Bernd Vogel Interviews macht.

Präteritum Passiv
Früher wurden in der alten Werkstatt noch Traktoren repariert.
In unserem alten Backhaus wurde jeden Freitag Brot gebacken.
Wurden früher alle Kinder aus dem Dorf in einem Raum unterrichtet?

3 Aussprache

das -b- und w-: Hier **w**ird **B**rot ge**b**acken. Vom **B**ackhaus gehen **w**ir zur **W**erkstatt.

→ Interaktive Übungen

GLÜCK UND LEBENSTRÄUME

GLÜCKS-MOMENTE!

» **Die besten Dinge im Leben sind nicht die, die man für Geld bekommt.** «

Albert Einstein, Physiker (1879–1955)

Mit der Familie in den Bergen wandern. Freizeitglück pur!
Eric aus Innsbruck

Ich habe vor einem Monat einen Ausbildungsplatz bekommen. Das hat mich total glücklich gemacht.
Elham aus Essen

Ich bin glücklich, wenn ich mit meinem Hund Kuno im Park spazieren gehe.
Jo aus Hannover

In einer Bar Karaoke singen. Das macht mir echt viel Spaß.
Saskia aus Magdeburg

Wenn ich im Garten arbeite, bin ich entspannt und zufrieden.
Wolfram aus Göppingen

Mit Freunden am Wochenende lange frühstücken.
Zuzana aus Basel

Als ich letzte Woche die Deutschprüfung bestanden habe, habe ich mich sehr gefreut. Ich habe mich richtig glücklich gefühlt!
Esperanza aus Leipzig

16

Die Suche nach dem Glück

HIER LERNEN SIE:
- über Glück und Pech sprechen
- sagen, was einen glücklich macht
- über Ziele, Wünsche und Träume sprechen
- Informationen betonen
- eine Bucketliste schreiben

Wir träumen von der großen Liebe, von einem Lottogewinn oder vom Erfolg im Beruf. Seit es Menschen gibt, gibt es die Suche nach dem Glück.

Text Olympia Pappas

Hörtipp aus der Redaktion:
Olympia Pappas spricht im Podcast mit dem Psychologen und Glücksforscher Prof. Wolfgang Huber auf www.unserleben.example.de

Jede*r will glücklich sein. Glückliche Menschen fühlen sich gut und freuen sich über das Leben. Glück ist ein tolles Gefühl, das man immer haben möchte.

Viele Menschen glauben, dass Geld der Schlüssel zum Lebensglück ist.
5 Aber Geld allein macht nicht dauerhaft glücklich. Das haben viele Studien bewiesen. Aber was ist es dann? Was brauchen wir wirklich, um zufrieden und glücklich zu sein? Glücksforscher*innen haben festgestellt, dass die Familie, eine gute Partnerschaft, Freundinnen und Freunde, eine sichere Arbeit und Gesundheit die wichtigsten Glücksfaktoren sind.

10 Ein Rezept für das Glücklichsein gibt es leider nicht. Es muss aber nicht immer das große Glück sein. Oft übersehen wir die „kleinen Glücklichmacher" im Alltag: ein gutes Essen mit Freunden, ein Sitzplatz morgens in der U-Bahn, ein sonniger Tag im Frühling. Jede*r hat ihre bzw. seine ganz persönlichen Glücksmomente, die das Leben so schön machen!

1. **Glücksmomente im Alltag**
   a) Kommentieren Sie die Glücksmomente der Leser*innen.
   💬 *Saskia singt gern Karaoke. Das mache ich auch sehr gern.*
   💬 *Nein, Karaoke ist nichts für mich!*
   b) Wann sind Sie glücklich? Beschreiben Sie eigene Glücksmomente. Die Redemittel helfen.

2. *Die Suche nach dem Glück*
   a) Lesen Sie den Magazinartikel. Markieren Sie die Glücksfaktoren und die „kleinen Glücklichmacher".
   b) Welche Glücksfaktoren sind Ihnen besonders wichtig? Gibt es welche, die fehlen? Vergleichen Sie.
   💬 *Für mich ist der wichtigste Glücksfaktor …*
   💬 *Ich finde, dass der Glücksfaktor „Kinder" fehlt.*
   c) Wortfamilie *-glück-*. Sammeln Sie Wörter im Magazinartikel.

3. **Hörtipp aus der Redaktion**
   🔊 a) *Die meisten Deutschen sind glücklich.* Stimmt die Aussage? Hören Sie den Podcast und berichten Sie.
   4.26
   b) Richtig oder falsch? Lesen Sie die Aussagen vor. Ihr Partner / Ihre Partnerin antwortet. Kontrollieren Sie mit dem Hörtext.
   💬 *Umfragen zeigen, dass …*
   💬 *Das stimmt (nicht).*
   c) Tipps für einen glücklichen Alltag. Notieren Sie drei Tipps und vergleichen Sie.

4. *Die besten Dinge im Leben …*
   a) Ergänzen Sie den Satzanfang.
   b) Erklären Sie das Zitat von Einstein.

5. *Die Geschichte zu Erics Foto*
   Wer? Was? Woher? Wohin? Erzählen Sie die Geschichte.

zweihundertfünfzehn 215

Lebenswege

1 Eigentlich wollte ich ... werden

Welche Berufswünsche hatten Sie, als Sie jünger waren? Vergleichen Sie.

Als ich zehn war, wollte ich Sänger werden.

Wirklich? Und was ist passiert?

Na ja, ich singe noch immer gern, aber nicht professionell. Und du? Welche Träume hattest du?

Mit 15 wollte ich ...

2 Lebensträume und Lebenswege

a) Lesen Sie ein Porträt und machen Sie sich Notizen zu den fünf Punkten.

Berufswunsch als Jugendliche*r • Lebenstraum • Ausbildung/Beruf • Arbeitsorte • Zufriedenheit

Menschen im Porträt

In unserer Reihe Lebensträume und Lebenswege stellen wir Ihnen zwei Menschen vor, die ihr berufliches Glück gefunden haben.

Paul in seinem Fahrradladen

Jasmin im Zahnlabor

Ich habe einen kleinen Fahrradladen mit einer Werkstatt in Nürnberg. Ich wollte schon länger mein eigener Chef sein. Als ich 14 war, habe ich von einer Karriere als Pilot geträumt. Das war leider unrealistisch, denn ich war kein sehr guter Schüler. Nach dem Schulabschluss habe ich erst einmal eine dreijährige Ausbildung zum Sicherheitsmitarbeiter am Flughafen Nürnberg gemacht und danach sieben Jahre lang am Flughafen gearbeitet. Aber die Arbeit hat mir nach einigen Jahren überhaupt nicht mehr gefallen, denn ich habe mich oft gelangweilt. Weil ich in meiner Freizeit nicht nur gern Rad fahre, sondern auch gern Räder repariere, habe ich mit Anfang 30 mein Hobby zum Beruf gemacht. Ich habe jetzt einen Fahrradladen. Das war aber nicht so einfach. Zum Glück haben mich meine Frau und meine Eltern unterstützt und mir Geld geliehen. Ich arbeite jetzt viel mehr als früher, aber die Arbeit macht mir Spaß. Der Fahrradladen war die richtige Entscheidung, denn der Fahrradmarkt boomt. *Paul Eckstein*

Als ich klein war, wollte ich schon Balletttänzerin werden. Ich war total glücklich, als ich einen Platz in einer Ballettschule in Hamburg bekommen habe. Aber mit 15 hatte ich einen schweren Unfall und konnte meine Tanzausbildung nicht beenden. Ich war sehr unglücklich, denn ich wollte immer nur Ballett tanzen. Ich hatte keinen Plan B und habe mehrere Jahre lang nicht gewusst, was ich nach der Schule machen soll. Mir war aber klar, dass ich mit den Händen arbeiten wollte. In einem Praktikum in einem Zahnlabor konnte ich dann erste Berufserfahrung sammeln und testen, ob der Beruf Zahntechnikerin zu mir passt. Die Arbeit hat mir sofort gefallen. Ich habe mich nach der Schule dann um einen Ausbildungsplatz in dem Zahnlabor beworben. Ich hatte Glück und es hat geklappt. Die Ausbildung macht mir Spaß, sie ist aber auch ganz schön anstrengend. Ich habe tolle Kolleg*innen und zwei sehr nette Chefs. Zahntechnikerin ist meiner Meinung nach ein total guter Beruf. *Jasmin Fischer*

b) Fünf Sätze über ... Fassen Sie den Lebensweg von Paul oder Jasmin zusammen und vergleichen Sie.

1. Als Paul Eckstein 14 war, ...   2. Nach dem Schulabschluss hat er sich ...

GLÜCK UND LEBENSTRÄUME

16

3 Ich wollte mich selbstständig machen, denn ...

a) Gründe nennen. Sprechen Sie schnell.

Paul hat einen Fahrradladen aufgemacht, denn
- er hat sich in seinem Job am Flughafen gelangweilt.
- er war mit seinen Arbeitszeiten unzufrieden.
- er wollte sein eigener Chef sein.
- er verkauft und repariert sehr gern Fahrräder.
- er will seinen Traum leben.

b) Markieren Sie die Verben in den *denn*-Sätzen in 2a) und 3a).

c) Gründe nennen mit *denn* und *weil*. Vergleichen Sie die Sätze und ergänzen Sie die Regel.

Ich konnte nicht Pilot werden, denn ich war kein guter Schüler.
Ich konnte nicht Pilot werden, weil ich kein guter Schüler war.
Ich war sehr unglücklich, denn ich wollte immer nur tanzen.
Ich war sehr unglücklich, weil ich immer nur tanzen wollte.

> **Minimemo**
> *denn* verwendet man oft in der geschriebenen Sprache.

Regel: Mit *denn* verbindet man zwei _____. Mit *weil* verbindet man einen _____ und einen _____.

4 Mein Weg zum Beruf

a) Schreiben Sie einen Ich-Text wie in 2a). Die Redemittel helfen.

b) Tauschen Sie die Ich-Texte mit Ihrer Partnerin / Ihrem Partner und stellen Sie sie vor.

5 Zurück ins Glück

Hören Sie, lesen Sie mit und sprechen Sie nach. Achten Sie auf das *i* und *ü*.

1 immer Glück im Leben haben
2 Ich bin so glücklich!
3 gemütlich in der Küche Gemüse essen
4 ins Grüne fahren und Gitarre üben

6 Glück und Pech in Wendungen

a) Ordnen Sie die Redewendungen den Erklärungen zu.

Hannah hat im Lotto gewonnen. Sie ist ein Glückspilz!

Ich hatte Glück im Unglück! Mir ist nichts passiert.

So ein Pechvogel!

A
B
C

1 ◯ Das sagt man, wenn ein Unglück passiert ist. Aber es war dann doch nicht so schlimm.
2 ◯ Das sagt man über Menschen, denen oft ein Unglück passiert.
3 ◯ Das sagt man über Menschen, die fast immer Glück im Leben haben.

> Auf Englisch sagen wir „That was a close shave!".
> Das heißt Glück im Unglück haben.

b) Wendungen mit Glück und Pech in anderen Sprachen. Vergleichen Sie.

Glück im Leben

1 Das Schulfach Glück

a) Kann man Glück lernen? Machen Sie eine Umfrage im Kurs.

b) Wählen Sie zwei Fragen. Sammeln Sie Informationen im Interview und vergleichen Sie.

Glück als Schulfach

An einigen Schulen in Österreich, Deutschland und der Schweiz gibt es das Schulfach Glück. Wir haben mit Mirja Stangl gesprochen. Sie unterrichtet an der Stifterschule in Linz nicht nur Deutsch und Mathe, sondern auch Glück.

5 *Frau Stangl, wie wird man Glückslehrerin?*
Ich habe vor drei Jahren eine Ausbildung zur Glückslehrerin in Wien gemacht. In der Ausbildung habe ich gelernt, wie man den Glücksunterricht plant und organisiert.

Warum braucht man Glücksunterricht? Gibt es so viele unglückliche Schüler*innen?
10 Nein, natürlich nicht. Aber für viele ist Schule oft stressig. Sie fühlen sich schlecht, haben Kopfschmerzen oder können nicht schlafen. Wir wissen aber, dass glückliche Kinder nicht nur gesünder sind, sondern auch besser mit anderen zusammenarbeiten und schneller lernen.

Kann man Glück oder Glücklichsein in der Schule überhaupt lernen?
Auf jeden Fall! Unsere Schüler*innen lernen, dass sie selbst für ihr Glück verantwortlich sind. Im Unterricht
15 geht es um wichtige Fragen wie: Was kann ich? Was brauche ich wirklich? Was will ich? Die Kinder lernen nicht nur, was sie gut können, sondern auch, was sie noch nicht so gut können. Sie lernen auch, wie sie Probleme lösen können. Wissenschaftliche Untersuchungen haben gezeigt, dass alle nicht nur zufriedener werden, sondern auch besser in Gruppen arbeiten.

Glücksunterricht in der Klasse 2b

c) Wie finden Sie das Schulfach Glück?

Das ist eine gute Idee!   *Ich weiß nicht, Mathe finde ich viel wichtiger!*

2 Nicht nur ..., sondern auch ...

a) Hören Sie die Sätze und achten Sie auf die betonten Informationen. Sprechen Sie dann nach.

1 Julia lernt nicht nur Englisch, sondern auch Spanisch.
2 Nikos muss nicht nur am Samstag, sondern auch am Sonntag arbeiten.
3 Maria wünscht sich zum Geburtstag nicht nur ein Smartphone, sondern auch einen Kopfhörer.
4 Timo kann nicht nur gut tanzen, sondern auch gut singen.

b) Ich über mich. Fragen und antworten Sie wie im Beispiel. Die Sätze in a) helfen.

Ich mag nicht nur Hunde, sondern auch Katzen? Und du?   *Ich nicht. Ich mag nur Hunde.*

3 Da habe ich echt Glück/Pech gehabt!

Schreiben **ODER** berichten Sie.

Heute Morgen habe ich den Bus verpasst.
Das war ..., weil ...   *In meinem Deutschkurs hatte ich ...*

GLÜCK UND LEBENSTRÄUME

16

4 Einmal im Leben will ich …

a) Lesen Sie die Liste und kommentieren Sie sie.

> Ich will auch einmal im Leben in einer Karaokebar singen!

> Was? In einer Karaokebar singen? Auf keinen Fall!

b) Lesen Sie die Kommentare. Wem stimmen Sie (nicht) zu? Die Redemittel helfen.

Kommentar schreiben

Glückspilz, 25.05., 11:05
Ich habe heute ein Interview mit einer Bloggerin im Radio gehört. Es ging um Bucketlisten. Ich finde das Thema super interessant. Die Bloggerin meinte, dass wir unsere Wünsche und Träume im Alltag oft vergessen. Mit einer Bucketliste passiert das nicht. Ich habe gleich nach dem Interview eine App heruntergeladen und meine eigene Bucketliste gemacht. Jetzt muss ich nur noch meine Ziele erreichen. 😊
Habt ihr auch eine Bucketliste?

Pechvogel, 25.05., 11:11
Also, ich finde das Thema richtig langweilig. Listen machen uns doch nicht glücklich. Das Leben ist doch keine To-do-Liste! Und warum soll ich die Listen von anderen anschauen? Meiner Meinung nach gibt es viel wichtigere Themen.

Shuichi, 25.05., 11:16
Eine Bucketliste schreiben klingt total cool! Tolle Idee! Ich sehe das wie Glückspilz. Ich habe mir auch eine App heruntergeladen, mit der man Bucketlisten schreiben kann. Aber ich glaube, ich schreibe sie lieber auf ein Blatt Papier und hänge sie an meinen Kühlschrank. Oder was meint ihr?

> Ich sehe das genauso wie …

> Ich glaube, … hat recht. Ich finde auch, dass …

> Ich sehe das anders. Ich finde …

5 Ich will unbedingt …

a) Wünsche, Ziele und Träume. Wählen Sie drei Themen aus und notieren Sie.

Sport und Gesundheit

Familie

Beruf

Lernen
B1-Kurs machen, …

Reisen

> Was steht auf deiner Liste? …

> Interessant! … steht auch auf meiner Liste.

> Ich möchte auf jeden Fall noch den B1-Kurs machen!

> Ach, du auch? Ich habe mich schon angemeldet.

b) Vergleichen und kommentieren Sie.

zweihundertneunzehn 219

ÜBUNGEN

1 Glücksmomente

a) Markieren Sie die Sätze mit *wenn* und *als* auf S. 214. Vergleichen Sie und kreuzen Sie an.

	Nebensätze mit *wenn*	Nebensätze mit *als*
1 etwas, das immer wieder passiert	○	○
2 etwas, das in der Vergangenheit passiert ist	○	○

b) Sehen Sie sich die Fotos an und beschreiben Sie die Situationen mit *wenn* oder *als* wie im Beispiel.

1 Agneta
2 Murat
3 Sebastian
4 Familie Gruber
5 Silke und Thorsten
6 Paola
7 Leonie (fünf Jahre alt)
8 Figen

1 Als Agneta den Mietvertrag unterschrieb, war sie glücklich. 2 Murat ist glücklich, wenn …

2 Die Suche nach dem Glück

a) Verbinden Sie die Nomen und Verben. Vergleichen Sie mit den Texten auf S. 214–215.

1 einen Ausbildungsplatz   a wandern
2 eine Prüfung   b übersehen
3 in den Bergen   c arbeiten
4 im Garten   d träumen
5 vom Erfolg   e bekommen
6 nach dem Glück   f genießen
7 einen Ausflug   g bestehen
8 die Sonne   h suchen
9 kleine Glücklichmacher   i machen

b) Lesen Sie den Magazinartikel auf S. 215 noch einmal. Beantworten Sie die Fragen.

1 Seit wann wollen wir Menschen glücklich sein?
2 Wie ist es, wenn man glücklich ist?
3 Was denken viele Menschen über das Geld und das Glück?
4 Was braucht man, um glücklich zu sein?
5 Was gibt es nicht?
6 Was übersehen wir oft im Alltag?

c) Wortfamilie *Glück*. Ergänzen Sie wie im Beispiel.

1 der Glücksmoment   = *das Glück*   + *der*
2 der Glücksfaktor   = _____   + _____
3 die Glücksforscherin = _____   + _____
4 das Freizeitglück   = _____   + _____
5 das Lebensglück   = _____   + _____

> **Minimemo**
> Manchmal verbindet ein „s" zwei Nomen.

GLÜCK UND LEBENSTRÄUME

16

3 Smalltalk im „Café Glück"

a) Videokaraoke. Sehen Sie sich das Video an und antworten Sie.

b) Sehen Sie noch einmal und beantworten Sie die Fragen.

1 Was bestellt der Gast?
2 Wer kommt morgens gern ins Café?
3 Warum heißt das Café „Café Glück"?

4 Berufe wiederholen. Wer macht was? Beschreiben Sie wie im Beispiel.

Berufe
~~die Fotografin~~ • der Kundenbegleiter • die Maklerin • der Blogger • die Schriftstellerin • der Sicherheitsmitarbeiter • der Gemüsebauer • die Direktorin

Aufgaben
Gepäck am Flughafen kontrollieren • neuen Mietern Wohnungen zeigen • ~~Fotos machen~~ • z. B. Kartoffeln oder Spargel anbauen • Texte im Internet veröffentlichen • Bücher schreiben • eine Schule leiten • im Zug Fahrkarten kontrollieren

Eine Fotografin ist eine Frau, die Fotos macht.

5 Berufswünsche

a) Welche Überschrift passt? Lesen Sie den Zeitungsartikel und kreuzen Sie an.

1 ◯ Berufswünsche von Jugendlichen   2 ◯ Die Digitalisierung der Arbeitswelt

Was sind die Traumberufe der Jugendlichen heute? Welche beruflichen Ziele haben sie nach der Schulzeit? Das wollten Bildungsforscher*innen wissen. Deshalb haben sie 2018 über 600.000 Schüler*innen
5 **weltweit gefragt, in welchen Berufen sie nach Schule, Ausbildung oder Universität arbeiten möchten. An der Umfrage haben auch fast 5.500 Schüler*innen aus Deutschland teilgenommen.**
Bei den Mädchen sind die beliebtesten Berufe Lehrerin
10 (10,4 %), Ärztin (10 %), Psychologin (4,5 %), Krankenpflegerin (4,5 %) und Architektin (3,6 %). Aber auch Berufe wie Polizistin, Designerin oder Anwältin wurden von den Mädchen oft genannt.
Die Top 5 Berufswünsche der Jungen sind IT-Spezialist
15 (6,7 %), Mechaniker (5,2 %), Mechatroniker (5,1 %),
Polizist (4,5 %) und Lehrer (3,8 %). Viele Jungen möchten aber auch Ingenieur, Architekt oder Sportler werden.
Die Ergebnisse der Umfrage haben gezeigt, dass Mäd-
20 chen vor allem in traditionellen Berufen arbeiten möchten, z. B. als Verkäuferin oder als Friseurin. Und noch immer interessieren sich viel weniger Mädchen für die Naturwissenschaften als Jungen. Aber auch bei den Jungen sind Berufe wie z. B. Tischler oder Maurer sehr beliebt.
25 Natürlich verändert die Digitalisierung die Arbeitswelt. Es entstehen viele Berufe, die man vor wenigen Jahren noch nicht gekannt hat. Und viele traditionelle Jobs gibt es vielleicht auch bald nicht mehr. Deshalb glauben Bildungsforscher*innen, dass die Schule die Jugend-
30 lichen über moderne Berufe besser informieren muss.

b) Lesen Sie noch einmal und sammeln Sie Informationen.

1 Umfrage: Warum? Wer hat teilgenommen?
2 die Top 3 Berufe bei Mädchen und Jungen
3 das Ergebnis der Umfrage
4 Mädchen und Naturwissenschaften
5 traditionelle Berufe
6 Aufgabe der Schule

zweihunderteinundzwanzig 221

ÜBUNGEN

6 Menschen im Porträt

a) Ordnen Sie die Wendungen den Erklärungen zu. Die Porträts auf S. 216 helfen.

1 von einer Karriere träumen
2 sein eigener Chef / ihre eigene Chefin sein
3 das Hobby zum Beruf machen
4 keinen Plan B haben
5 etwas klappt

a keine Alternativen haben
b später erfolgreich in einem Beruf sein wollen
c nicht als Angestellte*r in einer Firma arbeiten
d etwas funktioniert
e beruflich tun, was man gern in der Freizeit tut

b) Lesen Sie die Porträts auf S. 216 noch einmal. Beantworten Sie die Fragen.

1 Warum hat Paul Eckstein einen Fahrradladen aufgemacht?
2 Warum konnte er nicht Pilot werden?
3 Warum hat ihm die Arbeit am Flughafen nicht gefallen?
4 Warum wurde Clara Fischer nicht Balletttänzerin?
5 Warum hat sie sich um einen Ausbildungsplatz in einem Zahnlabor beworben?
6 Warum gefällt ihr die Arbeit im Zahnlabor?

Clara Fischer
im Zahnlabor

Paul Eckstein
im Fahrradladen

7 Warum?

a) Verbinden Sie die Sätze mit *weil* und *denn* wie im Beispiel. Markieren Sie die Verben.

1 Anita will Hochzeitsfotografin werden. Sie möchte ihr Hobby zum Beruf machen.
2 Thomas macht eine Ausbildung zum Sicherheitsmitarbeiter. Er will am Flughafen arbeiten.
3 Mareike sucht eine neue Stelle. Sie muss jetzt oft am Wochenende arbeiten.
4 Murat hat nach seinem Studium sofort eine gute Stelle gefunden. Er hatte sehr gute Noten.
5 Durga lernt Deutsch. Sie will in Deutschland studieren.

> 1 Anita will Hochzeitsfotografin werden, weil sie ihr Hobby zum Beruf **machen möchte**.
>
>   Anita will Hochzeitsfotografin werden, denn sie **möchte** ihr Hobby zum Beruf **machen**.

b) *Weil* oder *denn*? Ergänzen Sie.

1 Clara will Zahntechnikerin werden, _____ sie arbeitet gern mit ihren Händen.
2 Sie findet den Beruf Zahntechnikerin attraktiv, _____ sie als Zahntechnikerin gut verdienen kann.
3 Paul ist bei seinen Kundinnen und Kunden beliebt, _____ er sie sehr gut berät.
4 Er hat Erfolg mit seinem Fahrradladen, _____ er verkauft seine Fahrräder zu günstigen Preisen.
5 Er konnte nicht Pilot werden, _____ er in der Schule keine guten Noten hatte.

8 *Und, aber, oder, denn.* Verbinden Sie die Hauptsätze.

1 Paul ist abends oft ziemlich müde, _____ er hat in seinem Laden sehr viel zu tun.
2 Clara macht eine Ausbildung zur Zahntechnikerin _____ ihr Bruder arbeitet in einer Bank.
3 Wir haben unsere Freunde zum Kaffeetrinken eingeladen, _____ sie konnten leider nicht kommen.
4 Machen wir am Sonntag eine Radtour _____ gehen wir lieber schwimmen?

GLÜCK UND LEBENSTRÄUME

16

9 Mein Weg zum Traumjob

a) Lesen Sie das Profil und ergänzen Sie.

Journalist*innen • Schule • Lebenstraum • Sport • Jugendlicher • Glück • Beruf • Berufsleben • Praktika

Ich heiße Uwe Baumann und habe meine Kindheit und Jugend in Bonn verbracht. Als _____¹ wollte ich Fußballer werden. Aber ich war leider nicht gut genug, um Profi zu werden. Das war schwer für mich, denn ich konnte meinen _____² nicht erfüllen. Nach der _____³ habe ich dann _____⁴ und Englisch in Köln studiert, aber ich wollte eigentlich nicht Lehrer werden. In den Semesterferien habe ich mehrere _____⁵ bei einer großen Kölner Zeitung gemacht, um den Alltag von _____⁶ kennenzulernen. Nach dem Studium habe ich mich dann für den _____⁷ Sportjournalist entschieden. Ich hatte _____⁸ und habe auch gleich eine Stelle bei der Zeitung *Sport 25* in Köln bekommen. Ich bin fast jeden Samstag im Fußballstadion und schreibe über die Spiele. Mein _____⁹ ist oft stressig, aber zum Glück nie langweilig.

Uwe Baumann
in der Redaktion

b) Was ist richtig? Lesen Sie noch einmal und kreuzen Sie an.

1 ◯ Als Uwe Baumann Schüler war, träumte er von einer Karriere als Sportler.
2 ◯ Er hat eine Ausbildung bei einer Kölner Zeitung gemacht.
3 ◯ Nach dem Studium hat er eine Stelle als Sportjournalist gefunden.
4 ◯ Jetzt kommentiert er Fußballspiele im Radio.

10 Glück und Pech in Wendungen. Ordnen Sie zu.

Glück im Unglück • zum Glück • Pech • Glück • Pechvogel • Glückspilz

1 Bei dem Unfall auf der Autobahn wurde _____ niemand schwer verletzt.
2 Maria ist ein _____ . Sie hat eine Reise nach Rom gewonnen.
3 Markus ist von der Leiter gefallen. Aber er hatte _____ , denn ihm ist nicht viel passiert.
4 Klaus ist ein echter _____ . Er hat schon wieder seinen Geldbeutel verloren.
5 Carla hatte _____ . Sie war noch vor dem Regen in der Berghütte.
6 Wir haben das Spiel in der letzten Minute noch verloren. Das war wirklich _____ !

11 Glück als Schulfach. Lesen Sie das Interview auf S. 218 noch einmal. Beenden Sie die Sätze.

1 Frau Stangl unterrichtet die Fächer *Deutsch, ...* _____ .
2 Frau Stangl hat eine Ausbildung _____ .
3 Schule ist für viele Schüler*innen _____ .
4 Glückliche Schüler*innen sind _____ .

zweihundertdreiundzwanzig **223**

ÜBUNGEN

12 *Sie unterrichtet nicht nur Deutsch, ...*

a) Markieren Sie die Sätze mit *nicht nur ..., sondern auch ...* im Interview auf S. 218.

b) Beschreiben Sie mit *nicht nur ..., sondern auch ...* wie im Beispiel.

1 Frau Stangl – unterrichtet – Deutsch + Mathe
2 Nach dem Glücksunterricht – viele Schüler*innen – waren – zufriedener + kreativer
3 Das Schulfach Glück – wird unterrichtet – in Deutschland + in Österreich und in der Schweiz
4 Das Schulfach Glück – macht – glücklich – Kinder und Jugendliche + Erwachsene

> 1 Frau Stangl unterrichtet nicht nur Deutsch, sondern auch Mathe.

13 *Einmal im Leben will ich ...*
🔊 4.29

a) Hören Sie das Radiointerview und ordnen Sie die Themen.

a ◯ Jan Feldmanns Bucketliste
b ◯ Definition von Bucketlisten
c ◯ Apps für Bucketlisten
d ◯ Tipps für Bucketlisten

b) Hören Sie das Radiointerview noch einmal und kreuzen Sie an.

	richtig	falsch
1 Jan Feldmann ist Autor und schreibt auch über amerikanische Filme.	◯	◯
2 Jan Feldmann sagt, dass man alle seine Wünsche auf eine Liste schreiben muss.	◯	◯
3 Man soll mindestens 100 Ziele notieren.	◯	◯
4 Wenn man Bucketlisten geschrieben hat, soll man sie sehr oft anschauen.	◯	◯
5 Jan Feldmann hat eine App für Bucketlisten entwickelt.	◯	◯
6 Sein Buch „Lebensträume mit Bucketlisten erreichen" kostet 9,99 Euro.	◯	◯

c) Korrigieren Sie die falschen Aussagen.

d) Welches Verb passt nicht? Streichen Sie durch.

1 eine Liste   schreiben – veröffentlichen – setzen
2 ein Ziel   besichtigen – haben – erreichen
3 Träume   leben – haben – schlafen
4 eine Ausbildung   machen – garantieren – beginnen
5 ein Fach   unterrichten – lernen – studieren
6 Glück   suchen – haben – machen

★14★ Wie finden Sie Bucketlisten? Schreiben Sie einen Kommentar. Die Kommentare auf S. 219 helfen.

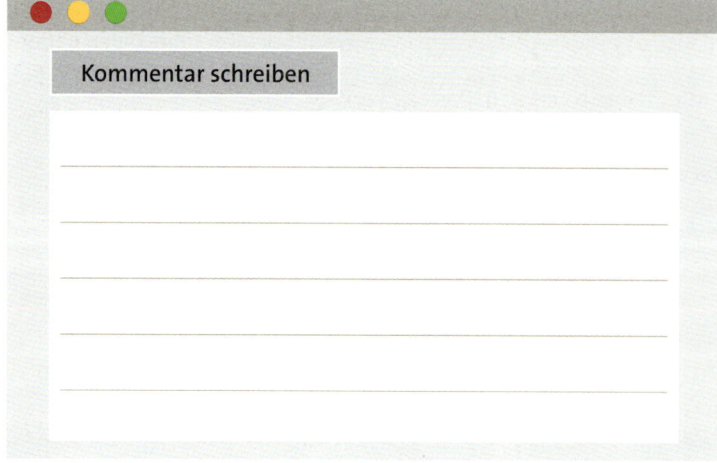

Fit für B1?

GLÜCK UND LEBENSTRÄUME **16**

1 Mit Sprache handeln

über Glück und Pech sprechen
Glück ist ein tolles Gefühl, das man immer haben möchte.
Viele Menschen glauben, dass Geld der Schlüssel zum Lebensglück ist.
Ich habe schon wieder die U-Bahn verpasst. So ein Pech!

sagen, was einen glücklich macht
Ich bin glücklich, wenn ich mit meinem Hund spazieren gehe.
Wenn ich im Garten arbeite, bin ich entspannt und zufrieden.
Als ich die Prüfung bestanden habe, war ich richtig glücklich.
Mich macht ein Sitzplatz in der U-Bahn glücklich. Und dich?
Mit der Familie in den Bergen wandern. Das ist Freizeitglück pur.

über Ziele, Wünsche und Träume sprechen
Als ich ein kleines Mädchen war, wollte ich Balletttänzerin werden.
Als ich zehn war, habe ich von einer Karriere als Pilot geträumt.
Eigentlich wollte ich Polizist werden.
Ich wollte mich selbstständig machen und einen Laden aufmachen.
Zahntechnikerin ist mein Traumberuf.
Einmal im Leben will ich in den Alpen klettern.

2 Wörter, Wendungen und Strukturen

Wortfeld Glück
(un)glücklich sein/machen, sich glücklich fühlen, (kein) Glück haben, der Glücksmoment, der Glücksfaktor, das Lebensglück
ein Glückspilz/Pechvogel sein, Glück im Unglück haben

Gründe nennen mit *denn*
Anita will Fotografin werden, denn sie möchte ihr Hobby zum Beruf machen.
Die Arbeit hat ihm nicht gefallen, denn er hat sich oft gelangweilt.
Paul wollte einen Fahrradladen aufmachen, denn er repariert sehr gern Fahrräder.

Informationen betonen
Sie unterrichtet nicht nur Deutsch, sondern auch Mathe.
Nikos muss nicht nur am Samstag, sondern auch am Sonntag arbeiten.
Wir können nicht nur gut tanzen, sondern auch gut singen.

3 Aussprache

das *i* und das *ü*: Ich bin immer so glücklich, wenn ich Gitarre übe.

→ Interaktive Übungen

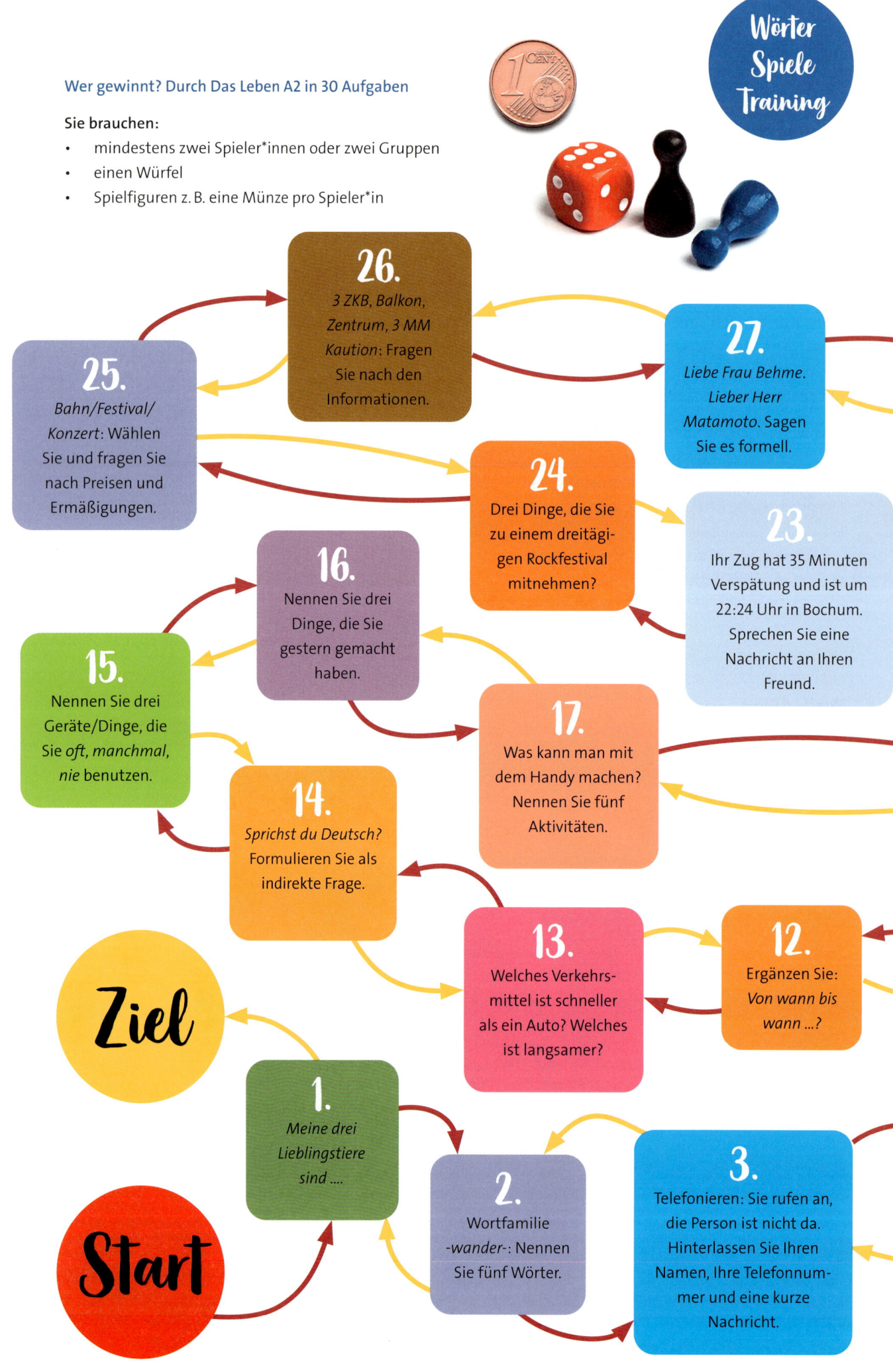

PLATEAU 4

Die Spielregeln:
1. Alle Spieler*innen würfeln drei Mal. Wer eine Sechs hat, beginnt. Die anderen folgen, wenn Sie eine Sechs würfeln.
2. Würfeln Sie. Setzen Sie Ihre Figur/Münze wie auf dem Würfel angezeigt.
3. Lösen Sie die Aufgabe. Richtige Antwort: Sie bleiben auf dem Feld. Falsche Antwort: Sie gehen zwei Felder zurück.
4. Wenn Sie auf das Feld eines Mitspielers / einer Mitspielerin kommen, muss er/sie wieder auf Start zurück und neu anfangen.
5. Es gewinnt der/die Spieler*in/Gruppe, der/die zuerst alle Figuren im Ziel hat. Viel Spaß!

10. August 2021

> Es gibt Berge,
> über die man hinüber muss,
> sonst geht der Weg nicht weiter.
>
> *Ludwig Thoma (1867–1921)*

Literatur

Warum so ernst, guter Mann? Was war der Berg, über den Sie hinüber mussten? :)

1 Literaturzitate. Wo findet man sie? Berichten Sie.

2 Sarahs Notizbuch
a) Von wem ist das Zitat? Von wem ist der Brief? Lesen Sie und vergleichen Sie.
b) Warum schreibt Sarah einen Brief an einen Autor, der schon lange nicht mehr lebt? Diskutieren Sie.

PLATEAU 4

Sehr geehrter Herr Thoma,

ich schreibe Ihnen, weil ich Ihnen danken möchte. Danke für Ihre Kurzgeschichten, Theaterstücke und Romane. Für Ihre Gedanken, die mir immer beim Nachdenken helfen. Ich weiß, dass Sie meinen Brief nicht mehr lesen können. Aber ich kann meine Gedanken ordnen, wenn ich Ihnen schreibe.

Ich habe viel über Ihre Worte nachgedacht, weil ich momentan vor einem großen Berg stehe. Mein Berg ist meine Abschlussprüfung an der Universität. Ich habe etwas Angst und ich weiß, dass ich noch viel lernen muss. Diese Prüfung ist sehr schwierig. Aber wenn ich eine gute Note bekomme, dann habe ich meinen Abschluss in der Tasche. Mal sehen, wie es dann weitergeht. Ich möchte eigentlich Schriftstellerin werden wie Sie.
… und schreiben kann ich ja.
Ich kann es nicht nur.
Ich liebe es!

Es stimmt, dass man über manche Berge gehen muss. Aufgaben, Prüfungen oder Entscheidungen gehören zum Leben dazu.
Aber ich glaube, es gibt oft Wege um den Berg herum. Diese Wege sind dann weiter, aber nicht so schwer.
Was denken Sie?
Wie gerne möchte ich mich mit Ihnen darüber unterhalten!

Mit freundlichen Grüßen
Ihre Sarah Walter

Was man mit Zitaten machen kann
- Lieblingszitate vorstellen
- Zitate illustrieren
- über Zitate diskutieren
- ein Zitat übersetzen und präsentieren

3 Es gibt Berge, …
a) Wie kann man das noch sagen? Lesen Sie das Zitat und vergleichen Sie.
b) Für Sarah ist die Prüfung ein Berg. Und für Sie?

4 Der Brief
a) Sarah macht sich Sorgen. Warum? Beschreiben Sie.
b) Über den Berg oder um den Berg herum? Welchen Weg nehmen Sie? Begründen Sie Ihre Meinung mit einem Beispiel.

5 Fragen und Antworten
a) Welche Fragen hat Sarah an den Autor? Schreiben Sie und vergleichen Sie.
b) Schreiben Sie einen Antwortbrief an Sarah.

1 Hilfst du mir?

a) Was wissen Sie über Nico und Selma? Ergänzen Sie die Grafik und berichten Sie.

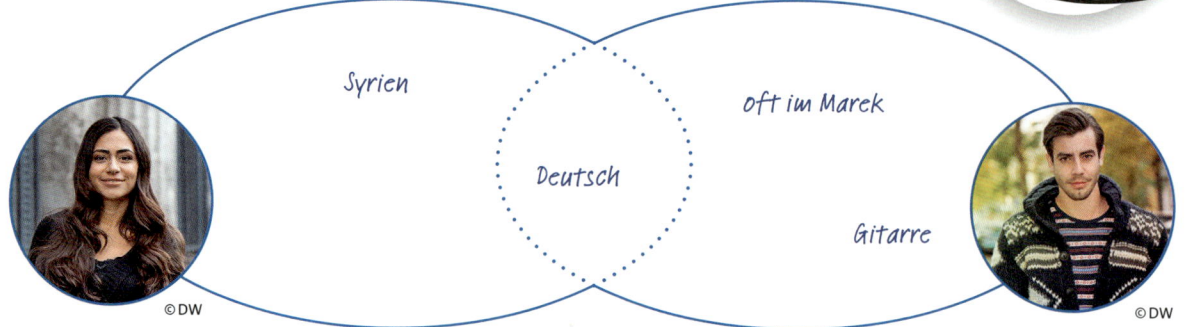

Syrien — Deutsch — oft im Marek — Gitarre

Beide lernen bei Lisa Deutsch.

b) Selma hat bald Geburtstag. Nico überlegt, was er ihr schenken kann. Machen Sie Nico Vorschläge wie in den Beispielen. Die Bilder helfen.

Schenk ihr doch ein Buch.

Sie freut sich bestimmt über einen Roman.

Yara und Nico sprechen über ein Geschenk für Selma.

Ich frage Lisa. Sie weiß bestimmt, wann Selma Geburtstag hat!

c) Welche Geschenkidee hat Nico? Hilft Yara ihm? Sehen Sie sich die Szene in Yaras Laden an und berichten Sie.

d) Sagen Sie es anders. Partner*in A liest eine Aussage laut, Partner*in B antwortet mit einer Aussage aus der App.
1 Yara: „Das kannst du dir doch gar nicht leisten."
2 Nico: „Es muss ja auch kein neues Fahrrad sein."
3 Yara: „Du solltest vielleicht mehr Zeit mit der Suche nach einer Arbeit verbringen."
4 Nico: „Ich finde es heute noch heraus!"
5 Yara: „Ja. Ist gut. Und jetzt pack mit an!"

e) Wörter sehen. Sehen Sie sich das Foto an und spielen Sie das ABC-Stopp-Spiel.

Nico hilft im Marek und lernt dort Deutsch.

PLATEAU 4

f) *Gehst du gerne ins Theater?* Wiederholen Sie mit Nicos App. Hören Sie, achten Sie auf die Betonung und sprechen Sie nach.

1. Gehst du gerne ins Theater?
2. Besuchst du oft Ausstellungen?
3. Spielst du ein Instrument?
4. Hörst du manchmal Podcasts?
5. Interessierst du dich für Kunst?
6. Magst du klassische Musik?
7. Gehst du gern auf Festivals?
8. Liest du am liebsten Gedichte?

g) Autogrammjagd. Fragen Sie und sammeln Sie Unterschriften in f).

h) Welches Problem gibt es? Sehen Sie sich die Szene im Marek an. Rufen Sie *Stopp!*, wenn Sie das Problem hören. Berichten Sie.

i) Nico, Max und Tarek verstehen sich (fast) ohne Worte. Sehen Sie weiter und ‚übersetzen' Sie.

1. Max: „Ah!"
2. Nico: „Oh! ..."
3. Tarek: „Nico?"
4. Nico: „Ah, ah."
5. Max: „Komm schon."
6. Nico: „Mh, mh."

○ Sag bitte Ja! ○ Ich habe eine Idee! **4** Ganz sicher nicht!
○ Ich verstehe, was du meinst. ○ Machst du mit? ○ Nein.

j) Spielen Sie die Szene aus i) nach. Achten Sie auf die Betonung und auf die Körpersprache.

2 Selmas Geburtstag

a) *Alles Gute zum Geburtstag!* Sehen Sie sich das Video an. Fassen Sie die wichtigsten Informationen zusammen und vergleichen Sie.

Heute ist Selmas Geburtstag. Sie trifft Nico ...

Plötzlich bekommt Selma ...

Nico geht ...

„Das ist das schönste Geburtstagsgeschenk!"

b) Welche Textnachricht hat Selma von ihrem Vater bekommen? Ergänzen Sie und vergleichen Sie.

c) *Wenn ..., dann...* Sehen Sie sich die Szene im Marek noch einmal an und beenden Sie die Sätze.

1. Wenn Selma sich mit Nico trifft, (dann) sind ...
2. Wenn Selmas Eltern sauer sind, ...
3. Und wenn Selma nicht rausgehen darf, (dann) ...

„Ich muss gehen. Es tut mir leid!"

d) Wie geht es weiter? Schreiben Sie drei weitere Sätze wie in c).

Wenn Nico Selma nicht sieht, dann ...

e) *Und außerdem seid ihr nur Freunde, oder ...?* Was meint Tarek mit *oder*? Diskutieren Sie.

3 Was habt ihr vor?

a) Einfach das Essen online bestellen, der Lieferservice bringt alles ins Haus. Gibt es das in Ihrem Land auch? (Wann) Nutzen Sie den Lieferservice? Was kann man bestellen? Wie wird das Essen gebracht? Berichten Sie.

b) Pepe und Max präsentieren Yara ihre Geschäftsidee. Sehen Sie sich die Szene in Yaras Laden an und bringen Sie die Sätze in die richtige Reihenfolge.

- a ○ Auf den Flyern und in der App wollen Max und Pepe Werbung für Yaras Laden machen.
- b ○ Yara soll mit ihren Fahrrädern als Geschäftspartnerin im Lieferservice mitmachen.
- c ○ Wenn Yara das Risiko zu groß findet, wollen sie bei Yara Fahrräder mieten.
- d ○ Sie wollen das Essen mit dem Fahrrad liefern, weil das umweltfreundlich ist.

c) Das Treffen im Marek. Wie funktioniert der Geschäftsplan? Sehen Sie sich die Szene an. Machen Sie sich Notizen und berichten Sie.

1 Pepes Firma → 2 die Kunden *bestellen Gerichte oder Zutaten ...* → 3 im Marek → 4 mit Yaras Fahrrädern

d) Kann der Lieferservice funktionieren? Was meinen Sie? Kommentieren Sie die Idee.

Ich glaube, das ist (k)eine gute Idee, weil ...   *Ja/Nein, das kann ich mir (auch/nicht) vorstellen.*

e) Selma besucht Nico. Worüber sprechen sie? Sehen Sie sich die Fotos an, schreiben Sie eine Dialogskizze und spielen Sie Ihren Dialog vor. Die anderen kommentieren.

f) Selma und Nico. Sehen Sie sich die Szene in der WG an. Vergleichen Sie mit Ihren Dialogen aus e).

g) Wie geht Selmas und Nicos Weg im B1-Kurs weiter? Machen Sie Vorschläge.

Ich glaube/denke/ hoffe/..., dass Nico ...   *Ich weiß nicht. / Keine Ahnung. Vielleicht ...*   *Ja/Nein, das kann ich mir (auch/nicht) vorstellen. Und ...*

Die Serie „Nicos Weg" in voller Länge mit interaktiven Übungen und zahlreichen weiteren Materialien gibt es kostenlos bei der Deutschen Welle: dw.com/nico

Goethe-Zertifikat A2: Sprechen

PLATEAU 4

Prüfungs- training

Der Prüfungsteil Sprechen ist eine Paarprüfung und hat drei Teile. Sie sprechen mit einem Partner / einer Partnerin und mit zwei Prüfer*innen. Es gibt keine Vorbereitungszeit. Sie bekommen die Aufgaben, und die Prüfung fängt sofort an. Sie dauert circa 15 Minuten. Wörterbücher und Mobiltelefone sind nicht erlaubt.

Sprechen Teil 1: Sie bekommen vier Wortkarten und stellen mit diesen Karten vier Fragen. Ihr Partner / Ihre Partnerin antwortet. Dann stellt Ihr Partner / Ihre Partnerin vier Fragen und Sie antworten.

Fragen zur Person	Fragen zur Person	Fragen zur Person	Fragen zur Person
Wohnort?	**Geburtstag?**	**Beruf?**	**Hobby?**

Sprechen Teil 2: Sie bekommen eine Aufgabenkarte und erzählen etwas über Ihr Leben.

Prüfungsteilnehmer/in A

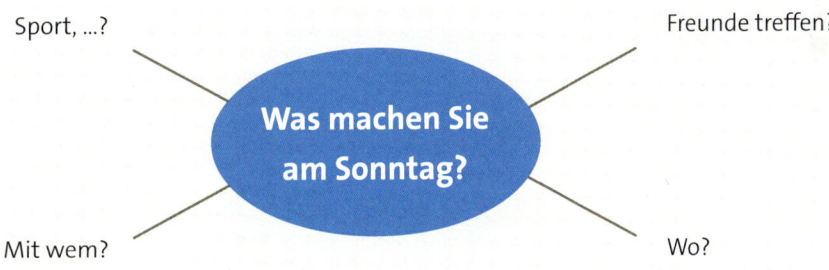

Sprechen Teil 3: Ihr Freund Tom hat Geburtstag. Sie möchten mit dem Partner / mit der Partnerin ein Geschenk für ihn kaufen. Finden Sie einen Termin.

Prüfungsteilnehmer/in A		Prüfungsteilnehmer/in B	
9.00	*Frühstück mit Anton im Café Glück*	9.00	
10.00		10.00	*Fahrrad reparieren*
11.00		11.00	*Friseur*
12.00	*Lebensmittel einkaufen*	12.00	*Mittagessen mit Freunden*
13.00		13.00	
14.00		14.00	
15.00		15.00	
16.00	*Deutsch lernen*	16.00	*Kaffee und Kuchen bei Eltern*

Tipps zum Prüfungsteil Sprechen auf einen Blick

MODELLTEST

Lesen (ca. 30 Minuten)

Dieser Prüfungsteil hat vier Teile: Sie lesen eine E-Mail, Informationen und Artikel aus der Zeitung und dem Internet. Für jede Aufgabe gibt es nur eine richtige Lösung. Schreiben Sie Ihre Lösungen zum Schluss auf den Antwortbogen. Wörterbücher und Mobiltelefone sind nicht erlaubt.

Teil 1. Sie lesen in einer Zeitung diesen Text. Wählen Sie für die Aufgaben 1 bis 5 die richtige Lösung [a], [b] oder [c].

Beispiel:

0 Foodblogging …
- [x] ist heute sehr beliebt.
- [b] ist sehr langweilig.
- [c] ist eine Online-Plattform für Gemüsekisten.

1. Private Foodblogs …
- [a] bieten nur einfache Rezepte an.
- [b] erzählen, wie wichtig Kochen ist.
- [c] sind unterschiedlich und interessant.

2. Es gibt Foodblogger, …
- [a] die nicht kochen.
- [b] die über ihr Leben erzählen.
- [c] die nur dicke Kochbücher präsentieren.

3. Nadine und Jörg …
- [a] können sehr gut kochen und schreiben.
- [b] erzählen nie über ihr persönliches Leben.
- [c] haben einen Preis für ihr Buch bekommen.

4. Susann und Yannic …
- [a] kochen viele Fleischgerichte.
- [b] sind Kollegen.
- [c] finden regionale Zutaten wichtig.

5. Der Blog *tinyspoon* …
- [a] gibt Tipps für das Leben mit Kindern.
- [b] präsentiert nur Rezepte für Babys und Kleinkinder.
- [c] präsentiert nur einfache Rezepte.

Tipp des Monats

Foodblogging – der neue Trend

Wenn Ihnen dicke Kochbücher zu unpraktisch sind, dann sollten Sie sich in der Online-Foodszene umschauen. Wer das Kochen liebt, findet dort viel Inspiration. Beim Suchen findet man aber oft nur einfache Rezeptesammlungen.

Die privaten Foodblogs in den sozialen Medien sind eine gute Alternative. Hier kocht man mit Liebe und präsentiert die kunstvollen Gerichte. Manche Bloggerinnen und Blogger achten auf gesunde und regionale Küche, andere erzählen beim Kochen auch persönliche Geschichten und faszinieren damit die Leserinnen und Leser.

Ein Bloggerpaar ist besonders beliebt: Nadine und Jörg von *eat-this.org* sind sehr gute Köche und noch bessere Autoren. Für ihren Foodblog mit persönlichen Geschichten haben sie schon mehrere Preise gewonnen. Die Rezepte sind lecker und vegan. Sehr praktisch ist, dass es immer eine Alternative gibt, wenn man nicht alle Lebensmittel zu Hause hat.

Wenn Sie einfaches Essen lieben, sind Sie beim Blog „*krautkopf*" von Susann und Yannic richtig. Sie kochen vegetarische Rezepte mit saisonalen und regionalen Zutaten. Das Paar teilt neben dem Kochen auch die Liebe zum Fotografieren.

Bei *Tinyspoon* sorgt eine junge Mutter für Inspiration und Abwechslung auf dem Teller. Hier finden sich Rezepte für Babys, Kleinkinder oder eine große Familie. Mit viel Liebe und persönlichen Erfahrungen kann man ihre Rezepte leicht nachkochen.

Teil 2. Sie lesen eine Informationstafel in der Bibliothek. Lesen Sie die Aufgaben 6 bis 10 und den Text. Wohin gehen Sie? Wählen Sie die richtige Lösung a, b oder c.

Beispiel:

0 Sie arbeiten in der Bibliothek und möchten parken.
- [x] a Untergeschoss
- [ ] b 1. Stock
- [ ] c anderer Stock

1. Sie suchen Bücher für einen vierjährigen Jungen.
- [ ] a Dachgeschoss
- [ ] b 2. Stock
- [ ] c anderer Stock

2. Sie möchten Nachrichten auf Englisch lesen.
- [ ] a Dachgeschoss
- [ ] b Erdgeschoss
- [ ] c anderer Stock

3. Sie möchten sich in dieser Bibliothek anmelden und Bücher ausleihen.
- [ ] a 1. Stock
- [ ] b 3. Stock
- [ ] c anderer Stock

4. Sie möchten die Toilette benutzen.
- [ ] a Untergeschoss
- [ ] b 1. Stock
- [ ] c anderer Stock

5. Sie besuchen einen Computerworkshop und suchen den passenden Raum.
- [ ] a 3. Stock
- [ ] b Dachgeschoss
- [ ] c anderer Stock

Stadtbibliothek Monheim

Dachgeschoss:	Cafeteria
	Kunden-WC
	Wickelraum
3. Stock:	Medienräume
	Hörbuchwelt
2. Stock:	Kinderwelt
	Kino
	Kunden-WC
1. Stock:	Anmeldung
	Information
	Bücherrückgabe
Erdgeschoss:	Internationale Zeitungen
	Zeitschriften
	Magazine
Untergeschoss:	Mitarbeiterparkplätze

MODELLTEST

Teil 3. Sie lesen eine E-Mail. Wählen Sie für die Aufgaben 11 bis 15 die richtige Lösung a, b oder c.

Liebe Mareike,

wie du schon weißt, habe ich seit einer Woche einen neuen Job. Mein Alltag sieht jetzt ganz anders aus! Es ist alles so neu für mich.

Ich kann jetzt länger schlafen, weil mein Arbeitstag erst um 10 Uhr beginnt. Vor zehn ist keiner im Büro. Meistens kaufe ich mir unterwegs etwas zu essen und frühstücke im Büro. Wir haben eine tolle Küche mit Kaffee- und Spülmaschine, und es gibt einen großen Kühlschrank für alle. Wir essen oft zusammen Mittag. Dass wir keine Kantine haben, stört uns also nicht.

Meine neuen Kolleginnen und Kollegen sind sehr nett. Ich kenne schon fast alle. Es gibt nur einen Kollegen, den ich noch nicht getroffen habe. Er ist viel unterwegs und nur manchmal im Büro. Ich darf drei bis vier Mal im Monat zu Hause arbeiten. Sehr praktisch.

Eine Kollegin, Miriam, finde ich besonders nett. Wir verstehen uns sehr gut und haben uns schon mal privat getroffen. Einmal waren wir zusammen in der Stadt und einmal sind wir ins Kino gegangen. Sie ist auch Single und relativ neu in der Firma.

Meine Chefin ist auch nett, aber bis jetzt habe ich wenig mit ihr gesprochen. Sie telefoniert viel oder ist unterwegs. In zwei Monaten ist meine Probezeit vorbei und ich hoffe sehr, dass ich in der Firma bleiben kann.

Wie läuft es bei dir? Ist dein Freund schon bei dir eingezogen? Was gibt es Neues in meinem „alten" Büro? Ich vermisse dich und manchmal auch unser ganzes Team. Es waren tolle Zeiten! Schade, dass ich umziehen musste.

Melde dich bitte bald und komm mich besuchen!

Ganz liebe Grüße
Deine Laura

---

0 Laura ...

- [x] **a** hat eine neue Stelle angefangen.
- [ ] **b** kennt alle Kolleginnen und Kollegen im Büro.
- [ ] **c** möchte ihren alten Job wiederhaben.

12. Lauras Kolleg*innen ...

- [ ] **a** fangen um 9 Uhr ihren Arbeitstag an.
- [ ] **b** essen in der Kantine.
- [ ] **c** teilen einen Kühlschrank.

13. In Lauras Firma ...

- [ ] **a** darf man im Home Office arbeiten.
- [ ] **b** gibt es eine Kantine.
- [ ] **c** kochen alle gemeinsam Mittagessen.

14. Lauras Chefin ...

- [ ] **a** arbeitet nur von zu Hause.
- [ ] **b** macht eine Probezeit.
- [ ] **c** muss oft telefonieren.

15. Laura und Miriam ...

- [ ] **a** waren früher Kolleginnen.
- [ ] **b** arbeiten jetzt zusammen.
- [ ] **c** sind Mitbewohnerinnen.

16. Mareike ...

- [ ] **a** ist Lauras Schulfreundin.
- [ ] **b** soll Laura besuchen.
- [ ] **c** ist Single.

Teil 4. Sechs Personen suchen im Internet nach passenden Freizeitangeboten. Lesen Sie die Aufgaben 16 bis 20 und die Anzeigen **a** bis **f**. Welche Anzeige passt zu welcher Person?

Die Anzeige aus dem Beispiel können Sie nicht mehr wählen. Für eine Aufgabe gibt es keine Lösung.
Markieren Sie so: X.

Beispiel:

0. Johanna möchte mit Freunden einen Kochkurs besuchen. — *f*

16. Daniela möchte auch in der warmen Jahreszeit Skifahren.
17. Claudia und Hendrik möchten im April wandern gehen. Sie sind noch nie in den Bergen gewandert.
18. Katja sucht für ihre Familie ein Ferienhaus für sechs Wochen im Sommer in den Bergen.
19. Boris klettert gerne. Er sucht einen Kletterpartner bzw. eine Kletterpartnerin.
20. Björn interessiert sich für Tanzkurse für Senioren. Er kann nur abends.

a www.tanzmaus.example.net

Für unsere Tanzschule suchen wir Jugendliche, die mehrmals pro Woche abends trainieren können. Am Jahresende wollen wir den ersten Platz im internationalen Wettbewerb gewinnen. Macht mit! Teilt eure Freude an der Bewegung und findet neue Freunde!

b www.wanderindenbergen.example.net

Unser Reisebüro bietet Aktivurlaub in den Bergen an. Für Anfängerinnen und Anfänger haben wir spezielle Programme mit Betreuung: von März bis November, kleine Gruppen, 3–7 Tage, sanfter Einstieg in die Abenteuerwelt der Berge. Wir freuen uns auf Sie!

c www.winterzauber.example.net

Skifahren oder Snowboarden? Auf unserer Homepage finden Sie Tipps für Einsteigerinnen und Einsteiger, tolle Skigebiete und alle Preise. Wussten Sie, dass man schon im Sommer mit dem Wintersport beginnen kann? Hier finden Sie die Liste der Skihallen, die das ganze Jahr geöffnet haben.

d www.sportpartnerschaft.example.net

Es gibt viele Freizeitangebote, die man nur mit einem Partner oder einer Partnerin machen kann. Wenn Sie Sportpartner*innen suchen, zum Beispiel zum Klettern oder zum Tanzen, dann sind Sie bei uns genau richtig!

e www.urlaubindenbergen.example.net

Für alle Bergverliebte bieten wir Freizeitangebote für tolle Urlaubserlebnisse an. Wanderkurse im Sommer, Wanderrouten für erfahrene Bergsteigerinnen und Bergsteiger, Campingplätze mit Panorama, Luxushotels und Ferienhäuser. Egal, ob Sommer oder Winter: diesen Urlaub werden Sie nie vergessen!

f www.kueche.example.net

Unser Küchenstudio bietet nicht nur eine tolle Auswahl an modernen Küchen, sondern auch Kochkurse für Familien und Freunde. Buchen Sie einen Kurs mit unserem Sternechef. Weitere Informationen finden Sie hier.

MODELLTEST

Hören (ca. 30 Minuten)

Teil 1. Sie hören fünf kurze Texte. Sie hören jeden Text **zweimal**. Wählen Sie für die Aufgaben 1 bis 5 die richtige Lösung a, b oder c.

1. Was soll Herr Schüring machen?
   - a Das Geld für die Handyreparatur bezahlen.
   - b Sein Handy im „Café kaputt" abholen.
   - c Frau Kuhley morgen zurückrufen.

2. Wann ist das nächste Musikfestival?
   - a Das Festival findet nie im Sommer statt.
   - b Das Festival findet dieses Jahr im Sommer statt.
   - c Das Festival findet nächstes Jahr im Sommer statt.

3. Wo kann man im Kaufhaus bezahlen?
   - a im Obergeschoss
   - b im Untergeschoss
   - c im Erd- und im Untergeschoss

4. Was sollen die Gäste tun?
   - a Sie sollen heute in ihren Zelten schlafen.
   - b Sie können in einem Hotel übernachten.
   - c Sie sollen ihre Regenjacken anziehen und zur Rezeption kommen.

5. Wann ist der neue Besichtigungstermin?
   - a am Dienstagnachmittag
   - b am Dienstagvormittag
   - c heute Nachmittag

Teil 2. Sie hören ein Gespräch. Sie hören den Text **einmal**.

Was machen die Praktikantin und der Praktikant in der Woche? Wählen Sie für die Aufgaben 6 bis 10 ein passendes Bild aus a bis i aus. Wählen Sie jeden Buchstaben nur einmal. Sehen Sie sich jetzt die Bilder an.

	0	6	7	8	9	10
Tag	Montag	Dienstag	Mittwoch	Donnerstag	Freitag	Samstag
Lösung	b					

a

b

c

d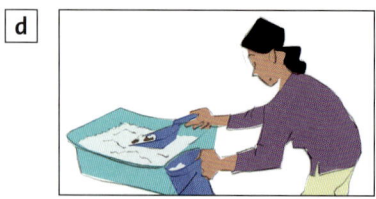

e

f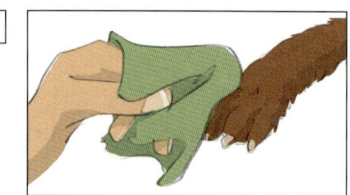

g

h

i

Teil 3. Sie hören fünf kurze Gespräche. Sie hören jeden Text **einmal**. Wählen Sie für die Aufgaben 11 bis 15 die richtige Lösung a, b oder c.

11. Wo hat das Treffen stattgefunden?

a  b  c

12. Welches Buch kauft die Frau für ihren Urlaub?

a  b  c

13. Was braucht der Handwerker?

a 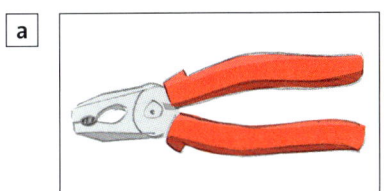 b 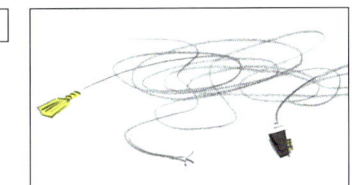 c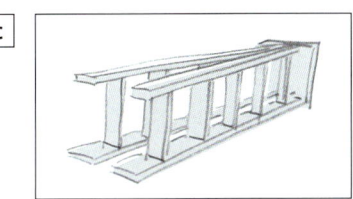

14. Was ist das Problem mit dem Handy?

a 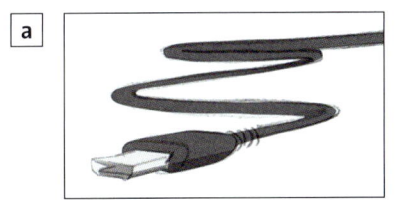 b 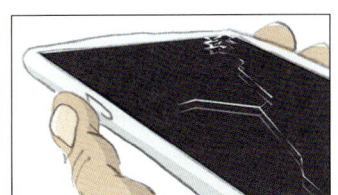 c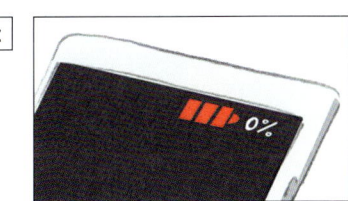

15. Welche Unterlagen fehlen?

a  b  c

Teil 4. Sie hören ein Interview. Sie hören den Text **zweimal**. Wählen Sie für die Aufgaben 16 bis 20 Ja oder Nein. Lesen Sie jetzt die Aufgaben.

Beispiel:

0 Silvy ist das letzte Mal allein gewandert.	Ja	N~~ein~~
16. Silvy und David waren eine Woche lang unterwegs.	Ja	Nein
17. Es hat täglich geregnet.	Ja	Nein
18. Die Übernachtungen in den Hotels waren schön.	Ja	Nein
19. Man muss einen Schlafsack mitbringen.	Ja	Nein
20. Die Hütten soll man kurz vor der Reise buchen.	Ja	Nein

Schreiben (30 Minuten)

Dieser Prüfungsteil hat zwei Teile: Sie schreiben eine Nachricht und eine E-Mail. Schreiben Sie Ihre Texte auf den Antwortbogen. Schreiben Sie bitte deutlich und **nicht** mit Bleistift. Wörterbücher und Mobiltelefone sind **nicht** erlaubt.

Teil 1. Sie bekommen Besuch von Ihrer Mutter und können an der Kleidertauschparty nicht teilnehmen. Schreiben Sie eine Nachricht an Ihre Freundin Sarah.
- Erklären Sie ihr, dass Sie nicht kommen.
- Schreiben Sie, warum.
- Fragen Sie nach dem nächsten Termin.

Teil 2. Die Bloggerin Ines Mey hat Sie zu einem Interview eingeladen. Schreiben Sie Frau Mey eine E-Mail:
- Bedanken Sie sich und sagen Sie, dass Sie zum Interview kommen.
- Fragen Sie, wer noch zum Interview kommt.
- Fragen Sie nach dem Ort und dem genauen Termin.

Schreiben Sie 30–40 Wörter. Schreiben Sie zu allen drei Punkten.

Sprechen (15 Minuten)

Dieser Prüfungsteil hat drei Teile:
Sie stellen Ihrem Partner / Ihrer Partnerin Fragen zur Person und antworten ihm/ihr.
Sie erzählen etwas über sich und Ihr Leben.
Sie planen etwas mit Ihrem Partner / Ihrer Partnerin.

Teil 1. Sie bekommen vier Karten und stellen mit diesen Karten vier Fragen. Ihr Partner / Ihre Partnerin antwortet.

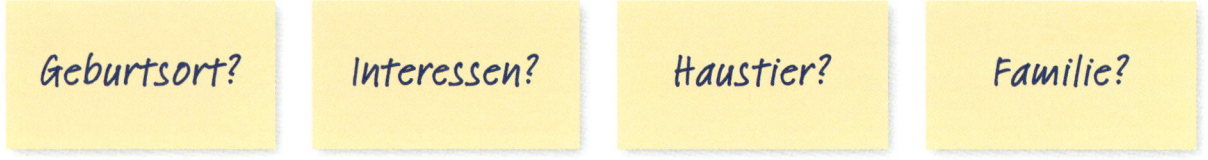

Teil 2. Sie bekommen eine Karte und erzählen etwas über Ihr Leben.

Aufgabenkarte A

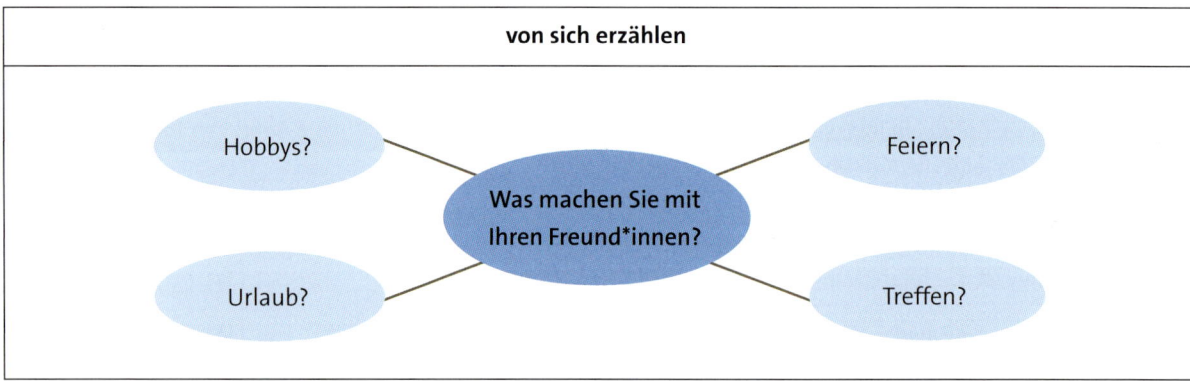

Aufgabenkarte B

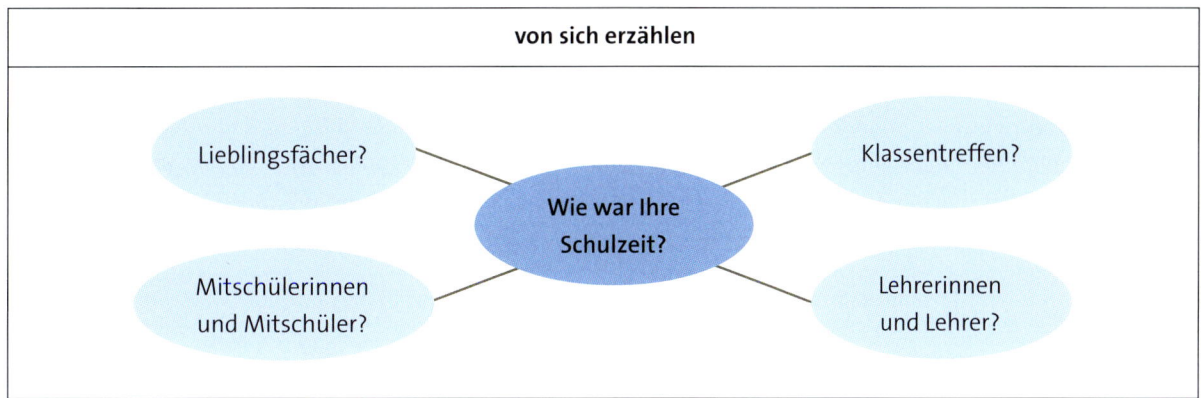

Teil 3. Sie möchten mit Ihrem Partner / Ihrer Partnerin schwimmen gehen. Finden Sie einen Termin.

Aufgabenblatt A

Sonntag, 17. September	
7.00	
8.00	
9.00	
10.00	Frühstück mit Großeltern
11.00	
12.00	
13.00	
14.00	
15.00	Kuchen backen
16.00	
17.00	Kaffee mit Lenny
18.00	
19.00	
20.00	

Aufgabenblatt B

Sonntag, 17. September	
7.00	
8.00	Sport mit Monika
9.00	
10.00	
11.00	
12.00	Mittagessen bei Müllers
13.00	
14.00	
15.00	
16.00	
17.00	
18.00	
19.00	Kino
20.00	

GRAMMATIK

Grammatik im Überblick

Einheiten 1–8

Sätze

1 Kommentieren, Informationen weitergeben. Nebensätze mit *dass*
2 Gründe nennen. Nebensätze mit *weil*
3 Einen Zweck beschreiben. *Wozu ...? Zum ...*
4 Indirekte Fragen
    4.1 Satzfragen. *Weißt du, ob ...*
    4.2 W-Fragen. *Können Sie mir sagen, wie ...*
5 Gleichzeitigkeit in der Vergangenheit
    5.1 Nebensätze mit *als*
    5.2 Nebensatz vor Hauptsatz
6 Etwas genauer beschreiben. Relativsätze im Nominativ und Akkusativ

Wörtern und Wendungen

7 Nomen verbinden mit Genitiv
    7.1 Genitiv *-s*: Patricks Freunde
    7.2 Genitivartikel *des, der*
8 Partikeln *noch* und *schon*
    8.1 *noch*
    8.2 *schon*
9 Personalpronomen im Dativ
10 Reflexivpronomen im Akkusativ. *Sich freuen auf*
11 Etwas genauer beschreiben. Adjektive vor Nomen
    11.1 Adjektive ohne Artikel im Nominativ und Akkusativ
    11.2 Adjektive mit bestimmtem und unbestimmtem Artikel im Nominativ und Akkusativ
    11.3 Adjektive mit Artikel im Dativ
12 Vergleiche mit Superlativ
13 Wortbildung
    13.1 Komposita. Nomen + Adjektiv
    13.2 Aus Verben Nomen machen
    13.3 Nomen mit *-ung*
14 Modalverb *dürfen*. Präsens und Präteritum
15 Verben mit Ergänzungen
16 Vergangenheit
    16.1 Perfekt oder Präteritum?
    16.2 Präteritum. Regelmäßige Verben
    16.3 Präteritum. Unregelmäßige Verben

Einheiten 9–16

Sätze

17 Gründe nennen. Sätze verbinden mit *denn*
18 Auf eine Information aufmerksam machen. *Nicht nur ..., sondern auch ...*
19 Bedingungen. Sätze mit *wenn* und *dann*
20 Fragen mit *warum* und *wann*. Antworten mit *weil* und *wenn*
21 Fragesätze mit *worauf, worüber, wozu, womit, woran*
22 Zweck und Grund. *Wozu ...? Um ... zu ...*
23 Zweck und Ziel. Nebensätze mit *damit*
24 Dativ- und Akkusativergänzung im Satz
25 Personen und Sachen genauer beschreiben. Relativsatz mit *in/mit* + Dativ

Wörtern und Wendungen

26 Wortbildung
    26.1 Adjektive mit *-bar*
    26.2 Verb-Nomen-Komposita
27 Unbestimmter Artikel und Possessivartikel im Nominativ, Akkusativ und Dativ
28 Präpositionen
    28.1 Präpositionen *aus, bei, mit, nach, von, seit, zu* + Dativ
    28.2 Präpositionen *durch, ohne, gegen, für, um* + Akkusativ
29 Das Verb *werden*. Präsens und Präteritum
30 Passiv
    30.1 Passiv im Präsens
    30.2 Passiv im Präteritum
31 Modalverben im Präteritum *müssen, dürfen, können, sollen, wollen, mögen, möchten*
32 Präteritum. Unregelmäßige Verben
33 Unregelmäßige Verben. Übersicht

GRAMMATIK

Sätze

1 Kommentieren, Informationen weitergeben. Nebensätze mit *dass* ►E1

Hauptsatz	Nebensatz
Ich habe gehört,	dass du jetzt in Hamburg arbeitest.
Wir freuen uns,	dass ihr gekommen seid.
Ich hoffe,	dass du zum Klassentreffen kommst.
Weißt du schon,	dass Patrick heute auch kommt?

Regel: Im Nebensatz steht das Verb am Ende. Vor *dass* steht ein Komma.

Häufige Wendungen

Ich habe gehört/gelesen, dass er wieder geheiratet hat.
Ich hätte nicht gedacht, dass es heute regnet.
Ich freue mich, dass du gekommen bist.

2 Gründe nennen. Nebensätze mit *weil* ►E2

Hauptsatz	Nebensatz
Sascha fährt lieber mit dem Auto,	weil die Fahrt mit dem Bus länger dauert.
Noah fährt lieber mit dem Bus als mit der Bahn,	weil das billiger ist.
Carina nimmt am liebsten das Fahrrad,	weil das in Münster am praktischsten ist.

Regel: Im Nebensatz steht das Verb am Ende. Vor *weil* steht ein Komma.

3 Einen Zweck beschreiben. *Wozu ...? Zum ...* ►E4

🟠 Wozu hast du ein Handy?
⚪ Zum Telefonieren. Und du?
🟠 Ich benutze es meistens zum Schreiben von Nachrichten.

4 Indirekte Fragen ►E4

Does this streetcar go directly to the railway station?

Er hat gefragt, ob diese Straßenbahn direkt zum Bahnhof fährt.

Ja, die Nummer 5 fährt direkt zum Hauptbahnhof.

4.1 Satzfragen. *Weißt du, ob ...* ►E4

🟠 Weißt du, ob wir am Montag einen Test schreiben?
⚪ Nein, der Test ist erst am Dienstag.

🟠 Entschuldigung, können Sie mir sagen, ob der Kurs am Freitag auch stattfindet?
⚪ Ja, um 15 Uhr.

Ich frage mich, ob du wirklich Zeit für ein Haustier hast.
Ich weiß nicht, ob Hunde in Deutschland einen Pass haben.

GRAMMATIK

4.2 W-Fragen. *Können Sie mir sagen, wie ...* ▶E7

Können Sie mir sagen,	wie spät es ist?
Weißt du,	wo mein Schlüssel ist?
Ich weiß nicht,	warum wir schon wieder einen Test schreiben müssen.
Weißt du schon,	was du am Wochenende machst?
Ich habe mich schon lange gefragt,	woher du das Geld für diese Uhr hast.
Wissen Sie,	wann der Zug kommt?

Häufige Wendungen

Weißt du, was das gekostet hat?
Ich frage mich, wie lange das noch dauert.
Ich habe keine Ahnung, warum wir so lange warten müssen.

5 Gleichzeitigkeit in der Vergangenheit ▶E6

5.1 Nebensätze mit *als*

Hauptsatz	Nebensatz
Goethe war erst 16 Jahre alt,	als er in Leipzig Jura studierte.
Goethe malte viele Bilder,	als er in Italien war.

5.2 Nebensatz vor Hauptsatz

Position 1	Position 2
Als Goethe in Leipzig Jura studierte,	war er erst 16 Jahre alt.
Als Goethe in Italien war,	malte er viele Bilder.

Regel: Der Nebensatz steht auf Position 1. Das Verb bleibt auf Position 2.

Häufige Wendungen

Als ich klein war, ...
Als ich noch studiert habe, ...
Als wir in Deutschland gearbeitet haben, ...

6 Etwas genauer beschreiben. Relativsätze im Nominativ und Akkusativ ▶E8

der Dresdner Christstollen   das Bündner Birnbrot   die Linzer Torte

Nominativ	Der Dresdner Christstollen ist ein Kuchen,	der aus Dresden kommt.
Akkusativ	Der Dresdner Christstollen ist ein Kuchen,	den man in ganz Deutschland isst.
Nominativ	Das Bündner Birnbrot ist ein süßes Brot,	das aus der Schweiz kommt.
Akkusativ	Das Bündner Birnbrot ist ein süßes Brot,	das man aus Birnen macht.
Nominativ	Die Linzer Torte ist eine Torte,	die aus Linz in Österreich kommt.
Akkusativ	Die Linzer Torte ist eine Torte,	die man mit Mehl und Nüssen macht.
Nominativ	Printen sind kleine Kuchen,	die aus Aachen kommen.
Akkusativ	Printen sind kleine Kuchen,	die man im Winter isst.

Regel: Im Relativsatz steht das Relativpronomen (*der/den, das, die*) am Anfang, das Verb steht am Ende. Der Relativsatz beschreibt ein Nomen im Hauptsatz genauer.

Wörter und Wendungen

7 Nomen verbinden mit Genitiv

7.1 Genitiv -s: *Patricks Freunde* ▶ E1

Katta und Basti sind Freunde von Patrick.
Katta und Basti sind Patricks Freunde.

🔴 Hast du die Handynummer von Manu?
⚪ Nein, Manus Handynummer habe ich nicht.

🔴 Ist das der Motorroller von Lotte?
⚪ Ja, das ist Lottes Motorroller.

7.2 Genitivartikel *des, der* ▶ E14

der Autor / die Idee — die Idee des Autors
das Handy / der Preis — der Preis des Handys
die Rose / der Name — der Name der Rose
die Deutschen / ein Drittel — ein Drittel der Deutschen
die Frauen / 35 % — 35 % der Frauen

8 Partikeln *noch* und *schon* ▶ E1, E7

Lerntipp
Partikeln immer im Kontext lernen und üben.

8.1 *noch*

Beispiel
Noch einmal: Ich esse keinen Fisch.
Ich habe noch eine Frage …
Noch ein Bier, bitte!

Bedeutung
etwas wiederholen, etwas hinzufügen

Häufige Wendungen
Erinnerst du dich noch an unsere Schule?
Wo ist Benni? Der ist noch im Büro.
Treffen wir uns noch nach dem Kurs?

GRAMMATIK

8.1 *schon*

Beispiel
Ich war schon immer Wintersportfan.
Ich habe schon lange nichts mehr von Lotte gehört.

Bedeutung
in Verbindung mit Zeit (Vergangenheit)

Häufige Wendungen
Warst du schon mal in Deutschland? Nein, noch nicht.
Hast du schon mal Tennis gespielt? Ja, schon oft.
Musst du dich noch anmelden? Nein, das habe ich schon gemacht.

9 Personalpronomen im Dativ ▶ E4, E13

	Nominativ	Akkusativ	Dativ
Singular	ich	mich	mir
	du	dich	dir
	er	ihn	ihm
	es	es	ihm
	sie	sie	ihr
Plural	wir	uns	uns
	ihr	euch	euch
	sie/Sie	sie/Sie	ihnen/Ihnen

Häufige Wendungen
Wie geht es Ihnen?
Das gefällt mir wirklich gut!
Du fehlst mir!
Ihm geht es nicht gut, er ist krank.

Kannst du mir helfen?

10 Reflexivpronomen im Akkusativ. *Sich freuen auf* ▶ E1, E3

Patrick freut sich auf das Klassentreffen. Er hat sich schon angemeldet. Vor 10 Jahren hat er sich in Lotte verliebt. Er schreibt an Lotte: „Freust du dich auch? Wir haben uns 10 Jahre nicht gesehen. Treffen wir uns in Gotha? Mich interessiert auch, was Katta und Basti heute machen."

	Personalpronomen im Akkusativ	Reflexivpronomen im Akkusativ
Singular	mich	mich
	dich	dich
	ihn	sich
	es	sich
	sie	sich
Plural	uns	uns
	euch	euch
	sie/Sie	sich

Häufige Wendungen
Sie interessiert *sich* für Literatur.
Ich erinnere *mich* nicht an unsere Lehrer.
Ich ärgere *mich* über meine Nachbarn.
Sie informieren *sich* über die Stadt Gotha.
Wir freuen *uns* auf das Wochenende.

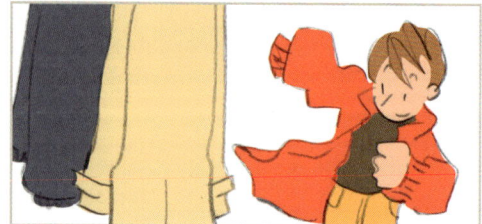

Mascha zieht sich an.

Maschas Mutter zieht sie an.

GRAMMATIK

11 Etwas genauer beschreiben. Adjektive vor Nomen

11.1 Adjektive ohne Artikel im Nominativ und Akkusativ ▶ E3

Schöne Wohnung sucht neue Mieter

⊙ 44791 Bochum (Zentrum), Blumenstr.
✓ Bad mit Fenster, Keller

395 €   50,45 m²   2 Zimmer
Kaltmiete   Wohnfläche   ab 01.11.
103,55 €   1150 €
Nebenkosten   Kaution

✉ Anbieter kontaktieren

◎ Merken   ✎ Notizen

Verkaufe schönes Auto

VW-Golf, Baujahr 1974
sehr gut gepflegt!
Nur 15.000 Euro.

Tel.: 0162 2082784

✉ Anbieter kontaktieren

◎ Merken   ✎ Notizen

Singular	der	das	die
Nominativ	großer Balkon	großes Sofa	große Terrasse
Akkusativ	großen Balkon	großes Sofa	große Terrasse
Plural (die) Nominativ/Akkusativ	große Balkone/Sofas/Terrassen		

GRAMMATIK

11.2 Adjektive mit bestimmtem und unbestimmtem Artikel ▶ E5

Was magst du an deinem Beruf?

Ich mag meine tolle Chefin, den täglichen Kontakt mit Kunden und das große Büro. Ich finde auch gut, dass ich keine festen Arbeitszeiten habe.

bestimmter Artikel	Nominativ	Akkusativ
Singular	der neue Computer das neue Büro die neue Chefin	den neuen Computer das neue Büro die neue Chefin
Plural (Nom. = Akk.)	die neuen Computer/Büros/Chefinnen	

unbestimmter Artikel	Nominativ	Akkusativ
Singular	(k)ein neuer Computer (k)ein neues Büro (k)eine neue Chefin	(k)einen neuen Computer (k)ein neues Büro (k)eine neue Chefin
Plural (Nom. = Akk.)	keine neuen Computer/Büros/Chefinnen	

Regel: Adjektive nach Possessivartikel und Negation (*kein-*) haben die gleiche Endung wie Adjektive nach unbestimmten Artikeln.

11.3 Adjektive mit Artikel im Dativ. Ein/Der Hund mit einem/dem weißen Schwanz ▶ E7

Das ist ein/der Hund mit einer/der weißen Schnauze und einem/dem weißen Schwanz.

Das ist eine/die Kuh mit einem/dem braunen Fell, einem/dem weißen Kopf und (den) braunen Ohren.

Das sind (die) Schweine mit (den) schwarz-weißen Beinen und (den) schwarzen Ohren.

Regel: Adjektive mit Artikeln, Plural im Dativ: Die Endung ist immer *-en*.

GRAMMATIK

12 Vergleiche mit Superlativ ▶ E2, E7

Die Wolga ist der längste Fluss Europas. Sie ist länger als die Donau.
Die Donau fließt aber durch die meisten Länder: Insgesamt zehn Länder!
Das ist Weltrekord. Der drittlängste Fluss in Europa ist der Dnepr,
aber die Wolga ist am längsten.

Die Donau in Regensburg

	Adjektiv	Komparativ	Superlativ	
regelmäßig	billig	billiger als	am billigsten	der/das/die billigste
	schnell	schneller als	am schnellsten	der/das/die schnellste
	praktisch	praktischer als	am praktischsten	der/das/die praktischste
mit Umlaut	groß	größer als	am größten	der/das/die größte
	jung	jünger als	am jüngsten	der/das/die jüngste
	alt	älter als	am ältesten	der/das/die älteste
unregelmäßig	gern	lieber als	am liebsten	der/das/die liebste
	gut	besser als	am besten	der/das/die beste
	viel	mehr als	am meisten	der/das/die meiste
	hoch	höher als	am höchsten	der/das/die höchste

Plural: die schnellsten/größten/ältesten Tiere

> **Lerntipp**
>
> dunkler als, teurer als, flexibler als

13 Wortbildung

13.1 Komposita. Nomen + Adjektiv ▶ E2

Münster ist eine fahrradfreundliche Stadt mit vielen Radwegen. Das ist umweltfreundlich.
Die große Fußgängerzone in der Altstadt zeigt, dass die Stadt auch fußgängerfreundlich ist.

13.2 Aus Verben Nomen machen. Das Grillen ▶ E3

> Hausordnung:
>
> Das Grillen auf dem Balkon ist verboten.
> Das Spielen im Treppenhaus ist auch nicht erlaubt.
> Das Abstellen von Fahrrädern im Fahrradkeller ist erlaubt.
>
> Die Hausverwaltung

| wohnen | das Wohnen | spielen | das Spielen |
| grillen | das Grillen | abstellen | das Abstellen |

Regel: Aus Verben Nomen machen. Der Artikel ist immer *das*.

13.3 Nomen mit -ung ▶ E5

die Ausbildung – ausbilden
die Bewegung – (sich) bewegen
die Veränderung – (sich) verändern
die Wohnung – wohnen
die Planung – planen

> **Lerntipp**
>
> In Nomen mit -ung findet man meistens ein Verb.

Regel: Nomen mit -ung: Artikel *die*.

GRAMMATIK

14 Modalverb *dürfen*. Präsens und Präteritum ▶ E3, E10

Tut mir leid, hier dürfen Sie nicht parken. Das ist verboten!

Entschuldigung, aber mein Auto ist kaputt.

	Präsens	Präteritum
ich	darf	durfte
du	darfst	durftest
er/es/sie	darf	durfte
wir	dürfen	durften
ihr	dürft	durftet
sie/Sie	dürfen	durften

Häufige Wendungen

Tut mir leid, das darf ich nicht (essen).
Wo darf man hier rauchen?
Nein, hier darf man nicht rauchen.
Rauchen ist hier verboten.
Hier dürfen keine Autos fahren.

15 Verben mit Ergänzungen ▶ E1, E14 ▶ GR24

	Akkusativergänzung
Viele Menschen kaufen	teure Bio-Produkte.
Ich habe	ein neues Fahrrad.
Kennst du	den neuen Roman von Volker Kutscher?
Ich besuche jetzt	einen A2-Kurs.

	Dativergänzung	
Das Auto gehört	meinem Vater.	
Hilfst du	ihm	am Wochenende beim Umzug?
Die Hose passt	mir	leider nicht.
Das neue Restaurant gefällt	den Touristen.	

	Dativergänzung	Akkusativergänzung	
Kai schenkt	seiner Freundin	ein Handy.	
Ich zeige	dem neuen Kollegen	seinen Arbeitsplatz.	
Carola gibt	mir	ihren Autoschlüssel.	
Kannst du	uns	eine Pizza	mitbringen?

Lerntipp

Verben mit Dativ *und* Akkusativ:
schenken, (mit)bringen, geben, zeigen, wünschen, leihen, schicken, erklären

16 Vergangenheit ▶ E6

16.1 Perfekt oder Präteritum?

Perfekt

1806 *habe* ich Christiane *geheiratet*.

Präteritum

1806 heirat*ete* Goethe Christiane Vulpius.

16.2 Präteritum. Regelmäßige Verben ▶E6

Singular	ich	lebte
		arbeitete
	er/es/sie	reiste
		lernte ... kennen
Plural	wir	studierten
	sie/Sie	heirateten
		liebten

Lerntipp 1

Die 2. Person (*du, ihr*) verwendet man im Präteritum fast nur bei Modalverben und *haben* und *sein*.

Lerntipp 2

Verbstamm endet auf *-t*: du brauchst noch ein *-e*.

16.3 Präteritum. Unregelmäßige Verben ▶E10

	Präsens	Präteritum	Perfekt
schreiben	sie schreibt	sie schrieb	sie hat geschrieben
sprechen	sie spricht	sie sprach	sie hat gesprochen
lesen	sie liest	sie las	sie hat gelesen

Lerntipp 1

Unregelmäßige Verben als Reihe lernen:
lesen – las – gelesen

Lerntipp 2

Partizipendung *-en* =
oft unregelmäßiges Präteritum
gegeben – gab

Regel: Unregelmäßige Verben ändern den Verbstamm in allen Personen, im Singular und im Plural.

Die Liste der unregelmäßigen Verben finden Sie ab S. 258.

Einheiten 9–16
Sätze

17 Gründe nennen. Sätze verbinden mit *denn* ▶E16

Hauptsatz 1	Hauptsatz 2 (Grund)
Erin mag ihren Job,	denn das Gehalt ist gut und die Kolleginnen sind nett.
Matteo mag seinen Job nicht,	denn er langweilt sich oft.

18 Auf eine Information aufmerksam machen. *Nicht nur ..., sondern auch ...* ▶E16

Ich habe ein Motorrad und ein Auto.
Ich habe nicht nur ein Motorrad, sondern auch ein Auto.
Sie kauft Lebensmittel und Getränke ein.
Sie kauft nicht nur Lebensmittel, sondern auch Getränke ein.
Sie hat Germanistik und Mathematik studiert.
Sie hat nicht nur Germanistik studiert, sondern auch Mathematik.
Sie hat nicht nur Germanistik, sondern auch Mathematik studiert.

Regel: Vor *sondern auch* steht ein Komma. Die zweite Information wird hier besonders betont.

GRAMMATIK

19 Bedingungen. Sätze mit *wenn* und *dann* ▶E11 ▶GR15

Hauptsatz — **Nebensatz**
Ich verkaufe Kleidung im Internet, — wenn sie mir nicht mehr passt.
Ich gehe auf den Flohmarkt, — wenn ich Geld sparen möchte.
Ich nehme einen Schirm mit, — wenn es regnet.

Nebensatz — **Hauptsatz**
Wenn mir Kleidung nicht mehr passt, — (dann) verkaufe ich sie im Internet.
Wenn ich Geld sparen möchte, — (dann) gehe ich auf den Flohmarkt.
Wenn es regnet, — (dann) nehme ich einen Schirm mit.

Ich freu mich, wenn es regnet. Denn wenn ich mich nicht freue, regnet es auch.

Karl Valentin (1882–1948)

20 Fragen mit *warum* und *wann*. Antworten mit *weil* und *wenn* ▶E11

	Warum kommst du nicht nach Hause?
Grund (kausal)	Weil es regnet und weil ich keinen Schirm habe.
Bedingung (konditional)	Wenn du mich wirklich liebst, dann wartest du auf mich.
Zeit (temporal)	Wann kommst du nach Hause?
	Ich komme, wenn der Regen aufhört.

Lerntipp

Frage	Antwort	
warum?	weil	Grund
wann?	wenn	Bedingung

Häufige Wendungen

Ich bin froh, wenn der Winter vorbei ist.
Wenn du mich fragst, finde ich die Farbe furchtbar.
Wenn du gesund bleiben willst, musst du mehr Obst essen.

21 Fragesätze mit *worauf, worüber, wozu, womit, woran* ▶E4, E9, E10, E12

Worauf freut sich Jana am meisten? — Sie freut sich auf den Sommer und die Festivals.
Worüber ärgerst du dich? — Ich ärgere mich über die teuren Festival-Tickets.
Wozu benutzt du dein Handy? — Meistens zum Schreiben von Nachrichten.
Womit fährst du zum Festival? — Mit dem Bus.
Woran denkst du gerade? — Ich denke an den Sommerurlaub.

22 Zweck und Grund. *Wozu ...? Um ... zu ...* ▶E12

Wozu brauchst du die Leiter?

Um die Decke zu streichen, oder willst du das machen?

Wozu brauchst du die Bohrmaschine? Um das Bild aufzuhängen.
Ich brauche die Bohrmaschine, um das Bild aufzuhängen.
Sarah und Ben brauchen eine Leiter, um die Decke zu streichen.
Ich brauche kein Auto, um in die Stadt zu fahren.

GRAMMATIK

23 Zweck und Ziel. Nebensätze mit *damit* ▶E11

Wir brauchen den Garten, damit wir aktiv bleiben.
Wir brauchen den Garten, damit wir Gemüse anbauen können.

Damit wir Gemüse ernten können, brauchen wir den Garten.
Damit wir andere Leute kennenlernen, sind wir im Kleingartenverein.

Regel: *Damit*- und *um … zu*-Sätze haben die gleiche Bedeutung.
In *Damit*-Sätzen gibt es eine Nominativergänzung.
Wir sind im Kleingartenverein, damit wir andere Leute kennenlernen.
Wir sind im Kleingartenverein, um andere Leute kennenzulernen.

24 Dativ- und Akkusativergänzung im Satz ▶E14 ▶GR15

	Nominativ	Verb		Dativ	Akkusativ	
	Markus	schenkt		seiner Mutter	oft Blumen.	
	Mein Vater	zeigt		ihnen	sein neues Handy.	
	Ich	schreibe		meiner Freundin	eine Nachricht.	
Fragesatz		Bringst	du	uns	ein Brot	mit?
		Kannst	du	mir	die Regel	erklären?
Imperativ		Bring		deinem Vater	die Zeitung	mit!

Regel: Dativergänzung vor Akkusativergänzung.

Wem schenkst du die Blumen?

Meiner Mutter.

25 Personen und Sachen genauer beschreiben. Relativsatz mit *in/mit* + Dativ ▶E15

Hauptsätze — Wir fahren in ein Dorf. In dem Dorf leben 582 Leute.
Hauptsatz und Nebensatz — Wir fahren in ein Dorf, in dem 582 Leute leben.

Singular

der Hofladen	Der Hofladen ist ein Laden,	in dem man frisches Gemüse kaufen kann.
der Traktor	Das ist der Traktor von Herrn Altmann,	mit dem er auf dem Feld arbeitet.
das Dorf	Wettrungen ist ein Dorf,	in dem es keine Schule gibt.
das Auto	Lisa hat ein Auto,	mit dem sie in die Stadt fahren kann.
die Zeitung	Der Dorfkurier ist eine Zeitung,	in der wichtige Termine stehen.
die Schwester	Hanna ist Linas Schwester,	mit der sie oft telefoniert.

Plural

die Backhäuser	Backhäuser sind Häuser,	in denen man Brot backen kann.
die Autos	Lisa und Tom haben zwei Autos,	mit denen sie in die Stadt fahren können.

GRAMMATIK

Wörter und Wendungen

26 Wortbildung ▶GR13

26.1 Adjektive mit -bar ▶E11

Was ist das? *Das sind Kräuter.*

Sind sie essbar? *Ja, die kann man essen.*

Kann man die Bluse waschen?   Ja, sie ist bei 30 Grad waschbar.
Die Miete ist nicht teuer. Die kann man bezahlen.   Die Miete ist bezahlbar.
Vorsicht, das Wasser kannst du nicht trinken.   Das Wasser ist nicht trinkbar.
Auch kaputte Elektrogeräte kann man noch gebrauchen.   Sie sind noch brauchbar.

26.2 Verb-Nomen-Komposita ▶E13

Ich wandere gern in den Bergen. Das Bergwandern ist gesund.
Viele Menschen wandern gern von Hütte zu Hütte. Hüttenwanderungen sind beliebt.
Ich lebe gern auf dem Land. Das Landleben ist ruhiger als das Stadtleben.
Ich backe gern Brot. Das Brotbacken macht mir Spaß.

27 Unbestimmter Artikel und Possessivartikel im Nominativ, Akkusativ und Dativ ▶E9

		der Beruf	das Büro	die Kollegin
Singular	Nominativ	(m)ein Beruf	(m)ein Büro	(m)eine Kollegin
	Akkusativ	(m)einen Beruf	(m)ein Büro	(m)eine Kollegin
	Dativ	(in) (m)einem Beruf	(in) (m)einem Büro	(mit) (m)einer Kollegin
Plural	Nominativ	meine Berufe/Büros/Kolleginnen		
	Akkusativ	meine Berufe/Büros/Kolleginnen		
	Dativ	meinen Berufen/Büros/Kolleginnen		

Regel: Alle Possessivartikel (*mein, dein, unser, ...*) und *kein/e(r) ...* haben die gleichen Endungen.
Beispiel: In unserem Büro ist es sehr laut.
Negationsartikel: Ich habe keiner Kundin deine Telefonnummer gegeben.

28 Präpositionen

Präpositionen gehören zu den häufigsten deutschen Wörtern. Sie geben in Verbindung mit Nomen oft Informationen zu Zeit, Richtung und Ort.

Zeit (Wann?)   von 8 bis 16 Uhr, um 8 Uhr, am Montag,
                   nach 4 Uhr, seit dem Wochenende
Richtung (Wohin?)   an die Nordsee, durch den Wald, zur Arbeit,
                        nach München, aus der Türkei, in die Stadt
Ort (Wo?)   auf dem Berg, an der Nordsee, in der Stadt

28.1 Präpositionen *aus, bei, mit, nach, von, seit, zu* + Dativ ▶ E5

Im Sommer fahren wir immer mit dem Auto zu meiner Familie nach Bayern.
Das machen wir seit vielen Jahren. Wir bleiben dann bei der Familie.
Am 19. August hat mein Bruder Geburtstag und wir feiern mit der ganzen Familie.
Nach einer Woche fahren wir dann wieder zurück. Wenn wir aus dem Urlaub zurückkommen, müssen wir sofort wieder arbeiten.

> Von *Ausbeimit* nach *Vonseitzu* kommst immer mit dem Dativ du.

Lerntipp

Verben und Wendungen mit Präpositionen lernen, z. B. anfangen *mit*, bleiben *bei*.

Häufige Wendungen

Ich fange mit dem B1 Kurs an. / Ich höre mit dem Kurs auf. / Ich bin mit Angela verheiratet. / Ich habe keine Angst vor der Zukunft. / Ich erzähle nicht gern von meiner Familie.

28.2 Präpositionen *durch, ohne, gegen, für, um* + Akkusativ ▶ E13

Präposition	Bedeutung	Beispiel
durch	Weg	Wir laufen zuerst durch den Wald und dann durch das Dorf.
	Zweck/Grund	Durch die lange Wanderung sind alle müde und hungrig.
ohne		Ohne Sonnencreme und gute Schuhe soll man nicht in den Bergen wandern.
gegen	Richtung	Das Auto ist gegen einen Baum gefahren.
	Zeit	Gegen Mittag sind wir auf dem Berg.
	modal	Ich bin gegen die Wanderung. Ich gehe nicht gern zu Fuß.
für	Zeit	Wir sind für eine Woche in Tirol.
	modal	Die Alpen sind ein Paradies für Wander-Fans.
um	Ort	Danach wandern wir um den See.
	Zeit	Um 20 Uhr sind wir wieder zu Hause.
	modal	In der Geschichte von Goethe geht es um Liebe, Krieg und Flucht.

Häufige Wendungen

Ich denke an dich. Ich bedanke mich für die Blumen. Danke für die Blumen!
Ich interessiere mich für Sport. Ich freue mich auf/über deinen Besuch.
Die Menschen reden über dich.

29 Das Verb *werden*. Präsens und Präteritum ▶ E7, E15

		Präsens	Präteritum
Singular	ich	werde	wurde
	du	wirst	wurdest
	er/es/sie	wird	wurde
Plural	wir	werden	wurden
	ihr	werdet	wurdet
	sie/Sie	werden	wurden

Mein Bruder interessiert sich für Autos. Er möchte Automechaniker werden.

Meine Oma hatte letzte Woche Geburtstag. Sie wurde 80.

GRAMMATIK

30 Passiv ▶E12, E15

30.1 Passiv im Präsens ▶E12

Kai schließt das Ladekabel an.

Aktiv: Es geht um die Person.

Das Ladekabel wird angeschlossen.

Passiv: Es geht um die Handlung.

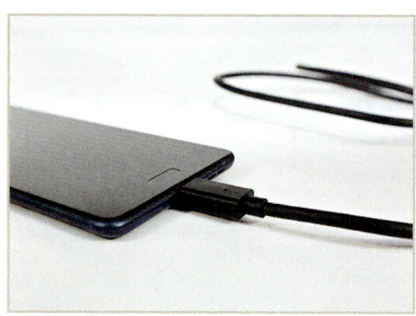

1. Ladekabel anschließen
2. Akku aufladen

Zuerst wird das Ladekabel angeschlossen und der Akku aufgeladen.

3. Handy einschalten und
4. Taste mehrere Sekunden drücken

Dann wird das Handy eingeschaltet und die Taste mehrere Sekunden gedrückt.

Regel: Das Passiv wird mit dem Verb *werden* und mit dem Partizip II gebildet.

30.2 Passiv im Präteritum ▶E15

Das Handy wurde eingeschaltet.
Der Akku wurde aufgeladen.
Die Handys wurden repariert.

Regel: Das Passiv im Präteritum wird mit dem Verb *werden* im Präteritum und mit dem Partizip II gebildet.

31 Modalverben im Präteritum ▶ E9, E10

	Präsens	Präteritum	Präsens	Präteritum	Präsens	Präteritum
	müssen		können		sollen	
ich	muss	musste	kann	konnte	soll	sollte
du	musst	musstest	kannst	konntest	sollst	solltest
er/es/sie	muss	musste	kann	konnte	soll	sollte
wir	müssen	mussten	können	konnten	sollen	sollten
ihr	müsst	musstet	könnt	konntet	sollt	solltet
sie/Sie	müssen	mussten	können	konnten	sollen	sollten
	dürfen		wollen		mögen/möchten	
ich	darf	durfte	will	wollte	möchte	mochte
du	darfst	durftest	willst	wolltest	möchtest	mochtest
er/es/sie	darf	durfte	will	wollte	möchte	mochte
wir	dürfen	durften	wollen	wollten	möchten	mochten
ihr	dürft	durftet	wollt	wolltet	möchtet	mochtet
sie/Sie	dürfen	durften	wollen	wollten	möchten	mochten

Regel: Modalverben im Präteritum haben keinen Umlaut, aber immer ein *-t*: *Wir konnten, sie durften*.

32 Präteritum. Unregelmäßige Verben ▶ E10

	Präsens	Präteritum
schreiben	sie schreibt	sie schrieb
sprechen	sie spricht	sie sprach
fahren	sie fährt	sie fuhr

33 Unregelmäßige Verben. Übersicht

	Präsens, 3. Person Singular	Präteritum	Perfekt (Partizip)
essen	er/es/sie isst	aß	hat gegessen
fahren	er/es/sie fährt	fuhr	ist gefahren
heißen	er/es/sie heißt	hieß	hat geheißen
mithelfen	er/es/sie hilft ... mit	half ... mit	hat mitgeholfen
laufen	er/es/sie läuft	lief	ist gelaufen
verstehen	er/es/sie versteht	verstand	hat verstanden
einladen	er/es/sie lädt ... ein	lud ... ein	hat eingeladen

Regel: Unregelmäßige Verben ändern den Vokal im Partizip und im Präteritum in allen Personen, Singular und Plural.

Lerntipp

Unregelmäßige Verben als Reihe lernen: *lesen – las – gelesen*.

Die Liste der unregelmäßigen Verben finden Sie ab S. 258.

LISTE DER UNREGELMÄSSIGEN VERBEN

Diese Verben aus „Das Leben" A1 und A2 wechseln den Vokal in der 3. Person Präsens, im Präteritum und im Perfekt. Diese Verben finden Sie in einer oder mehreren der folgenden Listen: Goethe-Zertifikat A1, Start Deutsch 1, Goethe-Zertifikat A2, Deutschprüfung für Erwachsene, DUDEN-Korpus (5,3 Milliarden Wörter): die 200 häufigsten Verben. Kursiv ausgezeichnete Wörter sind nicht in den Listen.

*Perfekt mit sein

	er/es/sie	
ab|fahren	fuhr ab	abgefahren
ab|waschen	*wusch ab*	*abgewaschen*
an|bieten	bot an	angeboten
an|fangen	fing an	angefangen
an|kommen	kam an	angekommen*
an|nehmen	nahm an	angenommen
an|rufen	rief an	angerufen
an|sehen	sah an	angesehen
an|schließen	*schloss an*	*angeschlossen*
an|ziehen (sich)	zog sich an	angezogen
auf|laden	*lud auf*	*aufgeladen*
auf|stehen	stand auf	aufgestanden*
auf|treten	trat auf	aufgetreten*
aus|brechen	*brach aus*	*ausgebrochen*
aus|fallen	fiel aus	ausgefallen*
aus|geben	gab aus	ausgegeben
aus|gehen	ging aus	ausgegangen*
aus|schlafen	*schlief aus*	*ausgeschlafen*
aus|sehen	sah aus	ausgesehen
aus|ziehen (sich)	zog sich aus	ausgezogen
beginnen	begann	begonnen
bekommen	bekam	bekommen
beraten	beriet	beraten
bestehen	bestand	bestanden
beweisen	bewies	bewiesen
bewerben (sich)	bewarb sich	beworben
bieten	bot	geboten
bitten	bat	gebeten
bleiben	blieb	geblieben*
brechen (sich)	brach sich	gebrochen
bringen	brachte	gebracht
denken	dachte	gedacht
dürfen	durfte	gedurft
ein|fallen	*fiel ein*	*eingefallen**
ein|geben	*gab ein*	*eingegeben*
ein|laden	lud ein	eingeladen
ein|ziehen	zog ein	eingezogen*
empfehlen	empfahl	empfohlen
enthalten	enthielt	enthalten
entscheiden	entschied	entschieden
entstehen	entstand	entstanden*
erfahren	erfuhr	erfahren
erkennen	erkannte	erkannt
essen	aß	gegessen
fahren	fuhr	gefahren*
finden	fand	gefunden
fliegen	flog	geflogen*

258 zweihundertachtundfünfzig

fressen	*fraß*	*gefressen*
geben	gab	gegeben
gefallen	gefiel	gefallen
gehen	ging	gegangen*
genießen	genoss	genossen
gewinnen	gewann	gewonnen
gießen	goss	gegossen
haben	hatte	gehabt
halten	hielt	gehalten
hängen	hing	gehangen
heißen	hieß	geheißen
helfen	half	geholfen
heraus|finden	fand heraus	herausgefunden
herunter|laden	lud herunter	heruntergeladen
hin|fahren	fuhr hin	hingefahren*
hin|fallen	fiel hin	hingefallen*
hin|gehen	ging hin	hingegangen*
hin|kommen	kam hin	hingekommen*
hinter|lassen	hinterließ	hinterlassen
hoch|laden	lud hoch	hochgeladen
kennen	kannte	gekonnt
klingen	klang	geklungen
kommen	kam	gekommen*
können	konnte	gekonnt
laden	lud	geladen
laufen	lief	gelaufen*
leid|tun	tat leid	leidgetan
leihen	lieh	geliehen
lesen	las	gelesen
liegen	lag	gelegen
lügen	log	gelogen
mit|bringen	brachte mit	mitgebracht
mit|helfen	half mit	mitgeholfen
mit|kommen	kam mit	mitgekommen
mit|nehmen	nahm mit	mitgenommen
mögen	mochte	gemocht
müssen	musste	gemusst
nach|denken	dachte nach	nachgedacht
nach|sprechen	sprach nach	nachgesprochen
nehmen	nahm	genommen
nennen	nannte	genannt
raten	riet	geraten
raus|bringen	*brachte raus*	*rausgebracht*
recht haben	hatte recht	recht gehabt
rennen	*rannte*	*gerannt**
riechen	roch	gerochen
schaffen	schuf	geschaffen
scheinen	schien	geschienen
schlafen	schlief	geschlafen
schließen	schloss	geschlossen
schneiden	schnitt	geschnitten
schreiben	schrieb	geschrieben

LISTE DER UNREGELMÄSSIGEN VERBEN

schwimmen	schwamm	geschwommen*
sehen	sah	gesehen
sein	war	gewesen*
singen	sang	gesungen
sitzen	saß	gesessen
sitzen|bleiben	*blieb sitzen*	*sitzengeblieben* *
sollen	sollte	gesollt
sprechen	sprach	gesprochen
statt|finden	fand statt	stattgefunden
stehen	stand	gestanden
steigen	stieg	gestiegen*
sterben	starb	gestorben*
streichen	strich	gestrichen
streiten	stritt	gestritten
teil|nehmen	nahm teil	teilgenommen
tragen	trug	getragen
treffen	traf	getroffen
trinken	trank	getrunken
tun	tat	getan
übernehmen	übernahm	übernommen
übertreiben	*übertrieb*	*übertrieben*
überweisen	überwies	überwiesen
um|steigen	stieg um	umgestiegen*
um|ziehen	zog um	umgezogen*
unterhalten (sich)	unterhielt sich	unterhalten
verbringen	verbrachte	verbracht
vergessen	vergaß	vergessen
vergleichen	verglich	verglichen
verlassen	verließ	verlassen
verlieren	verlor	verloren
versprechen	versprach	versprochen
verstehen	verstand	verstanden
vertragen	*vertrug*	*vertragen*
wachsen	wuchs	gewachsen*
waschen	wusch	gewaschen
weg|bringen	brachte weg	weggebracht
weglaufen	lief weg	weggelaufen*
weg|werfen	warf weg	weggeworfen
weh|tun (sich)	tat sich weh	wehgetan
werden	wurde	geworden*
werfen	warf	geworfen
wiegen	wog	gewogen
wissen	wusste	gewusst
wollen	wollte	gewollt
ziehen	zog	gezogen
zurück|fahren	fuhr zurück	zurückgefahren*
zurück|kommen	kam zurück	zurückgekommen*
zurück|rufen	*rief zurück*	*zurückgerufen*

LISTE DER VERBEN MIT PRÄPOSITIONEN

Diese Verben aus „Das Leben" A2 werden oft mit Präpositionen und Akkusativ- oder Dativergänzung verwendet.
Lernen Sie die Verben immer zusammen mit den Präpositionen.

Akkusativ

Verb	Präposition	Beispiel
abhalten	von	Ich will euch nicht von der Arbeit abhalten.
achten	auf	Man muss auf die Radfahrer achten.
anmelden, sich	für	Hast du dich schon für den Sprachkurs angemeldet?
ärgern, sich	über	Ich ärgere mich oft über meinen Chef.
aufmerksam machen	auf	Ich mache die Kund*innen auf das Angebot aufmerksam.
bedanken, sich	für	Ich bedanke mich für das Geschenk.
berichten	über	Sie möchte über ihre Ferien berichten.
beschweren, sich	über	Der Junge beschwert sich über seine Lehrerin.
bestehen	aus	Das Gericht besteht aus Nudeln und Spinat.
bewerben, sich	um	Er bewirbt sich um eine Stelle als Krankenpfleger.
bitten	um	Sie bittet ihn um Hilfe.
denken	an	Ich denke oft an meine Schulzeit.
diskutieren	über	Wir diskutieren viel über Ernährung.
erinnern, sich	an	Sie erinnert sich oft an die Schulzeit.
freuen, sich	über	Ich freue mich über das Geschenk.
freuen, sich	auf	Die Kinder freuen sich auf die Ferien.
hoffen	auf	Ich hoffe auf gutes Wetter am Wochenende.
interessieren, sich	für	Interessierst du dich für Literatur?
konzentrieren, sich	auf	Meine Tochter konzentriert sich auf ihr Abitur.
kümmern, sich	um	Mein Mann kümmert sich um den Haushalt.
nachdenken	über	Ich denke über einen neuen Laptop nach.
reagieren	auf	Wie hat er auf deine Frage reagiert?
sorgen	für	Meine Schwester muss für ihren Sohn sorgen.
streiten, sich	über	Meine Eltern streiten sich immer über die gleichen Themen.
unterhalten, sich	über	Ich möchte mich mit dir über deine Zukunft unterhalten.
verlieben, sich	in	Ich habe mich in dich verliebt.
wundern, sich	über	Er wundert sich über seine Kinder.

Dativ

Verb	Präposition	Beispiel
ausbrechen	aus	Man kann immer aus dem Alltag ausbrechen
auskennen, sich	mit	Kennst du dich mit Technik aus?
basieren	auf	Die Daten basieren auf Studien.
beschäftigen, sich	mit	In meiner Freizeit beschäftige ich mich mit Kunst.
beschweren, sich	bei	Du musst dich bei deiner Chefin beschweren.
chatten	mit	Meine Tochter chattet viel mit ihren Freundinnen.
einverstanden sein	mit	Ich bin mit dem Ergebnis einverstanden.
erholen, sich	von	Ich erhole mich vom stressigen Alltag.
fertig sein	mit	Bist du schon fertig mit den Hausaufgaben?
melden	bei	Melden Sie sich bitte bei Herrn Krüger.
teilnehmen	an	Wir nehmen an der Feier teil.
träumen	von	Sie träumt von einem Haus in Spanien.
unterhalten, sich	mit	Ich unterhalte mich gerne mit ihm.
verabreden, sich	mit	Morgen bin ich mit Hannes verabredet.
verabschieden, sich	von	Übermorgen müssen wir uns von Frau Müller verabschieden.
verstehen, sich	mit	Ich verstehe mich gut mit meiner Chefin.
vertragen, sich	mit	Er hat sich mit seiner Freundin vertragen.
vorbeifahren	an	Du musst an dem großen Haus vorbeifahren.
zusammenarbeiten	mit	Ich arbeite gerne mit meinen Kolleginnen zusammen.

PHONETIK AUF EINEN BLICK

Wortakzent in Jahreszahlen ▶E6

1968 – neunzehnhundertachtund**sech**zig   2001 – zweitausend**eins**   2021 – zweitausendeinund**zwan**zig

Satzakzent und Satzmelodie (Hauptsatz + Nebensatz) ▶E2, E8

Hauptsatz

Erdbeeren und Spargel sind **Le**bensmittel,

Ich fahre gern mit nach Pa**ris**,

Nebensatz

die aus der Re**gi**on kommen.

weil ich Französisch lerne.

Emotionales Sprechen ▶E10

Mega! **Toll**! **Krass**! Gen**i**al! **Echt**? **Wir**klich?

💬 Wie war das Festival?
💬 Das Festival war toll!
💬 Und wie war die Musik?
💬 Die Musik war mega! Einfach genial! Ich habe ein Foto mit der Band gemacht.
💬 Echt? Das ist ja krass!

Die Aussprache von z ▶E3

💬 [ts] Ich suche eine Zwei-Zimmer-Wohnung in Zittau.

💬 Hier! Zweihundertzweiundzwanzig Euro Kaltmiete.

Die Aussprache von -ng ▶E5, E7

[ŋ] Mit der Digitalisierung entstehen viele Veränderungen im Beruf.

Die Aussprache der Adjektivendungen -bar ▶E11

be**wohn**bar   be**zahl**bar   **les**bar   **ess**bar

Deine Schrift ist echt nicht lesbar!

Vokale in englischen Wörtern auf Deutsch ▶E4

das Smartphone – der Podcast – das E-Book – scannen – posten – liken – downloaden

Die Diphthonge ai, au, äu, ei, eu ▶E7

Paula Seifert ruft Klaus Häussler im Tierheim Mainz an. Ihr Papagei ist weg. Er ist blau und eigentlich freundlich, aber am liebsten sagt er: „Schnauze Paula!".

Langes und kurzes ü ▶E16

lang   Gem**ü**se
          Ich esse gern Gemüse.

kurz   gl**ü**cklich
          Ich bin so glücklich!

Die Aussprache von i ▶E16

Immer Glück im Leben haben.

Die Aussprache von *h* ▶E14

Vor einem Vokal hört man den Konsonanten *h*. Nach einem Vokal hört man *h* nicht. Der Vokal ist lang.

vor dem Vokal der Hund
Das ist mein Hund.

nach dem Vokal der Stuhl
Die Zeitung liegt auf dem Stuhl.

Die Aussprache von *ch* ▶E1

Nach *i*, *eu* und *n* spricht man *ch* als [ç]. dich – euch – manchmal
Nach *o* und *au* spricht man *ch* als [x]. doch – auch

Die Aussprache von *w* und *b* ▶E13, E15

w Wir möchten wissen, wo wir wandern können.
b Im Backhaus backen wir Brot.

Die Aussprache von *schr* und *str* am Wortanfang ▶E12

schr die Schraube – der Schraubenzieher
str die Straße – der Strand

Die Aussprache *-em*, *-en* und *-er* am Wortende ▶E9

In meinem Alltag bin ich oft mit unseren Kunden in unserer Werkstatt.

HÖRTEXTE

Einheit 9: Alltagsleben

3.02

💬 Unser Leben – Podcasts von und mit Dr. Adile Yildiz. Thema Heute: Alltag – grau oder bunt?
Früh aufstehen. Schnell frühstücken. Im Berufsverkehr im Stau stehen. Arbeiten. Mittagspause. Arbeiten. Im Berufsverkehr im Stau stehen. Lebensmittel einkaufen. Abendbrot machen. Vor dem Fernseher einschlafen. Ins Bett gehen. Früh aufstehen. Schnell frühstücken. Im Berufsverkehr im Stau stehen. Arbeiten. Mittagspause. Arbeiten. Im Berufsverkehr im Stau stehen. Lebensmittel einkaufen. Abendbrot machen. Vor dem Fernseher einschlafen. Ins Bett gehen. Früh aufstehen. Schnell frühstücken. Im Berufsverkehr im Stau stehen. Arbeiten. Mittagspause. Arbeiten. Im Berufsverkehr im Stau stehen.

💬 Immer dasselbe. Kennen Sie das auch? Viele Menschen finden ihren Alltag grau – aber stimmt das auch? Ist unser Alltag wirklich so langweilig? Oder sind wir am Ende selbst langweilig? Natürlich gibt es Dinge, die wir jeden Tag machen. Oft sogar zur selben Uhrzeit. Ich gebe Ihnen mal zwei Beispiele: Viele von uns stehen von Montag bis Freitag jeden Morgen um halb sieben auf und fahren pünktlich um zwanzig vor acht mit dem Bus zur Arbeit. Das sind typische Alltagsroutinen. Und diese Routinen sind gut für uns, weil sie unserem Alltag eine Struktur geben und das Leben einfacher machen. Man muss zum Beispiel nicht jeden Abend den Wecker neu programmieren und auch nicht jeden Morgen eine andere Busverbindung suchen. Natürlich gibt es auch Dinge im Alltag, die langweilig sind oder total nerven: Jeden Morgen mit dem Auto im Stau stehen, jeden Mittag in der Kantine essen, nach der Arbeit noch schnell im Supermarkt um die Ecke einkaufen und jeden Abend nach dem Essen vor dem Fernseher einschlafen – das ist nicht gut und kann sogar ungesund sein.
Mein Tipp: Brechen Sie aus Ihrem Alltag aus! Machen Sie doch mal etwas anders! Fahren Sie ab und zu mit dem Bus oder mit dem Fahrrad zur Arbeit. Treffen Sie sich mit Kolleg*innen zum Mittagessen in einem Café oder im Park und kaufen Sie nicht immer im selben Supermarkt ein. Jeden Abend Fernsehen muss auch nicht sein. So wird Ihr Alltag auf jeden Fall bunter!

3.03

Ich bin Anke Born, die Mutter von Lena und Lukas. Als Lehrerin habe ich mit der Arbeit, den Kindern und dem Haushalt immer viel zu tun. Meine Tochter Lena geht schon in die Schule, spielt am liebsten Fußball und lernt in der Musikschule Gitarre. Am Nachmittag helfe ich ihr manchmal beim Lernen. Unser Sohn Lukas ist erst vier Jahre alt und geht noch in den Kindergarten. Eigentlich hat er noch keine Hobbys, aber er hat auch schon Termine. Für mich heißt das, dass ich nachmittags oft mit den Kindern unterwegs bin und abends noch lange am Schreibtisch sitze. In meiner Freizeit arbeite ich am liebsten im Garten, treffe Freundinnen oder mache eine Radtour. Das macht Spaß und ist gut gegen den Alltagsstress!

3.04

Mein Name ist Torsten Born. Ich bin Polizist und arbeite im Schichtdienst. Das ist eigentlich ganz praktisch, weil ich mich so auch manchmal um die Kinder und den Haushalt kümmern kann. Aber die Nachtschichten mache ich nicht gerne. Ich komme am Morgen total müde nach Hause. Meine Frau und die Kinder sind dann schon in der Schule und im Kindergarten. Und ich kann endlich schlafen! Danach helfe ich im Haushalt, kaufe ein oder hole Lena und Lukas ab. Mein Alltag ist nie langweilig, aber oft sehr anstrengend. Ich bin schon 38 und muss natürlich immer fit sein. Also mache ich viel Sport und besuche auch regelmäßig einen Yoga-Kurs. Was noch? Ach ja, ich sammle Kochbücher und backe sehr gerne.

3.05

Also, ich heiße Lena Born. Ich bin neun und gehe schon in die vierte Klasse. Meine Lieblingsfächer sind Sport und Musik. Englisch macht auch Spaß, aber ich lerne nicht gerne Vokabeln. Das finde ich langweilig. Nach der Schule mache ich zuerst meine Hausaufgaben und übe dann für meinen Gitarrenunterricht oder spiele mit meinen Freundinnen. Ich lese auch gerne und gehe ab und zu mit meiner Mama oder mit meinem Papa in die Bibliothek. Mein kleiner Bruder Lukas kommt manchmal auch mit. Aber am liebsten spiele ich Fußball! Wir trainieren jeden Dienstag und am Wochenende kommt mein Papa manchmal zu den Spielen mit. Das finde ich immer besonders toll!

3.07

1 Ich bin manchmal mit unseren Kunden in unserer Werkstatt.
2 Ich bin selten mit meiner Chefin in unserem Labor.
3 Ich bin oft mit eurem Fahrer in unserer Kantine.

Einheit 9 Übungen

3.08
Früh aufstehen. Schnell frühstücken. Im Berufsverkehr im Stau stehen. Arbeiten. Mittagspause. Arbeiten. Im Berufsverkehr im Stau stehen. Lebensmittel einkaufen. Abendbrot machen. Vor dem Fernseher einschlafen. Ins Bett gehen.

3.09
siehe Tracks 3.03 – 3.05

3.10
- 💬 Notrufzentrale Bremen.
- 🟠 Guten Tag, hier ist ein Unfall passiert.
- 💬 Ganz langsam bitte. Ich stelle die Fragen und Sie antworten, o.k.?
- 🟠 Ja, gut.
- 💬 Wo ist der Unfall denn passiert?
- 🟠 In der Parkstraße, in der Nähe vom Supermarkt. Also an der Kreuzung.
- 💬 Und wer sind Sie? Nennen Sie mir bitte Ihren Namen.
- 🟠 Ach so, ja. Mein Name ist Schmidt, Ralf Schmidt mit *D T*.
- 💬 Herr Schmidt, was ist denn genau passiert?
- 🟠 Ein Unfall mit einem Auto und einer Radfahrerin.
- 💬 Wie viele Menschen sind denn verletzt?
- 🟠 Ich glaube, nur die Radfahrerin, also eine Person.
- 💬 Bitte warten Sie noch einen Moment am Telefon. Ich schicke Ihnen gleich Hilfe.

3.11
1 Meine Mutter sagt, ich konnte schon alleine laufen, als ich erst ein Jahr alt war.
2 Als ich zwei war, war ich sehr krank und musste drei Wochen im Krankenhaus bleiben.
3 Mit drei wollte ich am liebsten schon in die Schule gehen. Natürlich war ich noch zu klein.
4 Als ich vier war, konnte ich meinen Namen schon ohne Fehler schreiben.
5 Mit fünf mussten wir im Kindergarten nachmittags zwei Stunden schlafen. Das war nervig.
6 Ich musste jeden Morgen früh aufstehen und in die Schule gehen, als ich sechs Jahre alt war.
7 Als ich sieben war, wollte ich schon Polizist werden.

Einheit 10: Festival-Sommer

3.13
1 Klassik finde ich langweilig.
2 Popmusik finde ich nervig.
3 Rockmusik macht glücklich.
4 Am besten kann man zu Elektromusik tanzen.
5 Heavy Metal macht wach. Besser als ein Espresso.
6 Jazzmusik finde ich zu kompliziert.
7 Ich singe gern unter der Dusche, am liebsten Popmusik.
8 Ich liebe Hard Rock!

3.14
- 💬 Haben Sie bitte einen Moment Geduld. Der nächste freie Mitarbeiter von „Super Tickets" ist gleich für Sie da.
- 🔵 Schönen guten Tag. „Super Tickets", Sie sprechen mit Marion Koch. Was kann ich für Sie tun?
- 💬 Hey, mein Name ist Emma Habermann. Ich habe eine Frage zu den Tickets für das „Mola Festival".
- 🔵 Entschuldigung, ich habe Sie nicht genau verstanden. Wie heißt das Festival?
- 💬 „Mola Sommer Festival", vom dritten bis fünften Juli in Hannover. Gibt es noch Tickets?
- 🔵 Einen Moment. Ja, es gibt noch Karten. Wie viele wollen Sie denn bestellen?
- 💬 Ich brauche fünf Tickets und online kann ich nicht mehr als drei buchen. Kann ich bei Ihnen die fünf Tickets kaufen?
- 🔵 Ja, klar, kein Problem. Am Telefon gibt's bis zu zehn Tickets. Online gibt's immer nur drei.
- 💬 Super. Wie teuer sind denn grad die Tickets?
- 🔵 Noch bis nächste Woche 79 Euro. Danach 99 Euro. Sie haben Glück, jetzt ist noch der Vorverkauf.
- 💬 Ach, das ist ja super. Dann kaufe ich die Tickets jetzt direkt bei Ihnen.
- 🔵 Sehr schön. Also sechs Tickets zu 79 Euro. Das macht dann 474 Euro.
- 💬 Was? Wie teuer sind die Tickets?
- 🔵 79 Euro pro Ticket, also 474 Euro für die sechs Tickets.
- 💬 Ach so, nein. Ich brauche nur fünf Tickets.
- 🔵 Oh Entschuldigung, das habe ich falsch verstanden. Also fünf Tickets, das macht dann 395 Euro.
- 💬 Alles klar. Und gibt es eine Ermäßigung für Gruppen?
- 🔵 Nein, für Gruppen gibt es keine Ermäßigung. Aber für Schüler*innen und Studierende.
- 💬 Ja, wir sind Studierende und Auszubildende.
- 🔵 Auszubildende bekommen natürlich auch Ermäßigung. Dann zahlen Sie 15 Euro weniger pro Karte. Das macht also 320 Euro statt 395 Euro.
- 💬 Toll. Danke. Ich habe noch eine Frage. Ich habe gelesen, dass es einen Bus gibt, der zum Festival fährt. Kann ich die Tickets auch bei Ihnen kaufen?
- 🔵 Nein, die verkaufen wir nicht.
- 💬 Ach schade.
- 🔵 O.k., ich brauche jetzt Ihren Namen und …

HÖRTEXTE

3.17
- 💬 Das Festival startete am Freitagnachmittag.
- 💬 Echt? Das Festival startete am Freitagnachmittag?
- 💬 DJane Kate gab eine Show.
- 💬 Mega! DJane Kate gab eine Show?
- 💬 Hanno durfte ein Selfie mit DJane Kate machen.
- 💬 Krass! Hanno durfte ein Selfie mit DJane Kate machen?

Einheit 10 Übungen

3.18
1. Drei Tage SMS. Die Stimmung ist einfach nur krass, tolle Leute! Ich tanze die ganze Nacht. Elektro macht echt gute Laune.
2. Endlich Wacken Open Air und natürlich regnet es. Aber egal! Die Stimmung ist fantastisch, auch mit Schlamm. Heavy Metal macht mich einfach wach und glücklich.
3. Ernst und langweilig? Sicher nicht! Die Stimmung auf dem Klassik-Festival im Park ist sehr entspannt und man lernt viele coole Leute kennen.

3.19
- 💬 Hier bei uns im Radio läuft jeden Tag Musik. Wir haben uns gefragt: Wie wichtig ist euch Musik? Wann und wo hört ihr Musik? Und welchen Musikstil findet ihr am besten? Wir haben Shila am Telefon. Welche Musik hörst du?
- 💬 Puh, das kann ich nicht so sagen … Mein Musikgeschmack geht in verschiedene Richtungen. Ich bin Managerin in einem großen Verlag. Morgens vor der Arbeit höre ich gern Popmusik im Radio. Die macht mich wach! Bei der Arbeit höre ich manchmal Klassik, weil ich mich dann gut konzentrieren kann. Am Wochenende gehe ich gerne mit Freunden auf Partys. Da hören wir viel Elektromusik. Letztes Jahr war ich auf einem Rock-Festival. Das war super! Ich höre also nicht nur einen Musikstil.

3.20
- 💬 Ticketshop Rachow, guten Tag. Was kann ich für Sie tun?
- 💬 Hallo, Pérez mein Name. Ich habe eine Frage zum „Lollapalooza Festival". Wie teuer sind die Tickets?
- 💬 Für zwei Tage kostet ein Ticket 149 Euro.
- 💬 Entschuldigung, was kostet ein Ticket?
- 💬 149 Euro. Wie viele Tickets brauchen Sie denn?
- 💬 Ich möchte fünf Tickets kaufen.
- 💬 Das sind dann 745 Euro.
- 💬 Wie bitte? Können Sie den Preis noch mal wiederholen?
- 💬 Fünf Tickets kosten 745 Euro.
- 💬 O.k., vielen Dank! Dann kaufe ich jetzt die Tickets.

3.21
1. Entschuldigung, was haben Sie gesagt?
2. Entschuldigung, das habe ich nicht genau verstanden.
3. Können Sie das bitte noch einmal sagen?
4. Können Sie das bitte noch einmal wiederholen?
5. Wie bitte?

Einheit 11: Natur und Umwelt

3.22
Dialog 1
- 💬 Hallo, wir machen eine Umfrage zum Thema Tauschen. Haben Sie schon mal was getauscht?
- 💬 Ja, klar, als Kind.
- 💬 Aha, und was?
- 💬 Fußballbilder, also so kleine Fotos von Fußballstars. Gibst du mir das Foto von Ribery? Dann gebe ich dir den Götze. Das war das Spiel 2014 – die Fußballweltmeisterschaft und die Fotos waren in.

Dialog 2
- 💬 Haben Sie schon mal was getauscht?
- 💬 Ja, Mützen und T-Shirts mit meiner Freundin. Das machen wir dauernd.
- 💬 Aha. Und warum?
- 💬 Na einfach, weil es Spaß macht und wir ohne Geld neue Klamotten bekommen.

Dialog 3
- 💬 Hallo! Wir machen eine Umfrage zum Thema Tauschen. Haben Sie schon mal was getauscht?
- 💬 Hm … Keine Ahnung. Ich habe meiner Nachbarin mal im Garten geholfen. Das habe ich gern gemacht, und dann habe ich von ihr einen Kuchen bekommen. Ist das auch sowas wie Tauschen?
- 💬 Ja, klar. Danke!

Dialog 4
- 💬 Haben Sie schon mal was getauscht?
- 💬 Ja, früher in der Schule. Ich habe oft gefragt: „Wer tauscht sein Käsebrot gegen mein Wurstbrot?" Ich mag keine Wurst, und wenn jemand getauscht hat, dann hat jeder sein Lieblingsbrot bekommen. Und das Brot ist nicht im Müll gelandet.

Dialog 5
- 💬 Darf ich Sie kurz etwas fragen? Tauschen Sie gerne?
- 💬 Tauschen? Wir?
- 💬 Ja. Warum nicht?
- 💬 Oh nein, danke. Wir tauschen nichts. Wir brauchen nichts.

3.23

– Hallo beim Gartenjournal auf Ihrem Kanal77. Heute sind wir im Kleingartenverein „Sonnenweg". Wir sehen uns die Gärten an. Und wir geben Pflanztipps für den Monat Juni. Aber zuerst interessiert mich: Warum hat jemand einen kleinen Garten mitten in der Stadt? So … hier … Garten Nummer 161. Sieht schön aus: Ein großer Apfelbaum, Erdbeeren, Radieschen und ein Gartenhaus. Hallo! Wir sind das Gartenjournal vom Kanal77. Dürfen wir mal reinkommen?
– Ja, machen Sie nur. Kommen Sie rein.
– Wow! So viel Gemüse! Ist das nicht viel Arbeit?
– Ja, aber das wollen wir so. Wir brauchen die Bewegung, weil wir schon ein bisschen älter sind. Wir arbeiten viel im Garten, damit wir aktiv bleiben.
– Wenn ich an Kleingärten denke, fallen mir immer Gartenzwerge ein. Aber ich sehe hier gar keinen. Nur einen großen Sandkasten.
– Das denken alle. Nein, Gartenzwerge haben wir nicht. Wir haben den Sandkasten gebaut, damit die Enkelkinder spielen können.
– Na, wenn drei Generationen im Garten sind, dann ist sicher immer was los. So wie bei Ihren Nachbarn.
– Ja, das sind die Strubinskis.
– Aha, und Sie sind die Familie …?
– Einfach Günther und Ruth. Wir duzen uns hier alle.
– Gerne! Ich bin Marc. Dann gucken wir mal in den Garten von den Strubinskis. Hallo Familie Strubinski! Darf ich mal reinkommen?
– Ja, klar. Die Tür ist immer offen.
– Boah, ein neuer Garten, und alles sieht ganz anders aus. Viele Blumen und hier gibt es Tomaten. Wozu haben Sie den Garten? Ist da nicht immer viel zu tun?
– Nö, das Grün kommt von allein. Aber ja: Wenn man in der Stadt lebt, dann hat man Natur oft nur im Park. Und das Gemüse kommt aus dem Supermarkt. Wir haben den Garten, damit unser Sohn weiß, dass Tomaten, Äpfel oder Kartoffeln nicht im Laden wachsen. Und wenn ich Stress bei der Arbeit hatte, dann entspannt Gartenarbeit sehr. Wir brauchen also den Garten, damit wir Gemüse anbauen und uns entspannen können.
– Dann ist hier alles essbar? Auch die Blumen?
– Ja, essbare Blumen – die schmecken ganz wunderbar im Salat. Probieren Sie mal!
– Oh, danke! Hier riecht es lecker! Ich bekomme Hunger, kein Wunder, Ihre Nachbarn grillen. Da gehe ich mal hin. Hallo, hier ist das Gartenjournal. Darf ich mal reinkommen?
– Ja, kein Problem.
– Ah, vier Leute, ein Garten. Nur Besuch oder …?
– Nee, wir haben den Garten zusammen. Wir sind eine Garten-WG, damit wir die Arbeit und den Spaß teilen können.
– Spaß? Ist das nicht total langweilig? Im Kleingartenverein gibt's doch Regeln: Keine laute Musik zwischen 13 und 15 Uhr und so …
– Regeln? Na, logo! Damit alle gut zusammenleben können, haben wir die Regeln im Verein. Die sind ganz brauchbar. Ich will ja auch mal mittags in der Sonne schlafen und sonntags ist Chillen angesagt. Da wollen wir keinen Lärm. Und wir haben Glück mit den Nachbarn. Die Strubinskis und Günther und Ruth sind voll …
– Ihr merkt schon, hier im Kleingartenverein ist viel los. Gartenzwerge, strenge Regeln – alles Quatsch. Ich bleibe noch ein bisschen hier … Und ihr hört mal in unsere Gartentipps rein. Viel Spaß!

Einheit 11 Übungen

3.25

– Hey, du hast ja eine tolle Sonnenbrille!
– Ach, das alte Ding? Ich möchte gerne eine neue Brille haben …
– Echt? Willst du vielleicht tauschen?
– Tauschen? O.k., ich möchte gegen deine Mütze tauschen. Die gefällt mir gut!
– Hm, du möchtest also deine Sonnenbrille gegen meine Mütze tauschen? Ja gut, einverstanden!
– Super, das freut mich!

3.26

1 Wenn ich an Grün denke, dann fällt mir der Wald ein. Ich gehe gern im Wald spazieren. Das tut mir gut.
2 Wenn ich an Grau denke, dann denke ich an schlechtes Wetter. Wenn es regnet, ist der Himmel grau.
3 Wenn ich an Grün denke, dann fällt mir unser Garten ein. Dort bauen wir Gemüse an und die Kinder haben viel Platz zum Spielen.
4 Wenn ich an Grau denke, dann fallen mir die Häuser von früher ein. Damals sahen alle Häuser gleich aus. Zum Glück ist das heute anders.

3.27

1 Wir arbeiten viel im Garten, damit wir fit und aktiv bleiben.
2 Damit wir frisches Obst und Gemüse haben, pflanzen wir viel im Garten an.
3 Wir teilen uns den Garten mit Freunden, damit wir nicht so viel Arbeit haben.
4 Damit sie draußen spielen können, gehen wir mit

unseren Kindern in den Garten.

Einheit 12: Reparieren und Selbermachen

3.30

- Wenn wir am Wochenende das Wohnzimmer wirklich renovieren wollen, müssen wir am Freitag zum Baumarkt und dann zum Möbelhaus fahren. Ich habe meine Schwester gefragt. Wir können uns ihr Auto leihen, um alles abzuholen.
- Super! Am Freitagnachmittag hab' ich bis zwei Uni. Wir können uns so um drei im Baumarkt treffen. Danach können wir dann zum Möbelhaus fahren und das Regal, den Teppich und die Deckenlampe abholen.
- Lieber erst um vier. Ich muss am Freitag bis drei arbeiten.
- O.k. Kein Problem. Was meinst du: Wie viel weiße und gelbe Farbe brauchen wir?
- Ein 4-Liter-Eimer Farbe reicht, um die Decke weiß zu streichen.
- Und für die Wände?
- Da reichen bestimmt fünf Liter. Wir brauchen auch noch eine Leiter und eine Bohrmaschine, um die Deckenlampe zu installieren. Hast du schon Paula und Murat gefragt, ob sie uns die Bohrmaschine leihen?
- Ja, gestern. Kein Problem. Ich hole die Bohrmaschine und die Leiter am Freitagabend.
- Klasse. Glaubst du, wir schaffen alles am Samstag?
- Nein, glaube ich nicht. Die Decke und die Wände streichen geht nicht so schnell. Und wir fangen bestimmt nicht so früh an. Außerdem muss die Farbe auch noch trocknen. Ich denke, wir installieren die Deckenlampe erst am Sonntagvormittag und bauen dann das Regal auf.
- Und am Nachmittag laden wir Paula und Murat zum Kaffeetrinken ein und zeigen ihnen unser neues Wohnzimmer.
- Gute Idee!
- Ich hoffe nur, dass es keine Probleme gibt. Aber du hast ja zum Glück den Kurs „Wände und Decken richtig streichen" gemacht.
- Genau. Wir schaffen das. Ich freue mich schon auf den Sonntagnachmittag, wenn wir fertig sind.

Einheit 12 Übungen

3.32

Hey Leute. Schön, dass ihr wieder dabei seid und willkommen zurück bei „Leipzig erleben". Ihr kennt doch alle das „Café kaputt" in der Merseburger Straße, oder? Wusstet ihr schon, dass die auch verschiedene Workshops anbieten? Ist das nicht eine tolle Sache? Das wollte ich unbedingt selbst ausprobieren. Vor zwei Wochen habe ich den Workshop „Werkzeugkiste" mitgemacht. Im Workshop habe ich viele Werkzeuge kennengelernt und wie man sie richtig benutzt. Der Workshop findet immer am ersten Freitag im Monat von 15 bis 18 Uhr statt und kostet 30 Euro. Es hat super viel Spaß gemacht und ich habe viel gelernt. Ich habe mich gleich für den nächsten Workshop „Möbel selber bauen" am nächsten Samstag um 11 Uhr angemeldet. Da sind noch Plätze frei. Seid ihr auch dabei?

3.33

Dialog 1
- Akademie-Werkstätten, Sie sprechen mit Emil, hallo.
- Ja, hey. Hier ist Tina. Ich interessiere mich für euren „Grundkurs Möbelbau". Habt ihr noch freie Plätze am 25. Oktober?
- Ja, wir haben noch zwei freie Plätze.
- Oh, sehr gut! Ich bin aber erst 17. Kann ich trotzdem teilnehmen?
- Ja, das ist kein Problem. Unsere Kurse sind für alle ab 16 offen.
- O.k., super. Wie kann ich mich anmelden?

Dialog 2
- Hallo, hier ist Antonia. Ich interessiere mich für den Kurs „Wir machen Frauen fit fürs Heimwerken".
- Hallo Antonia. Super, das ist ein ganz neues Angebot.
- Ich habe gelesen, dass der Kurs online stattfindet.
- Ja, das stimmt. Du kannst das kostenlose Web-Seminar über Facebook ansehen. Im Chat kannst du unseren Profis Fragen stellen.
- Das klingt super. Wann findet der nächste Kurs statt?
- Am 25. September von 18 bis 21 Uhr.

Dialog 3
- Hey, hier ist Cem. Bin ich hier richtig bei den Akademie-Werkstätten?
- Hey Cem. Ja, da bist du richtig.
- Super, habt ihr noch freie Plätze in euren Heimwerkerkursen? Ich bin aber kein Anfänger mehr.
- Hm, im Moment haben wir nur noch freie Plätze in unserem Kurs „Die Werkzeugkiste für Anfänger*innen".
- Schade, das ist leider nicht der richtige Kurs für mich. Aber wann habt ihr denn wieder neue Kurse?
- Die neuen Termine kommen im November.

Dialog 4
- Akademie-Werkstätten, Sie sprechen mit Emil, hallo.

- Hallo, hier ist Clara. Ich möchte meine Wohnung renovieren. Gibt es bei euch Kurse zum Streichen?
- Ja, wir haben den Kurs „Wände und Decken richtig streichen". Da lernst du, welche Werkzeuge du zum Streichen brauchst und bekommst viele Tipps von unseren Profis.
- Das klingt super. Wie viel kostet der Kurs denn und wann findet er statt?
- Der Kurs kostet 25 Euro und der nächste findet am 26. Oktober von 9 bis 18 Uhr statt.
- Sehr gut, ich möchte gern einen Platz buchen.

3.34
siehe Track 3.33, Dialog 2

3.35
siehe Track 3.33, Dialog 4

3.37
- Hey Tom! Danke, dass du mir mit dem Bücherregal hilfst.
- Gerne, kein Problem. Was soll ich machen?
- Mal sehen ... Die Holzbretter habe ich gestern schon im Baumarkt gekauft. Wir müssen sie aber noch sägen. Sie sind noch zu lang.
- Ach, das ist kein Problem. Und dann?
- Danach bohren wir Löcher in die Holzbretter.
- O.k., und dann bohren wir auch noch Löcher in die Wand, oder?
- Ja, aber zuerst müssen wir die Bretter noch streichen.
- Genau.
- Und erst danach bohren wir die Löcher in die Wand.
- Stimmt. Und dann die Schrauben in die Wand schrauben. Und zum Schluss hängen wir die Regalbretter auf.
- Super, das ist wirklich einfach. Komm, wir fangen gleich an.

3.38
- Guten Tag.
- Guten Tag, wie kann ich Ihnen helfen?
- Leider funktioniert mein Handy nicht richtig.
- Das tut mir leid. Was ist denn das Problem?
- Die Kamera ist defekt.
- Darf ich mal sehen? Hm, ich verstehe. Wir können das Handy zur Reparatur schicken oder es umtauschen.
- Ich möchte das Handy umtauschen.
- Gut, einen Moment, bitte.

Plateau 3

3.39 + 3.40
So ein Reparaturcafé ist eine tolle Idee. Hier kann man mit den Expertinnen und Experten zusammen kaputte Geräte reparieren. Man spart Geld und lernt neue Leute kennen. Ich hätte auch gern ein Reparaturcafé in meiner Stadt.

Einheit 13: Gipfelstürmer

4.02
- Jetzt sind wir schon vier Tage im Hotel. Wir müssen endlich unsere Hüttenwanderung planen, meinst du nicht auch?
- Stimmt. Gibst du mir bitte die Butter?
- Hier, bitte. Also, wir müssen den Weg planen, die Hütten aussuchen und Schlafplätze reservieren.
- Sieh doch mal im Internet nach. Da gibt es bestimmt Vorschläge für Hüttentouren. Wie lange wir jeden Tag wandern, wo wir übernachten können und so.
- Hm, Berghütten, Tannheimer Tal – ja, guck mal, hier zum Beispiel. Wir fahren hier von Tannheim mit dem Bus zum Vilsalpsee. Dann wandern wir zur Landsberger Hütte.
- Hört sich doch gut an. Kann man in der Landsberger Hütte etwas essen und übernachten?
- Ja, aber man kann hier nicht online reservieren und eine Telefonnummer gibt es auch nicht.
- Komisch. Aber egal, dann gehen wir nach dem Frühstück noch mal in die Touristeninformation und fragen die Theresa. Die kennt sich aus ...
- Aha, die Theresa Gruber – die hat dir wohl gefallen?
- Quatsch, aber sie weiß sicher, wie man reservieren kann.
- Na klar, war ja nur Spaß. Das machen wir so. Gibst du mir bitte wieder die Butter ...?

4.03
- Guten Tag!
- Grüß Gott!
- Na klar. Grüß Gott! Ist denn die Frau Gruber auch da?
- Nein, erst heute Nachmittag. Kann ich Ihnen helfen?
- Ja, also wir wollen eine Wanderung zur Landsberger Hütte machen und dort übernachten. Wir haben schon im Internet recherchiert, aber wir haben noch ein paar Fragen.
- Ja, schön ... Was möchten Sie wissen?
- Muss man den Schlafplatz in der Hütte reservieren?
- Ja, am besten zwei bis drei Tage vorher. Sie müssen anrufen. Hier ist die Nummer.

HÖRTEXTE

- Super, danke. Und wie viel kostet die Übernachtung?
- Ah Moment ... Für Erwachsene kostet es 30 Euro. Für Kinder ist es billiger. Haben Sie Kinder?
- Nein, noch nicht. Aber, äh ... Was muss man mitnehmen auf die Hütte? Einen Schlafsack?
- Ja, einen Schlafsack und Socken oder Hüttenschuhe. In der Hütte darf man keine Wanderschuhe tragen.
- O.k., machen wir. Ich habe gelesen, dass es einen Bus gibt ...?
- Ja, von Tannheim zum Vilsalpsee. Der Bus fährt hier vor der Touristeninformation ab. Immer um Viertel nach und Viertel vor, also um 7.15 Uhr und 7.45 Uhr, um 8.15 Uhr und so weiter.
- Aha, und wo können wir die Bustickets kaufen?
- Hier in der Touristeninformation oder im Bus. Vom Vilsalpsee gehen Sie am besten durch den Wald zum Traualpsee und dann zur Landsberger Hütte. Ich zeige Ihnen das mal auf der Karte. Sehen Sie hier.
- Ah, das ist ziemlich weit ...?
- Ja, man braucht schon ein bisschen Kondition. Aber die Tour ist nicht schwierig und die Aussicht ist einfach wunderschön. Nehmen Sie nur genug Wasser mit. Gehen Sie bitte nie ohne Wasser und ohne Jacke in den Bergen wandern.
- Eine Jacke? Aber es ist doch Sommer?
- Ja schon, aber das Wetter wechselt oft schnell. Nehmen Sie also immer eine Jacke gegen den Wind und den Regen mit. Und natürlich Sonnencreme gegen die Sonne. Die ist hier sehr intensiv.
- Danke für die Tipps!
- Ja, vielen Dank. Sie haben uns sehr geholfen.
- Bitte, gerne. Servus! Baba!

4.05
Dialog 1
- Ich bin stinksauer!
- Warum bist du denn so wütend?

Dialog 2
- Das ist so traurig!
- Ach komm, sei nicht traurig.

Dialog 3
- Oh, ist das schön! Toll! Klasse!
- Schön, dass du so glücklich bist!

Dialog 4
- Was für eine Überraschung!
- Wow, ja, das überrascht mich auch.

Einheit 14: Freunde fürs Leben

4.06
Ich habe viele Freunde. Die meisten kenne ich noch aus der Schule. Wir waren alle zusammen in einer Klasse und haben immer noch Kontakt. Viele leben noch hier und wir treffen uns oft. Aber mein bester Freund ist Scott, das ist mein Hund. Das verstehen nicht alle Leute. Aber ich finde, auch Hunde können beste Freunde sein. Wir machen alles zusammen und ich kann ihm vertrauen. Das finde ich schön.

4.07
Meine beste Freundin ist Anneliese. Wir kennen uns schon seit immer. Also, fast seit immer. Wir sind seit 70 Jahren beste Freundinnen. Anneliese ist sehr lustig und sie hilft mir immer. Wenn ich Probleme habe, kann ich zu ihr gehen. Vor drei Jahren war mein Mann sehr krank. Er war für vier Monate im Krankenhaus, das war eine schwierige Zeit für mich. Anneliese war die ganze Zeit für uns da. Sie hat gekocht, für uns eingekauft und ich konnte immer mit ihr reden. Sie ist eine tolle beste Freundin!

4.08
Mein bester Freund ist Michel. Wir sind zusammen in die Schule gegangen. Jetzt studieren wir beide. Wir sind zusammen nach Hannover gezogen und sehen uns fast jeden Tag. Wir haben viele gemeinsame Freunde und machen oft etwas zusammen. Ich mag Michel, weil er immer etwas macht und immer etwas Neues lernen will. Letztes Jahr haben wir zusammen Ski fahren gelernt. Dieses Jahr lernen wir Skateboard fahren. Das ist schwierig, aber es macht Spaß, weil wir das zusammen machen.

4.09
- Hallo Jasmin. Hier ist Alba. Hast du kurz Zeit?
- Hallo Alba. Ja.
- Du kennst also Vincent? Wie kann es sein, dass du ihn nicht magst? Er ist der beste Freund der Welt. Ich bin mir sicher, dass er ein toller Chef ist.
- Was? Wie bitte? Alba, wir kennen uns seit fünf Jahren und du kennst ihn erst seit ein paar Wochen. Ich kann nicht verstehen, dass du mir nicht glaubst.
- Das habe ich doch gar nicht gesagt. Aber du bist immer super kritisch. Und deine letzte Chefin mochtest du auch nicht.
- Ich kann nicht glauben, dass du mich jetzt kritisierst. Und ja - ich bin kritisch. Das ist auch gut so. Du bist immer viel zu nett. Mit deinem doofen Freund.

- Doofer Freund? Was ist eigentlich los mit dir? Freust du dich denn nicht für mich?
- Natürlich freue ich mich für dich. Ach, Alba, es tut mir leid. Ich will mich nicht streiten.
- Es tut mir auch leid. Ich will mich auch nicht streiten. Ich will ja nur, dass du Vincent magst.
- Naja. Ich muss ja nicht mit ihm befreundet sein, oder?
- Stimmt. Er muss ja nicht immer dabei sein, wenn wir uns treffen.
- Gute Idee. Ich rede nicht über meine Arbeit und du nicht über deinen Vincent.
- Das wird aber nicht einfach für mich.
- Komm, wir vertragen uns wieder. Ich will mich nicht mehr streiten.
- O.k. Ja, vertragen wir uns wieder.

4.10

1 Ich bin Alina, ich bin 48 Jahre alt und lebe in Hannover. Mein Beziehungsstatus ist nicht kompliziert, eigentlich ist er ganz normal. Ich lebe in einer Beziehung mit meiner Freundin Mia. Wir sind nicht verheiratet und wollen auch nicht heiraten. Wir leben zusammen in einem Haus mit einem kleinen Garten.

2 Ich bin Max, 27 Jahre alt und jetzt bin ich mal wieder Single. Meine Freundin und ich haben uns getrennt. Wir sind manchmal in einer Beziehung und manchmal nicht. Es ist sehr kompliziert. Mein aktueller Beziehungsstatus ist Single.

3 Ich bin Marina. Ich war mit meinem Mann Ondrej 15 Jahre verheiratet. Seit einem Jahr sind wir geschieden. Aber wir sind noch gute Freunde. Ondrej hat wieder geheiratet. Ich nicht. Natürlich suche ich einen neuen Partner, aber das ist gar nicht so einfach. Ich warte also auf ein Wunder.

4 Ich bin Elias. Und das ist meine Frau Kira. Wir sind seit drei Monaten verheiratet und wohnen jetzt auch zusammen. Alles ist noch ganz neu für uns. Wir waren lange in einer Beziehung und jetzt haben wir endlich geheiratet.

Einheit 15: Leben auf dem Land

4.13

Interview 1

- Frau Korte, Sie sind hier im Dorf die Chefin.
- Naja, ich bin die Bürgermeisterin, weil die Wettrungerinnen und Wettrunger mich vor zwei Jahren gewählt haben. Aber ganz sicher bin ich hier nicht die Chefin. Ich entscheide nicht alleine, was gemacht wird. Wenn wir wollen, dass unsere Dörfer für die nächste Generation attraktiv sind, müssen wir alle zusammenhalten und jetzt etwas tun!
- Aha. Was tun Sie denn?
- Also, im letzten Jahr haben wir zum Beispiel endlich schnelles Internet bekommen. Das ist sehr wichtig, damit die Wettrunger Firmen und auch mehr junge Leute hier im Ort arbeiten und bleiben können. Und im nächsten Jahr wollen wir, also die Gemeinde, ein neues Feuerwehrauto kaufen. Das ist im Notfall auch sehr wichtig.
- Ach, die Gemeinde Wettrungen hat also eine eigene Feuerwehr?
- Natürlich.
- Entschuldigen Sie, aber braucht so ein kleines Dorf wie Wettrungen denn wirklich eine eigene Feuerwehr?
- Und ob! Wenn hier mal was passiert, können wir doch nicht warten, bis die Feuerwehr aus der Stadt kommt. Das dauert viel zu lange!
- Ja, das stimmt natürlich.

Interview 2

- Herr Altmann, Sie haben gerade gesagt, dass Sie jetzt 64 sind. Denken Sie schon an die Rente?
- Ich? Manchmal. Aber nicht gerne.
- Sie freuen sich also nicht auf die Rente?
- Wissen Sie, Herr Vogel, eigentlich hören wir Landwirte ja nie ganz auf mit der Arbeit. Das hier ist ein Familienbetrieb, in dem schon immer alle mitgearbeitet haben. Mein Vater war hier noch mit 83 Jahren aktiv dabei!
- Sie arbeiten also auch dann noch auf dem Hof, wenn Ihre Tochter oder Ihr Sohn den Betrieb schon übernommen hat?
- Tja, das ist so: Seit 1782 gehört dieser Bauernhof meiner Familie, aber jetzt wollen unsere Kinder hier nicht mehr weitermachen und lieber einen anderen Beruf lernen. Das tut weh!
- Ach so. Und was heißt das genau?
- Das bedeutet, dass wir unsere Kühe und die Maschinen bald verkaufen müssen.
- Aha. Können Sie sich denn ein Leben ohne Tiere überhaupt vorstellen?
- Naja, das hat ja auch Vorteile. Man muss nicht mehr jeden Morgen so früh aufstehen, hat endlich am Wochenende frei und kann auch mal in Urlaub fahren. Aber so richtig vorstellen kann ich mir das ehrlich gesagt noch nicht.
- Das glaube ich Ihnen. Na, dann …

HÖRTEXTE

4.15
Moin und herzlich willkommen auf unserer kleinen Entdeckungsreise durch das Museumsdorf „Alte Heimat". Wir beginnen am Haupteingang und gehen geradeaus bis zur ersten Kreuzung. In dem Bauernhof auf der linken Seite sehen Sie, wie Menschen und Tiere damals gelebt haben. Dann geht es weiter an der alten Dorfschule vorbei zum Backhaus. Der alte Ofen funktioniert noch. Dort wird heute noch manchmal Brot gebacken! Vom Backhaus gehen wir die Dorfstraße entlang zum jüngsten Gebäude in unserem Museum. Das ist der Dorfladen aus dem Jahr 1960. Damals gab es dort alles, was man zum Leben brauchte und nicht selbst machen konnte oder wollte. Hinter dem Dorfladen gehen wir nach rechts zur Werkstatt, in der wir Ihnen viele alte Werkzeuge zeigen. Und zum Schluss können Sie im Museumscafé noch eine Pause machen oder im Museumshop einkaufen.

4.16
Hier zeigen wir Ihnen eine Werkstatt aus dem 19. Jahrhundert. Bis 1972 wurde hier noch gearbeitet. Es wurden zum Beispiel einfache Geräte für die Landwirtschaft gebaut und auch repariert. Sogar das Werkzeug wurde noch bis Anfang des 20. Jahrhunderts selbst gemacht! Handwerk war damals sehr schwere Arbeit. Heute kann man sich das gar nicht mehr vorstellen.

4.17
Kommen Sie rein und sehen Sie sich alles an! So hat ein Dorfladen um 1960 ausgesehen! Hier wurde alles gekauft, was man nicht selbst machen konnte oder wollte. Und die Kundinnen und Kunden wurden noch von einer Verkäuferin bedient. Natürlich wurden hier auch viele Neuigkeiten ausgetauscht. Klatsch und Tratsch kostete nichts. Das war schon immer so!

4.18
Das ist unser Backhaus. Es wurde schon 1821 gebaut. Riechen Sie das auch? Hier riecht es nach kaltem Feuerholz und Brot. Das ist auch kein Wunder, denn in diesem Backhaus wird heute, also über 200 Jahre später, noch gebacken. Dann wird wie früher Feuer im Ofen gemacht. Das leckere Brot können Sie übrigens im Museumscafé probieren.

4.19
Dieses kleine Gebäude war bis 1954 noch eine richtige Dorfschule. Wie Sie sehen, gab es nur einen Raum, in dem alle Kinder unterrichtet wurden. Es gab auch nur einen Lehrer. Die Schülerinnen und Schüler mussten still sein und zuhören. Damals wurde im Unterricht noch auf Tafeln geschrieben, weil Hefte aus Papier viel zu teuer waren. Sehen Sie sich gerne alles in Ruhe an.

Einheit 15 Übungen

4.22
- Hallo Herr Vogel.
- Gerne Bernd. Ich habe gehört, dass sich hier alle duzen.
- Stimmt. Ich bin Markus.
- Und du bist Möbeltischler und nicht Landwirt.
- Hast du schon mit meinem Vater gesprochen?
- Genau.
- Ich glaube, der versteht das nie. Ich wollte anders leben, am Wochenende frei haben und auch Urlaub machen und so. Und ich arbeite wirklich gerne mit Holz. Das hat mir immer schon gefallen. Da hinten liegt schon das Holz, mit dem ich meinen Eltern einen Esstisch bauen will.
- Toll! Du siehst sehr zufrieden aus. Machst du dir auch manchmal Sorgen?
- Klar. Zum Beispiel, wenn die Preise für das Holz steigen. Das ist für meinen kleinen Betrieb nicht einfach.
- Aha. Das verstehe ich. Und was machst du, wenn du nicht in der Werkstatt stehst?
- Dann stehe ich beim SV Wettrungen im Tor. Ich bin der Torwart, weil ich nicht mehr so schnell wie die anderen bin. Aber das macht mir auch Spaß! Und ich bin natürlich auch bei der freiwilligen Feuerwehr.
- Wie alle … Hast du denn gar keine anderen Hobbys?
- Und ob! Von April bis Oktober fahre ich Motorrad. Im Winter ist es zu kalt.
- Das kenne ich … Noch eine letzte Frage: Was wünschst du dir für die Zukunft?
- Tja, ganz klar, ich wünsche mir, dass mein Sohn auch Möbeltischler wird und hier weitermacht …

4.24
Tja, früher war es hier noch anders. … Ich hab' mal 'ne Karte gezeichnet, da kann man das gut sehen. Wir hatten bis 1954 sogar einen eigenen Bahnhof. Und hier, das ist die alte Dorfschule, in der alle Dorfkinder unterrichtet wurden. Ich auch. Das war schön. Heute ist die alte Schule unser Gemeindehaus. Die Post gibt es auch nicht mehr. Und wenn man damals, als ich 14 oder 15 war, die Dorfstraße in Richtung Sportplatz ging, kam man am Dorfladen, am Hof Öllering und am Backhaus vorbei. Öllerings haben aufgehört, weil der Hof sehr alt und zu klein war. Im Dorfladen wurde früher alles verkauft, was man zum Leben brauchte. 1985 wurde er geschlossen, weil die meisten zum Supermarkt im

Nachbardorf gefahren sind. Und in unserem Backhaus wurde bis 1958 Brot gebacken. Heute steht es im Museumsdorf „Alte Heimat". Tja. Wenn man bei Öllerings links abbiegt, kommt man an einem sehr großen Gebäude vorbei. Das war die größte Kneipe im Dorf. In der Sonne habe ich Hochzeit gefeiert. Is' auch schon lange her ... Heute sind dort vier Wohnungen. Und wenn man da nach links weitergeht, kommt man zur alten Werkstatt. Paul Küppers konnte alles reparieren, auch die großen Traktoren. Heute steht das Gebäude leer.

4.25

1
- Entschuldigung, ich suche den Hof von Familie Albers.
- Albers? Das ist nicht weit. Gehen Sie hier geradeaus, an der alten Werkstatt vorbei. Dann sehen Sie schon den Hof auf der rechten Seite.

2
- Können Sie mir sagen, wie ich zum Feuerwehrhaus komme?
- Ja klar. Gehen Sie hier nach rechts bis zur Kreuzung, da rechts und dann biegen Sie nach links in die Dorfstraße ab und gehen da in Richtung Sportplatz weiter. Es ist das letzte Gebäude auf der rechten Seite.

Einheit 16: Glück und Lebensträume

4.26

- Herzlich willkommen zu meinem Podcast „Leben". Ich bin Sabine Walter. Heute geht es um das Thema Glück. Mein Gast ist Prof. Huber. Er ist Psychologe und Glücksforscher an der Universität Freiburg. Herr Prof. Huber, Umfragen zeigen, dass die Deutschen noch nie so glücklich waren wie heute.
- Stimmt. Nur jeder Zwölfte ist unglücklich. Die meisten Menschen in Deutschland sind also mit ihrem Leben ziemlich zufrieden.
- Das hat mich überrascht. Sie auch?
- Eigentlich nicht. Schauen Sie - die meisten Menschen in Deutschland haben eine Arbeit und ein gutes Einkommen. Sie leben lange und sind relativ gesund. Das sind wichtige Faktoren für die Zufriedenheit.
- Wenn die Menschen in Deutschland so zufrieden und glücklich sind, warum gibt es dann in den Buchhandlungen so viele Ratgeber zum Thema Glück?
- Ich glaube, es gibt viele Menschen, die das große Glück im Leben suchen. Sie sind unzufrieden, weil sie es noch nicht gefunden haben. Und die Medien sagen uns jeden Tag, was uns fehlt, um glücklicher, gesünder, schöner und besser zu sein.
- Was macht uns eigentlich glücklich? Was sind die wichtigsten Glücksfaktoren?
- Umfragen zeigen, dass nach Gesundheit Liebe, Kinder, Familie und gute Freunde die wichtigsten Glücksfaktoren im Leben der Deutschen sind.
- Aber auch die kleinen Glücksmomente im Alltag sind sehr wichtig, oder?
- Ganz bestimmt. Manchmal können uns die kleinen Dinge im Leben richtig glücklich machen: Zum Beispiel mit Freunden einen Kaffee trinken, mit der Familie einen Ausflug machen oder auf einer Parkbank sitzen und die Sonne genießen.
- Können Sie unseren Zuhörerinnen und Zuhörern noch ein paar Tipps geben, wie sie mehr Glücksmomente in ihr Leben bringen können?
- Menschen, die glücklich sind, verbringen viel Zeit mit der Familie und treffen oft ihre Freunde. Glückliche Menschen sind aktiv. Auch Schlaf ist ein wichtiger Glücksfaktor. Also regelmäßig sieben bis acht Stunden schlafen. Und schließlich Lernen ... zum Beispiel eine Fremdsprache, denn Lernen macht glücklich.
- Vielen Dank für das Gespräch, Herr Prof. Huber.

Einheit 16 Übungen

4.27

- Guten Tag, liebe Hörerinnen und Hörer. Bucketlisten sind seit dem amerikanischen Film „Das Beste kommt zum Schluss" sehr beliebt. Mein Gast am Telefon ist Jan Feldmann. Er ist Blogger und Autor und hat ein Buch über Bucketlisten geschrieben. Guten Tag Herr Feldmann.
- Hallo Frau Schneider.
- Herr Feldmann, Ihr neues Buch heißt „Lebensträume mit Bucketlisten erreichen". Was sind Bucketlisten?
- Das sind Listen mit Dingen, die man in seinem Leben machen oder erleben möchte. Es sind also Listen mit Wünschen für das eigene Leben.
- Und warum soll man diese Listen schreiben?
- Im Alltagsstress vergessen wir oft, was unsere Ziele und Träume sind. Mit einer Bucketliste kann man besser über seine Lebensziele und Lebensträume nachdenken. Was will ich erleben? Was will ich beruflich und privat erreichen?
- Und wie schreibt man eine Bucktliste? Haben Sie da Tipps?
- Das ist ganz einfach. Man schreibt alles auf, was man noch machen oder erleben möchte.

HÖRTEXTE

Meine Empfehlung: Arbeiten Sie mit verschiedenen Listen und organisieren Sie Ihre Wünsche nach verschiedenen Themen. Ich habe zum Beispiel Listen für Familie, Beruf, Reisen, Kultur und Bildung. Zu meinen beruflichen Zielen gehört Podcasts machen. Das steht ganz oben auf meiner Liste. Und auf meiner Liste mit Reisezielen steht: *im Karwendel-Gebirge klettern*. Das mache ich jetzt im Juli mit meiner Familie, dann kann ich das Ziel durchstreichen. Das ist auch ein gutes Gefühl.
- 💬 Oft hört man, dass man 100 Ziele notieren soll.
- 💬 Nein, das muss nicht sein. Alles ist erlaubt. Manche haben sofort viele Ideen für ihre Liste. Andere müssen länger nachdenken. Wenn man seine Bucketliste geschrieben hat, muss man sie auch manchmal anschauen. Ich empfehle einmal im Monat. Dann kann man sie auch verändern. Für Menschen, die nicht mehr so gern mit Bleistift und Papier arbeiten, gibt es übrigens auch Apps, um Bucketlisten zu schreiben.
- 💬 Die Apps sehe ich mir an. Vielen Dank für das Gespräch, Herr Feldmann.

Das Buch „Lebensträume mit Bucketlisten erreichen" ist im Blum-Verlag erschienen und kostet 9,99 Euro. Und jetzt ...

VIDEOTEXTE

Einheit 9: Alltagsleben

Clip 2.01

Arzt: Guten Tag! Wie geht es Ihnen denn?
Lerner*in: Guten Tag! Naja, es geht so. Ich bin mit dem Fahrrad hingefallen.
Arzt: Wann ist das denn passiert?
Lerner*in: Schon gestern Abend. Ich dachte, es ist nicht so schlimm.
Arzt: Na, dann wollen wir mal sehen. Wo tut es Ihnen denn weh?
Lerner*in: Ich habe Schmerzen in der rechten Hand.
Arzt: Aha. Können Sie die Hand bewegen?
Lerner*in: Ja, aber nicht so gut.
Arzt: Dann wollen wir mal schauen. Zum Glück ist nichts gebrochen. Sie haben eine Verstauchung. Ich schreibe Ihnen eine Salbe auf. Tragen Sie die Salbe bis Freitag jeden Morgen und jeden Abend auf.
Lerner*in: Alles klar. Und das Rezept für die Salbe?
Arzt: Das Rezept bekommen Sie gleich vorne an der Anmeldung. Gut, dann sind wir hier schon fertig. Gute Besserung!
Lerner*in: Vielen Dank!

Einheit 10: Festival-Sommer

Clip 2.02

Jana: Hey Leute, herzlich willkommen zum heutigen Video. Ich freu mich, dass ihr da seid. Egal, ob ihr Festival-Profis oder Festival-Anfänger seid, dieses Video ist genau das Richtige für euch.
Heute geht es um die Festivalvorbereitung und zwar um die Frage: Welche Sachen müsst ihr mitnehmen oder braucht ihr eigentlich auf einem Festival? Hier kommt deine optimale Festival-Packliste.
Nummer eins ist das Zelt. Ohne Zelt geht es natürlich nicht. Hier schlaft ihr, entspannt ihr und zieht euch um. Es ist also euer Zuhause für drei Tage.
Nummer zwei: der Schlafsack. Es kann kalt werden in der Nacht, also nehmt lieber einen warmen Schlafsack mit.
Genauso wichtig wie der Schlafsack ist eine Isomatte, meine Nummer drei. So könnt ihr bequem schlafen und seid am nächsten Tag fit.
Nummer vier ist das Essen und das Camping-Geschirr. Ihr braucht einen kleinen Teller, eine Schüssel und einen Becher. Und eine Gabel, einen Löffel und ein Messer. Und ihr braucht auch Essen. Ganz wichtig: ihr habt keinen Kühlschrank. Gut funktionieren zum Beispiel: Obst, Brot oder Marmelade. Ihr könnt euch aber auch Essen kaufen.
Die Nummer fünf ist wirklich wichtig. Bitte denkt unbedingt an Wasser und eine Flasche. Liebe Leute, trinkt Wasser, Wasser, Wasser!!!
Nummer sechs ist eine kleine Reiseapotheke mit Pflaster, Kopfschmerztabletten, Verband und Schere. Man weiß ja nie.
Und hier noch Nummer sieben: eine Regenjacke und Gummistiefel. Warum? In Deutschland regnet es auch oft im Sommer. Also packt die Gummistiefel und eine leichte Regenjacke ein. So könnt ihr auch im Regen tanzen.
So, das waren meine Top-Sieben für ein Festival. Ich freu mich über Likes und Kommentare. Ich wünsche euch ganz viel Spaß bei den Festivals.
Tschüss, ciao und adios!!

Clip 2.03

Jana: Hey! Schön, dass ich dich sehe! Svea und ich wollen zum Lollapalooza-Festival. Kommst du mit?
Lerner*in: Ach cool, da wollte ich immer schon mal hin! Das ist doch in Berlin, oder?
Jana: Genau. Wir müssen bald die Tickets im Vorverkauf buchen. Also, du kommst mit …?
Lerner*in: Hm, wann findet das Festival denn statt?
Jana: Am dritten und vierten September. Jan und Francesca kommen auch noch mit.
Lerner*in: Super, das passt. Weißt du, wie viel die Tickets kosten?
Jana: Das Lollapalooza ist leider sehr teuer … Ein Ticket kostet 149 €.
Lerner*in: Oh ja, das ist wirklich teuer! Aber wir gehen trotzdem, oder? Ich glaube, das wird super.
Jana: Klar wird das super! Ich freu' mich schon!

Einheit 11: Natur und Umwelt

Clip 2.04

Interviewerin: Umwelt geht uns alle an. Konstantin, du engagierst dich für die Umwelt. Wie können wir alle die Umwelt schützen? Gib uns mal deine drei besten Tipps.
Konstantin: Also, ganz wichtig: weniger Müll machen. Zum Beispiel kann ich eine Plastiktüte ganz oft nutzen. Noch besser sind Stoffbeutel, also Stoffbeutel statt Plastiktüten nehmen.
Interviewerin: Ja, das kann man sicher im Alltag machen. Und dein zweiter Tipp?
Konstantin: Tipp zwei und drei: Keine Lebensmittel wegwerfen und Wasser sparen. Also: Kauft nur ein, was ihr wirklich braucht. Eine Liste hilft beim Einkaufen. Und: Mehr duschen, weniger baden. Beim Duschen braucht man viel weniger Wasser als beim Baden.

zweihundertfünfundsiebzig **275**

VIDEOTEXTE

Interviewerin: Super, das ist alles machbar und kein Problem im Alltag. Yasemin, du lebst seit zwei Jahren sehr umweltfreundlich. Wie machst du das?

Yasemin: Ich mache alles, was Konstantin gesagt hat. Und ich kaufe anders ein.

Interviewerin: Wie anders?

Yasemin: Ich kaufe viel Obst und Gemüse aus der Region. Das muss man nicht lange transportieren. Und ich esse saisonal, also keine Erdbeeren im Februar. Erdbeerzeit ist im Juni und im Juli, dann sind sie auch richtig lecker! Und ich fahre weniger Auto und gehe mehr zu Fuß, fahre mit dem Bus oder mit dem Rad, klar. Und zuhause nutze ich Energiesparlampen. Die sparen Strom. Man kann sogar mit dem Kühlschrank Strom sparen.

Interviewerin: Wie denn das?

Yasemin: Wenn man den Kühlschrank immer nur kurz aufmacht, dann spart man Energie. Das ist gut für die Umwelt. Und man spart Geld, weil die Stromrechnung nicht so hoch ist!

Interviewerin: Die Umwelt schützen und Geld sparen – ein doppelter Vorteil! Danke euch beiden für die Tipps. Die sind alle machbar im Alltag, die probiere ich auch aus!

Clip 2.05

Konstantin: Hey! Schön, dass wir uns sehen! Ich wollte dich noch etwas fragen: Gehen wir am Sonntag zusammen auf den Flohmarkt?

Lerner*in: Oh, das klingt toll! Da findet man immer schöne Sachen!

Konstantin: Ja, aber ich möchte nichts kaufen, ich möchte verkaufen! Machst du mit?

Lerner*in: Du meinst, wir verkaufen unsere alten Klamotten?

Konstantin: Ja, aber nicht nur Klamotten, auch Spiele, Bücher, Geschirr ... alles was du nicht mehr brauchst.

Lerner*in: Gute Idee! Wenn ich ein paar Sachen verkaufe, dann habe ich auch wieder mehr Platz.

Konstantin: ... und jemand anderes freut sich über deine Sachen.

Lerner*in: Na, dann bin ich dabei! Holst du mich ab?

Konstantin: Ja, ich komme um sieben mit dem Auto.

Lerner*in: Klasse, bis dann.

Konstantin: Bis dann!

Einheit 12: Reparieren und Selbermachen

Clip 2.06

- Ich habe Kulturwissenschaften studiert.
- Äh, ich habe für die Automobilindustrie gearbeitet.
- Ja, im Iran, ich habe Maschinenbau studiert und gearbeitet.
- Ich bin gelernter Feinmechaniker, habe mein Leben lang repariert.
- ... und habe vor vielen Jahren mal Elektriker gelernt.
- Ich komme ins „Café kaputt", weil ich den Leuten helfen möchte, ihre elektrischen Geräte zu reparieren.
- Ich kann nicht leben, ohne Dinge zu öffnen und nachzuschauen, warum sie kaputt gehen.
- Da war das hier ein Volltreffer.
- Das „Café kaputt" habe ich 2013 mit einer Kollegin als Reparaturcafé und Bildungsprojekt gegründet. Im „Café kaputt" kann quasi alles repariert werden, was die Menschen zuhause haben und mitbringen können. Von Lieblingspulli über Schaukelstuhl bis hin zum MP3-Player gucken wir uns alles an und versuchen, es wieder in Gang zu bringen.
- Mir gefällt es sehr gut, dass hier Sachen repariert werden, statt die wegzuwerfen, um Ressourcen zu schonen.
- Und die Menschen darauf aufmerksam machen kann, dass es noch etwas anderes gibt, als neu zu kaufen.
- Im „Café kaputt" können Menschen mitmachen, die entweder hier Kaffee trinken wollen, sich austauschen möchten, was lernen wollen zum Andersmachen im Alltag und natürlich Leute, die etwas reparieren möchten und Hilfe brauchen. Aber auch Leute, die ihr Reparaturwissen an andere weitergeben möchten.
- Am meisten gefällt mir im „Café kaputt", gemeinsam an Projekten oder an Problemen zu tüfteln.
- Dass ich Wissen weitervermitteln kann.
- Dass es immer wieder neue Herausforderungen gibt.
- Dass es hier einen Ort gibt, in dem Menschen zusammenkommen und man zusammen die Welt ein bisschen besser macht.
- Es ist hier generationenübergreifend. Ich bin hier im Kreise der Älteste und ...
- Und ich genieße, wenn ich hier arbeite.

Clip 2.07

Dimitris: Hallo! Wie kann ich dir helfen?
Lerner*in: Hallo. Mein Handy funktioniert nicht. Kannst du dir das mal ansehen?
Dimitris: Klar. Was ist denn das Problem?
Lerner*in: Das Display ist kaputt. Meinst du, du kannst das reparieren?
Dimitris: Oh, wie ist das denn passiert?
Lerner*in: Es ist auf den Boden gefallen.
Dimitris: Tja, da kann man nichts mehr machen. Das muss man austauschen.
Lerner*in: Wie lange dauert das?
Dimitris: Wenn du das passende Display findest, dann geht das ziemlich schnell.
Lerner*in: Und was kostet ein neues Display?
Dimitris: Hm, das ist ziemlich teuer. Rechne mal mit 120 Euro. Vielleicht auch 130.
Lerner*in: Was?! 130 Euro? Das ist mir zu teuer. Na ja, dann kaufe ich mir lieber ein neues. Aber trotzdem danke.
Dimitris: Kein Problem. Schönen Tag noch!

Plateau 3

Clip 2.08

Sebastian: Mädels, es reicht doch aus, wenn wir nur alle zwei Wochen das Bad putzen.
Nina: Alle zwei Wochen?
Sebastian: Ja!
Nina: Vergiss es! Wir müssen öfter putzen.
Sebastian: Lisa, ich gratuliere dir. Du hast noch einen Job. Du kannst täglich das Bad putzen.
Nina: Witzig!
Lisa: Hört auf! Ich weiß grad nicht, wie ich das hier alles schaffen soll. Die Arbeit gefällt mir, aber durch den Job habe ich einfach keine Zeit mehr.
Nico: Entschuldigung, ich bin etwas zu spät.
Sebastian: Ja, kein Problem. Wir haben hier sowieso nichts zu sagen, Nico.
Nina: Hier: der neue WG-Plan.
Nico: Der Plan sieht fair aus.
Nina: Siehst du? Lisa, wie können wir dir helfen? Sebastian kann für dich das Bad putzen.
Sebastian: Was?
Nina: Was sagst du dazu?
Nico: Ja! Klar!
Sebastian: Äh, Nico ... Warum?
Lisa: Danke, Leute! Das ist nur für ein paar Wochen. Ich mache das wieder gut.
Nina: Gerne!

Tarek: Inge! Da bist du ja wieder.
Inge: Hallo! Ach, mein Tisch ist ja frei.
Tarek: Max! Karte!
Max: Sag mal, wie war eigentlich dein Ausflug?
Inge: Naja!
Tarek: Was? Wieso nur naja?
Inge: Es war unorganisiert, das Wetter war schlecht und ...
Max + Tarek: Ach Inge ...
Inge: Ich meine ja nur ... Es hat mir aber trotzdem gut gefallen.
Max: Hast du jemanden kennengelernt? Also, Leute lernt man am besten auf Reisen kennen.
Tarek: Wir beide haben uns auch auf einer Reise kennengelernt.
Inge: Ja! Aber die anderen in der Gruppe waren wirklich nicht sehr interessant.
Max: Schickes Smartphone. Ich wusste gar nicht, dass du so eins hast.
Inge: Das gehört mir nicht. Das ist von Jacques.
Tarek: Inge? Wer ist Jacques?

Tarek: Inge! Du solltest antworten.
Inge: Ach, ich weiß nicht ...
Tarek: Aber du hast doch gesagt, Jacques ist ein charmanter, netter Mann.
Inge: Ja, das stimmt auch alles. Und wir hatten einen wunderbaren Abend zusammen.
Tarek: Also? Was ist mit Jacques?
Inge: Ich glaube, er hat gesagt, er ist geschieden.
Tarek: Ihr seid also beide allein. Inge, das Leben geht weiter.

Clip 2.09

Selma: Danke.
Nico: Das war gut. Du bist ... ähm ...
Selma: Ein Naturtalent?
Nico: Ja. Letzte Woche konntest du noch gar nicht Fahrrad fahren. Und das war richtig gut. Toll!
Selma: Danke. Das macht Spaß!
Nico: Bremsen!
Selma: Wie?
Nico: Bremsen!
Selma: Wie?
Nico: Da! Ziehen, ziehen, ziehen, ziehen!
Selma: Sorry.
Nico: Kein Problem.
Selma: Und? Was sagst du?
Nico: Perfekt. Nach einer Woche? Lernst du immer so schnell? Hast du früher Sport gemacht?
Selma: Ich habe viele Jahre getanzt.
Nico: Getanzt?
Selma: Ja.
Nico: Los, zeig mir einen Tanz!
Selma: Was? Hier?

VIDEOTEXTE

Nico: Ja klar!
Selma: Auf keinen Fall. Ohne Musik geht das sowieso nicht.
Selma: Was machst du?
Nico: Ich mache Musik.
Selma: Ich muss los.
Nico: O.k. Und ähm … Wann üben wir weiter?
Selma: Ich melde mich bei dir.

Clip 2.10
Nico: Sagt mal, wie lange gibt's das Restaurant eigentlich schon?
Tarek: Oh, das müssten jetzt zehn Jahre sein.
Max: Ja. Das sind ziemlich genau zehn Jahre.
Tarek: Ach Wahnsinn! Das heißt, wir haben bald zehnjähriges Jubiläum!
Max: Das heißt, wir haben das Jubiläum beide fast vergessen!
Inge: Heiratet bloß nicht. Ihr vergesst bestimmt den Hochzeitstag. Was wünscht ihr euch denn zum Jubiläum?
Max: Boah, keine Ahnung.
Tarek: Doch, ich wünsche mir ein Fest mit Gästen und Musik.
Max: Hm. Hört sich gut an. Hey, wir haben hier noch etwas vergessen. Ein Foto von unserem Fußballhelden.
Nico: Ist nicht schlimm …
Tarek: Ah, wir meinen nicht dich.
Nico: Oh.
Max: Natürlich meinen wir dich. Inge! Kannst du ein Foto von uns dreien machen?
Inge: Klar!
Tarek: Komm in die Mitte!
Max: Ja, ja, ja, ja, ja.

Aya: Wo gehst du hin, Selma?
Selma: Wohin ich gehe? Zum Sprachkurs.
Aya: Aber da warst du gestern?
Selma: Ja, das stimmt. Und heute habe ich wieder Unterricht. Ehrlich Mama, du musst dir keine Sorgen machen.
Aya: O.k. Dann bis später.
Selma: Ich schreibe dir eine SMS, wenn ich fertig bin!
Nico: Hey Selma! Bin schon da. Wie lange brauchst du noch? Ich warte auf dich.
Aya: Nico? Entschuldigung. Kann nicht kommen.
Nico: Was?

Einheit 13: Gipfelstürmer
Clip 2.11
Manu: Hey, schön dich zu sehen.
Lerner*in: Hallo Manu. Was machst du denn hier? Bist du nicht im Urlaub?
Manu: Nein, erst nächste Woche.
Lerner*in: Und wohin geht die Reise?
Manu: Ich fahre wieder nach Südtirol und mache eine Hüttenwanderung.
Lerner*in: Oh, cool! Eine Hüttenwanderung. Das habe ich schon mal gehört. Machst du das alleine?
Manu: Nein, mit ein paar Freunden. Wir machen das jedes Jahr zusammen. Wir wandern den ganzen Tag und übernachten immer in einer anderen Hütte.
Lerner*in: Das ist ja toll. Aber ist das nicht sehr anstrengend?
Manu: Natürlich, aber es macht auch Spaß. Und abends haben wir dann richtig Hunger.
Lerner*in: Was kann man denn auf einer Hütte essen?
Manu: Hm, da gibt es viele Spezialitäten. Zum Beispiel Schlutzkrapfen.
Lerner*in: Was ist das denn?
Manu: Das sind Nudeln. Im Teig sind Fleisch, Gemüse oder Kartoffeln. Schlutzkrapfen schmecken echt total lecker.
Lerner*in: Ach, die muss ich auch mal probieren. Was nimmst du denn mit?
Manu: Also, man braucht auf jeden Fall einen Rucksack, gute Wanderschuhe und zum Übernachten auf der Hütte einen Schlafsack.
Lerner*in: Und wie lange seid ihr unterwegs?
Manu: Fünf Tage. Dann ist man aber auch kaputt.
Lerner*in: Das glaube ich. Dann viel Spaß!
Manu: Danke. Ich schick' dir ein paar Fotos.

Einheit 14: Freunde fürs Leben
Clip 2.12
Ayla: Jasmin, wie schön!
Jasmin: Hi Ayla!
Ayla: Oh, wie schön. Sorry, ich bin zu spät.
Jasmin: Kein Problem. Wie geht's dir?
Ayla: Super!
Jasmin: Neue Frisur? Neue Jacke? Neues Parfüm? Wie heißt er?
Ayla: Vincent! Ich habe ihn bei „facedating" kennengelernt.
Jasmin: Du hast einen Freund?
Ayla: Mhm. Seit drei Wochen. Er ist großartig. Er ist eigentlich perfekt. Ich bin so glücklich. Nie wieder Single!

Jasmin: Das ist toll.
Ayla: Was ist mit dir?
Jasmin: Ach …
Ayla: Nein, erzähl!
Jasmin: Der neue Job.
Ayla: Beim neuen Start-up?
Jasmin: Ja. „Tepico-Connect" ist cool. Ich lerne viel. Kollegen – alles top.
Ayla: Aber?
Jasmin: Mein Chef. Ich mag ihn nicht. Er mag mich nicht.
Ayla: Oh.
Jasmin: Egal, was ich mache: alles ist falsch …
Ayla: Blöd.
Ayla: Vincent sieht so gut aus: Er hat kurze blonde Haare, einen Bart und tolle blaue Augen …
Jasmin: Ich arbeite Tag und Nacht. Sogar am Wochenende. Mein Chef ist nie zufrieden. Nie!
Ayla: Er kann kochen. Er läuft Marathon. Er spricht Chinesisch und Finnisch.
Jasmin: Er sagt nicht danke, er sagt nicht Guten Morgen. Er lächelt nicht, kein nettes Wort.
Ayla: Wir haben so viel Spaß. Oh. Er kommt in fünf Minuten.
Jasmin: Wer?
Ayla: Vincent.
Jasmin: Echt?
Ayla: Mhm, ja. Wir wollten noch ins Kino. Willst du mit?
Jasmin: Sorry, aber ich muss noch arbeiten. Mein Chef möchte morgen diese Präsentation haben.
Ayla: Hey, hier sind wir.

Clip 2.13
Ayla: Jasmin, wie schön!
Jasmin: Hi Ayla!
Ayla: Oh, wie schön. Sorry, ich bin zu spät.
Jasmin: Kein Problem. Wie geht's dir?
Ayla: Super!
Jasmin: Neue Frisur? Neue Jacke? Neues Parfüm? Wie heißt er?
Ayla: Vincent! Ich habe ihn bei „facedating" kennengelernt.
Jasmin: Du hast einen Freund?
Ayla: Mhm. Seit drei Wochen. Er ist großartig. Er ist eigentlich perfekt. Ich bin so glücklich. Nie wieder Single!
Jasmin: Das ist toll.
Ayla: Was ist mit dir?
Jasmin: Ach …
Ayla: Nein, erzähl!
Jasmin: Der neue Job.
Ayla: Beim neuen Start-up?
Jasmin: Ja. „Tepico-Connect" ist cool. Ich lerne viel. Kollegen – alles top.
Ayla: Aber?
Jasmin: Mein Chef. Ich mag ihn nicht. Er mag mich nicht.
Ayla: Oh.
Jasmin: Egal, was ich mache: alles ist falsch …
Ayla: Blöd.
Ayla: Vincent sieht so gut aus: Er hat kurze blonde Haare, einen Bart und tolle blaue Augen …
Jasmin: Ich arbeite Tag und Nacht. Sogar am Wochenende. Mein Chef ist nie zufrieden. Nie!
Ayla: Er kann kochen. Er läuft Marathon. Er spricht Chinesisch und Finnisch.
Jasmin: Er sagt nicht danke, er sagt nicht Guten Morgen. Er lächelt nicht, kein nettes Wort.
Ayla: Wir haben so viel Spaß. Oh. Er kommt in fünf Minuten.
Jasmin: Wer?
Ayla: Vincent.
Jasmin: Echt?
Ayla: Mhm, ja. Wir wollten noch ins Kino. Willst du mit?
Jasmin: Sorry, aber ich muss noch arbeiten. Mein Chef möchte morgen diese Präsentation haben.
Ayla: Hey, hier sind wir.
Ayla: Vincent, darf ich vorstellen: meine beste Freundin Jasmin.
Vincent: Frau Schmidt?
Jasmin: Herr Bachmann?
Ayla: Ihr kennt euch?
Jasmin: Das ist Herr Bachmann, mein Chef.
Vincent: Ja. So ein Zufall.

Clip 2.14
Caro: Hey, es tut mir leid, dass ich zu spät bin.
Lerner*in: Ach Mensch, ich bin echt sauer. Ich warte schon seit einer halben Stunde auf dich.
Caro: Naja, der Bus war schon weg.
Lerner*in: Schon wieder? Es gibt doch Fahrpläne. Du kommst wirklich immer zu spät!
Caro: Was?! Das stimmt doch gar nicht!
Lerner*in: Ach, nein? Letzten Donnerstag habe ich auch auf dich gewartet.
Caro: Das habe ich dir doch schon erklärt. Mein Fahrrad war kaputt.
Lerner*in: Ja, ist jetzt auch egal. Aber nächstes Mal warte ich nicht.
Caro: Einverstanden. Und ich zahle heute den Kaffee.
Lerner*in: Und ein Stück Kuchen mit Sahne.
Caro: Na gut, jetzt komm.

VIDEOTEXTE

Einheit 15: Leben auf dem Land
Clip 2.15

Hanni: Wettrungen for … – was ist das denn? Das kann man doch auch auf Deutsch sagen: Wettrungen für … für immer! Das klingt doch auch gut.

Lina: Diese Karte hatten wir schon, oder?

Frank: Das ist doch auch wieder so eine typische Frage von einem, der das Dorfleben gar nicht kennt!

Hanni: Und ob hier was los ist! Jetzt ist zum Beispiel in zwei Wochen wieder unser Herbstmarkt. Wir Frauen backen leckeren Kuchen, bieten Kaffee an und verkaufen unsere selbstgemachten Marmeladen, Brot, Kuchen, Äpfel … Alle machen mit! Und unser Musikverein und die freiwillige Feuerwehr sind natürlich auch dabei. Das macht jedes Jahr großen Spaß!

Lina: Naja, man muss ja auch aufpassen, was man sagt … Also, meine Eltern und meine Schwester leben ja auch gerne hier. Aber ich finde, es stimmt. Hier gibt's wirklich nichts. Ab und zu ist Dorfkino im Jugendclub. Aber das ist auch schon alles. Wenn ich mein Abi endlich in der Tasche habe, bin – ich – hier – weg!

Frank: Das habe ich auch gedacht, als ich noch jünger war. *Hier gibt es nichts!* Hm. Nach der Schule wollte ich gleich weg und bin nach Bochum gezogen, aber lange bin ich da nicht geblieben. Ich habe schnell gemerkt, dass es hier in Wettrungen alles gibt, was ich zum Leben brauche: Arbeit, Familie, meine Freunde, …

Frank: Ja, das stimmt! Ich weiß sogar, wie die Hunde im Dorf heißen … Und wir duzen uns alle hier im Dorf! Ehrlich gesagt finde ich das toll! Nach der Arbeit gehe ich manchmal noch schnell in die Dorfkneipe. Da treffe ich immer jemanden, den ich kenne. Ich bin im Sportverein, in der Feuerwehr und zuhause machen wir viel mit den Nachbarn zusammen. Unsere Kinder sind im gleichen Alter und die Frauen, die kennen sich noch aus der Schule.

Lina: Jeder kennt jeden. Ja, leider! Und jeder weiß auch alles über die anderen. Das nervt total! Ich will ja nichts gesagt haben, aber wenn hier mal ein fremdes Auto durchs Dorf fährt, wissen das am nächsten Tag alle. Das muss man sich mal vorstellen!

Hanni: Richtig. Und wir halten auch alle zusammen und helfen mit, wenn es mal ein Problem gibt. Das war hier schon immer so!

Hanni: Also, wirklich … Darüber habe ich nie nachgedacht. Ich habe schon immer hier gelebt und wollte auch nie weg! Hier ist es doch schön!

Lina: Wettrungen forever? – Auf gar keinen Fall! Ich möchte mich auch einfach mal schnell mit meinen Freundinnen und Freunden treffen, auf Partys gehen und so. Das geht hier gar nicht!

Frank: Klare Antwort: Ja. Ich komme aus Wettrungen und bleibe auch hier! Ich habe eine gute Stelle als Maurer im Nachbarort und ohne mich funktioniert hier eh nichts im Fußballverein. Wie man sieht.

Clip 2.16

Fr. Lotze: Hallo, wie geht es Ihnen? Wie war das Wochenende?

Lerner*in: Danke, gut. Das Wochenende war sehr schön. Waren Sie auch auf dem Weinfest?

Fr. Lotze: Auf dem Weinfest? Nein, ich habe meine Eltern in Bokel besucht.

Lerner*in: In Bokel? Das habe ich noch nie gehört. Ist das weit?

Fr. Lotze: Ja, das ist ziemlich weit. Bokel ist ein kleines Dorf in der Nähe von Oldenburg.

Lerner*in: Leben Ihre Eltern dort alleine?

Fr. Lotze: Nein, fast meine ganze Familie lebt noch dort.

Lerner*in: Ach so. Dann kommt Ihre Familie also aus dem Dorf?

Fr. Lotze: Genau.

Lerner*in: Hat es Ihnen dort nicht mehr gefallen?

Fr. Lotze: Doch! Aber nach dem Abitur wollte ich endlich mal etwas anderes sehen und habe eine Ausbildung in Detmold angefangen.

Lerner*in: In Detmold? Ist das eine große Stadt?

Fr. Lotze: Detmold? Eigentlich nicht. Aber für mich war Detmold schon eine große Stadt. Dort gab es Kinos, Cafés, Restaurants, Geschäfte … Das war toll! Und Sie? Woher kommen Sie eigentlich?

Lerner*in: Ich komme aus … Das ist … in … mit … Einwohnern.

Fr. Lotze: Ach, das ist interessant. Das müssen Sie mir alles mal erzählen. Aber ich habe jetzt gleich noch einen Termin. Bis später!

Einheit 16: Glück und Lebensträume
Clip 2.17

Konstantin: Moin, was möchtest du?

Lerner*in: Hallo. Ein Cappuccino und ein Croissant mit Butter und Marmelade, bitte.

Konstantin: Alles klar. Bitte schön. Cappuccino, Croissant, Marmelade, Butter. Brauchst du noch Zucker für den Cappuccino?

Lerner*in: Nein, danke. Mmh … der Cappuccino hier ist echt lecker! Schönes Café.

Konstantin: Danke.

Lerner*in: Ist das Café immer so gut besucht?

Konstantin: Zum Glück, meistens. Morgens kommen viele Leute, die hier in der Nähe arbeiten und noch schnell einen Kaffee trinken wollen.

Lerner*in: Eine kleine Pause vom täglichen Arbeitsstress.
Konstantin: Ganz genau.
Lerner*in: Warum heißt das Café eigentlich „Café Glück"?
Konstantin: Das ist eine lange Geschichte. Ich wollte einen kurzen Namen für mein Café, den man sich gut merken kann. Und weil mich eine gute Tasse Kaffee in einem schönen Café schon immer glücklich gemacht hat, habe ich es „Café Glück" genannt.
Lerner*in: Das passt wirklich gut! Ein schöner Name für ein schönes Café. Seit wann hast du das Café?
Konstantin: Danke. Seit circa fünf Jahren. Ich wollte mich schon immer selbstständig machen und mein eigener Chef sein. Bist du zu Besuch hier oder wohnst du hier in Hamburg?
Lerner*in: Nein, ich wohne in …

Plateau 4

Clip 2.18

Nico: Yara?
Yara: Ja?
Nico: Lisa hat mir gesagt, dass Selma bald Geburtstag hat.
Yara: Selma?
Nico: Eine Freundin von mir. Ich möchte ihr etwas schenken.
Yara: Aha.
Nico: Ich möchte ihr ein Fahrrad schenken.
Yara: Was? Das kannst du dir doch gar nicht leisten.
Nico: Es muss ja auch kein neues Fahrrad sein.
Yara: Du meinst ein gebrauchtes?
Nico: Ja, ich schenke ihr ein gebrauchtes Fahrrad.
Yara: Das ist aber immer noch ziemlich teuer für ein Geburtstagsgeschenk.
Nico: Ich möchte Selma überraschen.
Yara: Das ist wirklich nett von dir. Aber du solltest vielleicht mehr Zeit mit der Suche nach einer Arbeit verbringen.
Nico: Mach dir keine Sorgen. Ich finde bald etwas.
Yara: Bestimmt. Bis dahin musst du deinen Freundinnen eben preiswerte Geschenke kaufen.
Nico: Bitte, Tante Yara. Du kannst doch bestimmt ein … ähm … gebrauchtes Fahrrad finden. Ich zahle dir das Geld auch so schnell wie möglich zurück.
Yara: Wann ist denn der Geburtstag?
Nico: Bald. Ich finde es heute noch heraus!
Yara: Na schön.
Nico: Danke, danke, danke, danke, danke, danke!
Yara: Ja, ist gut. Und jetzt pack mit an!

Nico: Gehst du gerne ins Theater?
Max: Eigentlich schon, aber ich habe kaum Zeit.
Nico: Oh … Entschuldigung, ich habe nur wiederholt.

Max: Ach so. Das Thema der Lektion ist Theater?
Nico: Kunst und Kultur. Es geht um Literatur, Theater und Malerei … Es geht aber auch um, ähm, Gedichte und Romane.
Max: Cool.
Nico: Naja …
Max: Du interessierst dich nicht für Kultur?
Nico: Ich gehe ganz gerne ins Kino, aber Theater finde ich ziemlich langweilig.
Max: Was ist mit Musik? Du interessierst dich doch auch für Musik.
Nico: Ja, total!
Max: Bist du schon mal auf einem Festival gewesen?
Nico: Nein, aber ich möchte nächsten Sommer unbedingt auf ein Open-Air-Festival gehen.
Tarek: Mhm. Die Band hat abgesagt.
Nico: Welche Band?
Tarek: Das Restaurant hat doch zehnjähriges Jubiläum, und wir haben dafür eine Band bestellt.
Max: Jetzt haben wir kein Programm?
Tarek: So kurzfristig finden wir keinen … Ersatz.
Max: Ah …
Nico: Oh! Nein! Nein, auf keinen Fall!
Tarek: Nico?
Nico: Ah, ah.
Max: Komm schon.
Nico: Mh, mh.

Clip 2.19

Nico: Selma!
Selma: Hallo Nico. Was ist denn los?
Nico: Einen Moment! Nicht bewegen! Alles Gute zum Geburtstag!
Selma: Mein Gott!
Nico: Ich hatte das Gefühl, du kannst es brauchen.
Selma: Ich bin so glücklich! So ein schönes Fahrrad! Ist das wirklich für mich?
Selma: Das Fahrrad ist toll! Das ist der beste Geburtstag seit Langem! Eine Sekunde. Mein Vater … Er hat irgendwie herausgefunden, dass ich nicht beim Sprachkurs bin. Er ist total sauer!
Nico: Was, aber wie?
Selma: Keine Ahnung, Nico. Ich muss gehen. Es tut mir leid!
Max: Ja. Komm! Leg den Ball rüber. Komm! Ah. Der macht ein absolut großartiges Spiel heute.
Tarek: Der Müller ist heute aber auch total gut drauf. Ja, komm, schieß!
Max: Ja!
Max + Tarek: Ah …
Tarek: Mega Chance …
Tarek: Nicht aufgeben!

VIDEOTEXTE

Nico: Selmas Vater weiß jetzt, dass sie sich mit mir trifft.
Tarek: Ja und? Sie ist doch erwachsen. Und außerdem seid ihr nur Freunde, oder?
Nico: So einfach ist das nicht. Ihre Eltern sind sehr streng. Sie sind sauer, wenn sie sich mit mir trifft. Und sind sie sauer, darf Selma nicht rausgehen. Und darf Selma nicht rausgehen, sehe ich sie nicht.
Tarek: Ah ...
Max: Und wenn du sie nicht siehst, dann ... Ich habe schon verstanden.
Tarek: Tor!

Clip 2.20

Yara: Also! Was habt ihr vor?
Max: Das ist eigentlich ganz einfach. Wir wollen unserem Restaurant einen Lieferservice anschließen.
Yara: Das willst du doch schon lange.
Max: Aber jetzt habe ich jemanden gefunden, der mich unterstützt.
Yara: Pepe? Ernsthaft?
Pepe: Das könnte sehr profitabel werden!
Yara: Ich verstehe ... Und was habe ich damit zu tun?
Max: Ich möchte, dass der Lieferservice umweltfreundlich ist.
Pepe: Deshalb wollen wir mit dem Fahrrad liefern. Das ist umweltfreundlich und spart auch Benzinkosten.
Max: Das geht zwar nicht, wenn es schneit, aber ansonsten eigentlich immer.
Yara: Und ihr wollt Fahrräder von mir.
Pepe: Ja, aber nicht nur Fahrräder. Das Geschäft soll sich auch sonst für dich lohnen.
Yara: Wie denn?
Pepe: Naja, du steigst in das Projekt als Geschäftspartnerin mit ein und wirst dann am Gewinn beteiligt.
Max: Das Risiko wird dann natürlich auch geteilt.
Pepe: Wenn dir der Vorschlag zu riskant ist, dann mieten wir die Fahrräder einfach nur bei dir. Und auf unserem Flyer und in der App wird dann Werbung für deinen Laden gemacht.
Yara: Die Idee ist gut. Wie groß soll das Geschäft mit dem Lieferservice denn werden?
Pepe: Naja, so groß es geht.
Pepe: Tja, und zum Schluss müssen die Leute nur noch bestellen.
Tarek: Also kurz gesagt: Zuerst entwickelt deine Firma eine App für unser Angebot.
Pepe: Richtig. Die Gerichte werden von den Kunden bestimmt über die App bestellt.
Tarek: O.k. Die Leute bestellen über die App und dann wird es mit Yaras Fahrrädern ausgeliefert.

Pepe: Im Prinzip ist das richtig.
Max: Aber das Besondere ist: Die Leute können wählen, ob sie eine fertige Mahlzeit bestellen wollen oder nur die Zutaten.
Yara: Meinst du wirklich, dass das Angebot angenommen wird?
Pepe: Na klar! Außerdem wird in der App gezeigt, welche Gerichte es für Vegetarier oder Veganer gibt. Darauf wird dann auch geachtet.
Yara: Das habe ich so wirklich noch nicht gesehen.
Tarek: Ja, das ist super.
Pepe: Wenn das Konzept funktioniert, könnten andere Restaurants einsteigen. So könnten wir in der ganzen Stadt und irgendwann vielleicht im ganzen Land liefern.
Tarek: Ich weiß nicht.
Max: Tarek, komm schon. Das ist unsere Chance!

Nico: Selma! Entschuldigung, ich ähm ...
Selma: Nico ... Nico ...
Nico: Was machst du hier? Wissen deine Eltern, dass du hier bist? Selma ...
Selma: Ich muss es dir persönlich sagen.
Nico: Was ... was musst du mir persönlich sagen?
Selma: Wir können uns nicht mehr sehen, Nico. Es tut mir leid, ich mag dich!

WORTLISTE

Die alphabetische Wortliste enthält den Wortschatz der Einheiten. Zahlen, grammatische Begriffe sowie Namen von Personen, Städten und Ländern sind nicht in der Liste enthalten. Wörter, die nicht zum Zertifikatswortschatz gehören, sind kursiv ausgezeichnet.

Die Zahlen geben an, wo die Wörter das erste Mal vorkommen – 10/1b bedeutet zum Beispiel Seite 10, Aufgabe 1b.

Die . oder ein _ unter Buchstaben des Worts zeigen den Wortakzent:
a = ein kurzer Vokal; a = ein langer Vokal.

Bei den Verben ist immer der Infinitiv aufgenommen. Bei Nomen finden Sie immer den Artikel und die Pluralform.
(Sg.) = Dieses Wort gibt es (meistens) nur im Singular.
(Pl.) = Dieses Wort gibt es (meistens) nur im Plural.

A

das	Abi, die Abis	10
	ab und zu	66
das	Abendbrot, die Abendbrote	124/1b
das	Abendessen, die Abendessen	179
die	Abflugzeit, die Abflugzeiten	71/5a
	abhalten (von), sie hält ab von, sie hat abgehalten von	64/3f
die	Abiparty, die Abipartys	10
das	Abitur, die Abiture	11
die	Abizeitung, die Abizeitungen	11
die	Abkürzung, die Abkürzungen	36/2b
der	Ablauf, die Abläufe	69/4a
	ablehnen, sie lehnt ab, sie hat abgelehnt	66
die	Abreise, die Abreisen	64/3c
	abschalten, sie schaltet ab, sie hat abgeschaltet	66
der	Abschied, die Abschiede	202
der	Abschluss, die Abschlüsse	68/2c
die	Abschlussnote, die Abschlussnoten	68/2a
	abstellen, sie stellt ab, sie hat abgestellt	38/1b
die	Abstellkammer, die Abstellkammern	37/6a
	abwaschen, sie wäscht ab, sie hat abgewaschen	174/1a
	abwechseln (sich), sie wechselt sich ab, sie hat sich abgewechselt	118/1c
die	Abwechslung, die Abwechslungen	180/1a
	achten (auf), sie achtet auf, sie hat geachtet auf	70/1
die	Achtung (Sg.)	204/2a
	ähnlich	64/3g
die	Akademie, die Akademien	160/2a
der	Akku, die Akkus	47
die	Aktion, die Aktionen	146
	aktiv	93/4c
	aktuell	66
	akzeptieren, sie akzeptiert, sie hat akzeptiert	27/5a
	alkoholisch	103
	allgemein	183/3c
die	Allgemeine Hochschulreife (Sg.)	68/2a
	allzu	80/2a
die	Alpen (Pl.)	26/3a
die	Alternative, die Alternativen	22
die	Altkleider (Pl.)	148/3a
der	Altkleiderberg, die Altkleiderberge	148/3a
die	Altkleidersammlung, die Altkleidersammlungen	149/3b
der/die	Amerikaner/in, die Amerikaner/ die Amerikanerinnen	191
die	Ampel, die Ampeln	93/4a
	anbauen, sie baut an, sie hat angebaut	104/1b
	anbei	50/1a
	anbieten, sie bietet an, sie hat angeboten	146
der/die	Anbieter/in, die Anbieter/ die Anbieterinnen	36/3b
	ändern, sie ändert, sie hat geändert	26/1c
	anders	66
der	Anfang, die Anfänge	138/2a
	anfangen, sie fängt an, sie hat angefangen	12/1c
die	Angabe, die Angaben	68/2c
	angehen, es geht an, es ist angegangen	147
	angenehm	150/1a
die	Angst, die Ängste	187/8
	ängstlich	182/1a
der	Anhang, die Anhänge	50/1a
	ankreuzen, sie kreuzt an, sie hat angekreuzt	12/1b
die	Ankunft, die Ankünfte	24/1a
die	Anleitung, die Anleitungen	158
	anmelden (sich für), sie meldet sich an, sie hat sich angemeldet	10
die	Anmeldung, die Anmeldungen	12/3a
	anpacken, sie packt an, sie hat angepackt	230/1d
die	Anreise, die Anreisen	64/3c
	anreisen, sie reist an, sie ist angereist	134
der	Anruf, die Anrufe	70/2b
die	Ansage, die Ansagen	27/4a

WORTLISTE

	anschließen, sie schließt an, sie hat angeschlossen	163/4
die	Anschrift, die Anschriften	68/2a
	ansehen, sie sieht an, sie hat angesehen	37/5b
	anstrengend	179
der/die	Anwalt/Anwältin, die Anwälte / die Anwältinnen	82/1
die	Anweisung, die Anweisungen	122
die	Anzahl, die Anzahlen	136/1c
die	Anzeige, die Anzeigen	36/3b
	anzeigen, sie zeigt an, sie hat angezeigt	227
der	Apfelstrudel, die Apfelstrudel	178
der	Apfelwein, die Apfelweine	102
die	Apotheke, die Apotheken	125/3b
der	Apparat, die Apparate	5
der	Arbeitsablauf, die Arbeitsabläufe	69/4a
der	Arbeitsbeginn (Sg.)	69/4a
die	Arbeitswelt, die Arbeitswelten	66
das	Arbeitszimmer, die Arbeitszimmer	37/6a
	ärgern (sich über), sie ärgert sich über, sie hat sich geärgert über	35
	arm	150/2a
der	Artikel, die Artikel	46
	atmen, sie atmet, sie hat geatmet	147
das	Audio, die Audios	83/5c
der	Audioguide, die Audioguides	206/1b
	Auf Wiederschauen!	181/2b
	aufbauen, sie baut auf, sie hat aufgebaut	38/1b
	aufführen, sie führt auf, sie hat aufgeführt	83/3a
	aufgeregt	106/1a
	aufhören, sie hört auf, sie hat aufgehört	138/2a
	aufladen, sie lädt auf, sie hat aufgeladen	47
	aufmachen, sie macht auf, sie hat aufgemacht	216/2a
	aufmerksam machen, sie macht aufmerksam, sie hat aufmerksam gemacht	159/3b
	aufnehmen, sie nimmt auf, sie hat aufgenommen	137/5a
	aufpassen, sie passt auf, sie hat aufgepasst	66
	aufräumen, sie räumt auf, sie hat aufgeräumt	63/2a
	aufregend	138/1
	aufstellen, sie stellt auf, sie hat aufgestellt	115/3a
	auftreten, sie tritt auf, sie ist aufgetreten	137/5a
die	Aula, die Aulen / die Aulas	10
der	Ausbildungsplatz, die Ausbildungsplätze	214
der	Ausblick, die Ausblicke	61
	ausbrechen (aus), sie bricht aus, sie ist ausgebrochen	123
	ausdrücken, sie drückt aus, sie hat ausgedrückt	134
der	Ausflug, die Ausflüge	10
	ausgeben, sie gibt aus, sie hat ausgegeben	93/4a
	ausgebucht	24/1c
	ausgehen, sie geht aus, sie ist ausgegangen	103/3c
	auskennen (sich mit), sie kennt sich aus mit, sie hat sich ausgekannt mit	180/1b
	ausleihen, sie leiht aus, sie hat ausgeliehen	79
	auspacken, sie packt aus, sie hat ausgepackt	50/1a
	ausreichen, es reicht aus, es hat ausgereicht	174/1a
das	Aussehen (Sg.)	192/1c
	außen	159/1
	außerdem	231/2e
die	Aussicht, die Aussichten	36/1
die	Ausstellung, die Ausstellungen	79
	austauschen, sie tauscht aus, sie hat ausgetauscht	15/3d
die	Auswahl, die Auswahlen	237
	auswählen, sie wählt aus, sie hat ausgewählt	123
der	Ausweis, die Ausweise	79
	auswerten, sie wertet aus, sie hat ausgewertet	35
die	Auswertung, die Auswertungen	194/1
die	Autobahn, die Autobahnen	95/4a
der/die	Autofahrer/in, die Autofahrer / die Autofahrerinnen	35
der/die	Autor/Autorin, die Autoren / die Autorinnen	80/2a
die	Avocado, die Avocados	104/1b

B

	Baba!	181/2b
der	Bachelor (Sg.)	61
	backen, sie bäckt/backt, sie hat gebacken	124/1b
der/die	Bäcker/in, die Bäcker / die Bäckerinnen	207/4b
das	Backhaus, die Backhäuser	206/2a
das	Bad, die Bäder	63/2a
	baden, sie badet, sie hat gebadet	135

die **B**a̲dewanne, die Badewannen	36/1
b**a**ld	95/4a
der B**a**lkon, die Balkone	34
das Balko̲nien (Sg.)	39/5b
der B**a**ll, die Bälle	92/2a
der/die Ball**e**tttänzer/in, die Balletttänzer / die Balletttänzerinnen	216/2a
die B**a**nk, die Bänke	61
der Ba̲seball (Sg.)	139/5b
bas**ie**ren (auf), es basiert auf, es hat basiert auf	182/2a
das B**a**tgirl, die Batgirls	114/2a
der Ba**u** (Sg.)	162/1a
die Ba̲uanleitung, die Bauanleitungen	162/1a
ba**u**en, sie baut, sie hat gebaut	150/2a
der/die Ba**u**er/Bä̲uerin, die Bauern / die Bäuerinnen	104/1b
der Ba̲uernmarkt, die Bauernmärkte	204/2a
der Ba̲umarkt, die Baumärkte	161/4c
bea̲chten	180/1c
der/die Be**a**mte/Beamtin, die Beamten / die Beamtinnen	106/2a
beantw**o**rten, sie beantwortet, sie hat beantwortet	71/4a
bearb**ei**ten, sie bearbeitet, sie hat bearbeitet	137/5a
der B**e**cher, die Becher	136/4b
bed**a**nken (sich bei), sie bedankt sich, sie hat sich bedankt	71/4a
beda**u**ern, sie bedauert, sie hat bedauert	70/1
bede**u**ten, es bedeutet, es hat bedeutet	14/1a
die Bede**u**tung, die Bedeutungen	63/2d
die Bed**i**ngung, die Bedingungen	146
bee**i**len (sich), sie beeilt sich, sie hat sich beeilt	27/5a
bee**n**den, sie beendet, sie hat beendet	82/1
begei̲stern, sie begeistert, sie hat begeistert	80/2a
die Begei̲sterung, die Begeisterungen	134
der Begr**i**ff, die Begriffe	203
begr**ü**nden, sie begründet, sie hat begründet	92/2a
bei̲bringen, sie bringt bei, sie hat beigebracht	118/1a
bei̲de	230/1
der Bei̲trag, die Beiträge	206/2b
bek**a**nnt	80/2a
bel**ie**bt	46
b**e**llen, sie bellt, sie hat gebellt	93/5
beque̲m	25/4a
bera̲ten, sie berät, sie hat beraten	68/2a
die Bera̲tung, die Beratungen	181/2b
berg**a**b	180/1c
berg**au**f	180/1c
der B**e**rggipfel, die Berggipfel	179
die B**e**rghütte, die Berghütten	179
der Ber**i**cht, die Berichte	134
ber**i**chten (von), sie berichtet von, sie hat berichtet von	10/1a
ber**u**flich	15/3b
die Ber**u**fserfahrung, die Berufserfahrungen	68/2a
der Ber**u**fsweg, die Berufswege	217/4
der Ber**u**fswunsch, die Berufswünsche	216/1
ber**ü**hmt	81/4
besch**ä**ftigen (sich mit), sie beschäftigt sich mit, sie hat sich beschäftigt mit	82/1
die Beschrei̲bung, die Beschreibungen	95/4a
beschw**e**ren (sich bei/über), sie beschwert sich, sie hat sich beschwert	123
die Bes**i**chtigung, die Besichtigungen	37/5
der/die Bes**i**tzer/in, die Besitzer / die Besitzerinnen	94/2a
das Bes**o**ndere (Sg.)	193/1b
bes**o**nders	14/1a
die Best**ä**tigung, die Bestätigungen	71/5a
best**e**hen (aus), es besteht aus, es hat bestanden aus	103
die Best**e**llung, die Bestellungen	71/4a
best**i**mmt	65
der B**e**stseller, die Bestseller	80/2a
der Bes**u**ch, die Besuche	103
bet**o**nen, sie betont, sie hat betont	83/5c
die Bet**o**nung, die Betonungen	83/5a
der Betr**e**ff, die Betreffe	71/5a
die Betre**u**ung, die Betreuungen	122
der Betr**ie**b, die Betriebe	203
das B**e**tt, die Betten	138/1
die B**e**ttwäsche, die Bettwäschen	65
der Be**u**tel, die Beutel	147/4c
bewa̲hren, sie bewahrt, sie hat bewahrt	146
bewe̲gen (sich), sie bewegt sich, sie hat sich bewegt	117
bewei̲sen, sie beweist, sie hat bewiesen	215
bew**e**rben (sich um), sie bewirbt sich, sie hat sich beworben	216/2a
bewo̲hnbar	147
bewo̲hnen, sie bewohnt, sie hat bewohnt	151/5
der/die Bewo̲hner/in, die Bewohner / die Bewohnerinnen	80/2a
beza̲hlbar	150/2a

WORTLISTE

bezahlen, sie bezahlt, sie hat bezahlt	158
die Beziehung, die Beziehungen	191
der Beziehungsstatus (Sg.)	194/1
die Bibliothek, die Bibliotheken	79
der Bibliotheksausweis, die Bibliotheksausweise	79
die Biene, die Bienen	146
das Bier, die Biere	61
bieten, sie bietet, sie hat geboten	37/8
das Bilderbuch, die Bilderbücher	85/7a
die Bildung	79
das Billett, die Billetts	27/4a
billig	24/1a
das Bio-Gemüse (Sg.)	150/2a
die Biografie, die Biografien	78
biografisch	78
die Bio-Qualität, die Bio-Qualitäten	150/2a
bitten (um), sie bittet um, sie hat gebeten um	71/4b
das Blatt, die Blätter	219/4b
blicken, sie blickt, sie hat geblickt	150/2a
blond	114/2a
bloß	176/3c
der Bluetooth-Kopfhörer, die Bluetooth-Kopfhörer	47
der Boden, die Böden	138/1
die Bohne, die Bohnen	104/1b
bohren, sie bohrt, sie hat gebohrt	161/4a
die Bohrmaschine, die Bohrmaschinen	158
boomen, es boomt, es hat geboomt	179
die Börse, die Börsen	103
die Botschaft, die Botschaften	147
die Box, die Boxen	50/2b
brauchbar	151/3a
brechen (sich), sie bricht sich, sie hat sich gebrochen	124/2a
die Bremse, die Bremsen	175/2c
bremsen, sie bremst, sie hat gebremst	124/2a
die Brezel, die Brezeln	179/2b
der Briefkasten, die Briefkästen	127/4c
die Briefmarke, die Briefmarken	120/3a
die Brille, die Brillen	91
die Brotzeit, die Brotzeiten	178
die Buchhandlung, die Buchhandlungen	78
die Buchmesse, die Buchmessen	103
der Buchstabe, die Buchstaben	121
die Bucketliste, die Bucketlisten	215
das Buffet, die Buffets	12/1
bügeln, sie bügelt, sie hat gebügelt	125/3a
die Bühne, die Bühnen	134
das Bundesland, die Bundesländer	179
die Bundesliga, die Bundesligen	14/1a
der/die Bundespolizist/in, die Bundespolizisten/ die Bundespolizistinnen	106/2c
bunt	116/1c
der/die Bürger/in, die Bürger / die Bürgerinnen	204/2a
der/die Bürgermeister/in, die Bürgermeister/ die Bürgermeisterinnen	203
das Büro, die Büros	36/2a
der/die Busfahrer/in, die Busfahrer / die Busfahrerinnen	114/2a
die Buttercreme, die Buttercremes	105/5

C

das Camping-Geschirr (Sg.)	136/4b
die CD, die CDs	65
das Chaos (Sg.)	81/6
chaotisch	50/1a
der Charakter, die Charaktere	192/1c
der Charme (Sg.)	103
der Chat, die Chats	160/2a
chatten (mit), sie chattet, sie hat gechattet	48/1b
checken, sie checkt, sie hat gecheckt	51/4
die Checkliste, die Checklisten	68/2c
circa	163/5a
der Club, die Clubs	26/1a
die Collage, die Collagen	61
der/das Comic, die Comics	118/1c
die Community, die Communitys	162/1a
der/die Co-Pilot/in, die Co-Piloten / die Co-Pilotinnen	106/2b
die Creme, die Cremes	105/5

D

dabei sein, sie ist dabei, sie war dabei	10
daher	135
damals	11
die Dame, die Damen	65
damit	150/2a
danken, sie dankt, sie hat gedankt	229
dass	11
dasselbe	122/2a
die Datei, die Dateien	48/1a
das Datum, die Daten	68/2c
die Dauer (Sg.)	24/1c
dauerhaft	215
dauernd	66
die Decke, die Decken	160/2a
decken, sie deckt, sie hat gedeckt	126/2a
defekt	163/5a
definieren, sie definiert, sie hat definiert	191

WORTLISTE

die	**Definition**, die Definitionen	61
	denken (an), sie denkt, sie hat gedacht	11
das	**Detox** (Sg.)	51/4
der/die	**Dichter/in**, die Dichter / die Dichterinnen	82/1
der/die	**Diener/in**, die Diener / die Dienerinnen	182/2a
der	**Dienst**, die Dienste	27/4a
	digital	46
die	**Digitalisierung**, die Digitalisierungen	66
	diktieren, sie diktiert, sie hat diktiert	170/2b
das	**Ding**, die Dinge	137/5a
	direkt	24/1b
der/die	**Direktor/Direktorin**, die Direktoren / die Direktorinnen	12/1
	diskutieren (über), sie diskutiert, sie hat diskutiert	176/3a
das	**Display**, die Displays	159
der/die	**DJ/DJane**, die DJs / die DJanes	10
die	**Dokumentation**, die Dokumentationen	67/3a
der/die	**Dolmetscher/in**, die Dolmetscher / die Dolmetscherinnen	80/2a
der	**Dom**, die Dome	103
	doof	192/2
die	**Doppelgarage**, die Doppelgaragen	202
das	**Doppelzimmer**, die Doppelzimmer	62/1d
der	**Dorfkurier**, die Dorfkuriere	204/2
	downloaden, sie downloadet, sie hat downgeloadet	47
	dran sein, sie ist dran, sie ist dran gewesen	125/3a
	drauf	138/2a
	dreckig	138/1
	dreijährig	216/2a
	dreitägig	226
	dringend	70/2b
	drinnen	11
das	**Drittel**, die Drittel	34
die	**Drohne**, die Drohnen	66
	drücken, sie drückt, sie hat gedrückt	163/4
die	**Durchsage**, die Durchsagen	27/4a
der	**Durchschnitt**, die Durchschnitte	34
die	**Dusche**, die Duschen	37/5b
die	**DVD**, die DVDs	65

E

	eben	104/1b
das	**E-Bike**, die E-Bikes	65
das	**E-Book**, die E-Books	46
das	**Echo**, die Echos	139/4b
	echt	11
die	**EDV** (Sg.)	69/2a
	egal	66
die	**E-Gitarre**, die E-Gitarren	38/1b
das	**Ehepaar**, die Ehepaare	148/1a
	ehrlich	205/3d
	eigener, eigenes, eigene	11
	eigentlich	80/1
der	**Eimer**, die Eimer	161/4c
	einarbeiten (sich), sie arbeitet sich ein, sie hat sich eingearbeitet	66
	einatmen, sie atmet ein, sie hat eingeatmet	117
	einfallen, es fällt ein, es ist eingefallen	150/1b
das	**Einfamilienhaus**, die Einfamilienhäuser	34
	eingeben, sie gibt ein, sie hat eingegeben	163/4
	einige	134
	einjährig	218/1b
der	**Einkauf**, die Einkäufe	68/2a
das	**Einkaufszentrum**, die Einkaufszentren	65
das	**Einkommen**, die Einkommen	34
die	**Einladung**, die Einladungen	10
die	**Einleitung**, die Einleitungen	183/5b
	einrichten, sie richtet ein, sie hat eingerichtet	159
die	**Einrichtung**, die Einrichtungen	148/3a
	einschalten, sie schaltet ein, sie hat eingeschaltet	163/5a
	einschlafen, sie schläft ein, sie ist eingeschlafen	124/1b
der	**Eintrag**, die Einträge	68/1
	einverstanden sein (mit), sie ist einverstanden, sie war einverstanden	148/1b
der/die	**Einwohner/in**, die Einwohner / die Einwohnerinnen	22
das	**Einzelzimmer**, die Einzelzimmer	62/1d
	einziehen, sie zieht ein, sie ist eingezogen	63/2c
	einziger, einziges, einzige	195/5a
die	**Eisenbahn**, die Eisenbahnen	27/5a
	Elektro (Sg.)	135
das	**Elektrogerät**, die Elektrogeräte	158
	elektronisch	67/3c
die	**Emotion**, die Emotionen	139/3a
	empfehlen, sie empfiehlt, sie hat empfohlen	80/2
die	**Empfehlung**, die Empfehlungen	80/2a
	endlich	10
die	**Energie**, Energien	116/1c
die	**Energiesparlampe**, die Energiesparlampen	147/4a
	eng	191

WORTLISTE

	entdecken, sie entdeckt, sie hat entdeckt	80/2a
die	Entdeckung, die Entdeckungen	202
die	Entdeckungsreise, die Entdeckungsreisen	202
	enthalten, es enthält, es hat enthalten	134
	entscheiden, sie entscheidet, sie hat entschieden	183/4a
die	Entscheidung, die Entscheidungen	216/2a
	entspannt	39/4a
	entstehen, es entsteht, es ist entstanden	66
	entwickeln, sie entwickelt, sie hat entwickelt	66
die	Erde (Sg.)	146
	erfahren, sie erfährt, sie hat erfahren	64/3c
die	Erfahrung	69/4a
das	Ergebnis, die Ergebnisse	14/1a
	erholen (sich von), sie erholt sich, sie hat sich erholt	150/2a
die	Erholung (Sg.)	180/1a
	erinnern (sich an), sie erinnert sich, sie hat sich erinnert	12/3a
	erkennen, sie erkennt, sie hat erkannt	191
die	Erklärung, die Erklärungen	217/6a
	erlauben, sie erlaubt, sie hat erlaubt	35
	erlebbar	150/2a
	erleben, sie erlebt, sie hat erlebt	47/4
das	Erlebnis, die Erlebnisse	134
die	Ermäßigung, die Ermäßigungen	134
	ermitteln, sie ermittelt, sie hat ermittelt	80/2a
der	Ernst (Sg.)	63/2d
die	Ernte, die Ernten	203
	erreichen, sie erreicht, sie hat erreicht	219/4b
das	Ersatzteil, die Ersatzteile	158
	erst	24/1c
	erstaunen, sie erstaunt, sie ist erstaunt	35/1b
	erstellen, sie erstellt, sie hat erstellt	61
	erwachsen	125/3a
	erwarten, sie erwartet, sie hat erwartet	68/1
die	Eselsbrücke, die Eselsbrücken	68/3a
	essbar	150/2a
der	Essig, die Essige	103
der	Esslöffel, die Esslöffel	48/1a
	etwa	103
	europäisch	34
die	Europäische Zentralbank	102
die	Evaluation, die Evaluationen	59/8
	ewig	69/5
das	Experiment, die Experimente	51/5
	extra	23

F

die	Fachhochschule, die Fachhochschulen	68/2a
die	Fähigkeit, die Fähigkeiten	180/1c
der/die	Fahrer/in, die Fahrer / die Fahrerinnen	126/2c
der	Fahrgast, die Fahrgäste	27/4a
die	Fahrkarte, die Fahrkarten	25/3b
der	Fahrplan, die Fahrpläne	23
	fahrradfreundlich	22
der	Fahrradkeller, die Fahrradkeller	38/1b
das	Fahrradparkhaus, die Fahrradparkhäuser	22
die	Fahrt, die Fahrten	181/2b
der	Fakt, die Fakten	83/4
der	Faktor, die Faktoren	215
der	Fall, die Fälle	80/2a
	falsch	127/4
der	Fan, die Fans	65
	fantastisch	134
die	Farbenlehre, die Farbenlehren	82/1
das	Fazit, die Fazite / die Fazits	138/2a
	fehlen, sie fehlt, sie hat gefehlt	66
der	Fehler, die Fehler	160/2a
das	Feld, die Felder	172
das	Fell, die Felle	90
	fern	190
das	Fernsehen (Sg.)	183/5c
	fertig sein (mit), sie ist fertig, sie war fertig	125/3a
	fest	66
das	Festival, die Festivals	134
das	Feuer (Sg.)	207/4a
die	Feuerwehr, die Feuerwehren	202
die	Figur, die Figuren	172/1
	filmen, sie filmt, sie hat gefilmt	66
die	Filmfigur, die Filmfiguren	183/3c
	fit	95/4a
die	Fläche, die Flächen	36/3b
	flexibel	23
der	Flohmarkt, die Flohmärkte	37/8
die	Flucht (Sg.)	81/5a
	flüchten, sie flüchtet, sie ist geflüchtet	81/5b
der	Flüchtling, die Flüchtlinge	81/5a
der/die	Flugbegleiter/in, die Flugbgleiter / die Flugbegleiterinnen	106/2a
der	Fluggast, die Fluggäste	106/1a
der/die	Fluglotse/Fluglotsin, die Fluglotsen / die Fluglotsinnen	106/2a
das	Flugticket, die Flugtickets	71/5a
das	Flugzeug, die Flugzeuge	147
der	Flyer, die Flyer	232/3b
die	Folge, die Folgen	146
	folgen, sie folgt, sie ist gefolgt	227
	folgender, folgendes, folgende	83/5c

WORTLISTE

die Form, die Formen	191
formulieren, sie formuliert, sie hat formuliert	70/1
der/die Forscher/in, die Forscher / die Forscherinnen	79
der/die Förster/in, die Förster / die Försterinnen	80/2a
das Fräulein, die Fräulein	182/2a
freiwillig	191
die Freizeit, die Freizeiten	39/5b
fremd	117
die Fremdsprache, die Fremdsprachen	114/1b
fressen, sie frisst, sie hat gefressen	91
freuen (sich auf/über), sie freut sich, sie hat sich gefreut	39/9
freundlich	92/2a
die Freundschaft, die Freundschaften	190
froh	125/3a
fröhlich	36/3b
die Frucht, die Früchte	104/2c
das Frühjahr (Sg.)	182/2a
die Frühlingszwiebel, die Frühlingszwiebeln	146
frühstücken, sie frühstückt, sie hat gefrühstückt	126/1a
fühlen (sich), sie fühlt sich, sie hat sich gefühlt	61
die Führung, die Führungen	10
funktionieren, es funktioniert, es hat funktioniert	12/3a
der/die Fußgänger/in, die Fußgänger / die Fußgängerinnen	23
die Fußgängerzone, die Fußgängerzonen	23
das Futter, die Futter	90

G

die Gabel, die Gabeln	136/4b
die Gänsehaut (Sg.)	134
gar nicht	50/1a
die Garage, die Garagen	37/7a
die Garantie, die Garantien	163/5a
der/die Gartenbauingenieur/in, die Gartenbauingenieure / die Gartenbauingenieurinnen	68/2a
das Gartencenter, die Gartencenter	39/5b
der Gartenzwerg, die Gartenzwerge	151/3a
der/die Gärtner/in, die Gärtner / die Gärtnerinnen	68/2a
die Gärtnerei, die Gärtnereien	68/2a
der Gast, die Gäste	92/2a
das Gebirge, die Gebirge	179
gebraucht	149/5
die Gebühr, die Gebühren	160/2a
das Geburtsdatum, die Geburtsdaten	68/2a
der Geburtsort, die Geburtsorte	68/2a
der Gedanke, die Gedanken	229
das Gedicht, die Gedichte	82/1
die Geduld (Sg.)	136/1b
geehrter, geehrtes, geehrte	71/5a
die Gefahr, die Gefahren	126/2a
gefährlich	38/1a
das Gefühl, die Gefühle	61
der Gegensatz, die Gegensätze	103
der Gegenstand, die Gegenstände	148/1b
das Gegenteil, die Gegenteile	26/2
gegenüber	25/3b
gelähmt	182/2a
das Gelände, die Gelände	134
der Geldautomat, die Geldautomaten	59/5a
die Gemeinde, die Gemeinden	202
das Gemeindehaus, die Gemeindehäuser	204/2a
gemeinsam	114/2a
der Gemüsehof, die Gemüsehöfe	104/2a
die Gemüsekiste, die Gemüsekisten	104/2c
genervt	63/2h
genial	138/1
das Genie, die Genies	82/1
genug	18/7b
gerade	24/1a
geradeaus	206/1b
das Gerät, die Geräte	48/1
das Geräusch, die Geräusche	116/1b
gesamt	134
das Geschäft, die Geschäfte	92/2a
die Geschäftsidee, die Geschäftsideen	232/3b
der/die Geschäftspartner/in, die Geschäftspartner / die Geschäftspartnerinnen	232/3b
das Geschenk, die Geschenke	137/6a
die Geschichte, die Geschichten	80/2a
das Geschirr (Sg.)	125/3a
das Geschirrspülen (Sg.)	134/5b
der Geschirrspüler, die Geschirrspüler	125/3a
gewinnen, sie gewinnt, sie hat gewonnen	91
der/die Gewinner/in, die Gewinner / die Gewinnerinnen	91
der Gipfel, die Gipfel	179
das Gleis, die Gleise	25/3b
glücklich	61
der Glücklichmacher, die Glücklichmacher	215
der Glücksfaktor, die Glücksfaktoren	215
der/die Glücksforscher/in, die Glücksforscher / die Glücksforscherinnen	215
der Glücksmoment, die Glücksmomente	214
der Glückspilz, die Glückspilze	217/6a

WORTLISTE

	goldener, goldenes, goldene	202
der	Goldfisch, die Goldfische	92/1a
	googeln, sie googelt, sie hat gegoogelt	91
der	Gott, die Götter	202
die	Grafik, die Grafiken	35
	gratulieren, sie gratuliert, sie hat gratuliert	63/2f
der	Grill, die Grills	151/3a
	großartig	138/2a
die	Großstadt, die Großstädte	103
der	Grund, die Gründe	23
der/die	Gründer/in, die Gründer/die Gründerinnen	159
	Grüß Gott!	181/2b
	grüßen, sie grüßt, sie hat gegrüßt	172
die	Gummistiefel, die Gummistiefel	136/4b
der	Gutschein, die Gutscheine	193/1b
das	Gymnasium, die Gymnasien	10

H

das	Haar, die Haare	15/3b
der	Hahn, die Hähne	202
	halblaut	68/3a
die	Hälfte, die Hälften	195/5a
der	Hamster, die Hamster	92/1a
	handeln, sie handelt, sie hat gehandelt	149/5
der	Handkäse, die Handkäse	103
der/die	Händler/in, die Händler/die Händlerinnen	92/2a
der/die	Handwerker/in, die Handwerker/die Handwerkerinnen	160/2a
die	Handyhülle, die Handyhüllen	148/3a
das	Happy End (Sg.)	81/5a
der	Hard Rock (Sg.)	134
der	Hase, die Hasen	172
der	Hashtag, die Hashtags	134/3
	hassen, sie hasst, sie hat gehasst	107/4a
	häufig	217/3c
der	Haupteingang, die Haupteingänge	206/1a
die	Hauptfigur, die Hauptfiguren	183/5c
die	Hauptperson, die Hauptpersonen	81/5a
die	Hauptstadt, die Hauptstädte	25/5
der	Hauptteil, die Hauptteile	183/5b
die	Hausaufgabe, die Hausaufgaben	10
die	Hausfrau, die Hausfrauen	205/3b
der	Haushalt, die Haushalte	122
die	Hausordnung, die Hausordnungen	35
die	Haustür, die Haustüren	87/12a
das	Haustier, die Haustiere	38/1b
die	Hausverwaltung, die Hausverwaltungen	38/1b
die	Haut (Sg.)	134
der	Heavy Metal (Sg.)	134
	heimwerken, sie heimwerkt, sie hat heimgewerkt	159
der/die	Heimwerker/in, die Heimwerker/die Heimwerkerinnen	160/2
der/die	Held/in, die Helden/die Heldinnen	176/3a
der/die	Helfer/in, die Helfer/die Helferinnen	159
	herausfinden, sie findet heraus, sie hat herausgefunden	230/1d
	herunterladen, sie lädt herunter, sie hat heruntergeladen	48/1a
der/die	Herzog/in, die Herzoge/die Herzoginnen	82/1
die	Himbeere, die Himbeeren	104/2b
	hinfahren, sie fährt hin, sie ist hingefahren	117
	hingehen, sie geht hin, sie ist hingegangen	103
	hinkommen, sie kommt hin, sie ist hingekommen	103
die	Hinreise, die Hinreisen	64/3c
	hinschauen, sie schaut hin, sie hat hingeschaut	103/4a
der	Hintergrund, die Hintergründe	119/2c
der	Hinterhof, die Hinterhöfe	158
	hinterlassen, sie hinterlässt, sie hat hinterlassen	70/2a
	hinüber	228
der	Hinweis, die Hinweise	181/2b
die	Hitliste, die Hitlisten	91/2a
	hoch	25/5
	hochladen, sie lädt hoch, sie hat hochgeladen	137/5a
die	Hochzeit, die Hochzeiten	66
der	Hof, die Höfe	104/1b
	hoffen (auf), sie hofft, sie hat gehofft	11
	hoffentlich	106/1a
der	Hofladen, die Höfläden	204/2a
	höflich	120/3a
die	Höhe, die Höhen	180/1a
die	Höhenlage, die Höhenlagen	180/1c
der	Höhenmeter, die Höhenmeter	180/1c
der	Höhepunkt, die Höhepunkte	138/2a
	holen, sie holt, sie hat geholt	11
das	Holz, die Hölzer	160/2a
das	Hörbuch, die Hörbücher	80/2a
	hübsch	150/2a
die	Hülle, die Hüllen	148/3a
der	Humor (Sg.)	192/3
die	Hundeleine, die Hundeleinen	92/2a
die	Hütte, die Hütten	178

WORTLISTE

die **Hütten**wanderung, die Hüttenwanderungen	179	

I

der **IC**, die ICs	24/1c
der **ICE**, die ICEs	25/3b
der **Igel**, die Igel	172
illustrieren, sie illustriert, sie hat illustriert	229
die **Immobilie**, die Immobilien	36/2a
indirekt	46
der **Informationstext**, die Informationstexte	207/4a
der/die **Ingenieur/in**, die Ingenieure / die Ingenieurinnen	114/2a
der **Inhalt**, die Inhalte	81/5a
inklusive	64/3c
das **Insekt**, die Insekten	146
das **Insektenhotel**, die Insektenhotels	150/2a
das **Instrument**, die Instrumente	231/1f
intelligent	95/4a
das **Interview**, die Interviews	27/4a
der/die **Interviewer/in**, die Interviewer / die Interviewerinnen	148/1b
interessieren (sich für), sie interessiert sich, sie hat sich interessiert	78
die **Intonation**, die Intonationen	205/4a
irgendwo	146
die **Isomatte**, die Isomatten	136/4b

J

die **Jahreszahl**, die Jahreszahlen	83/5a
das **Jahrhundert**, die Jahrhunderte	150/2a
jährlich	135
die **Jause**, die Jausen	178
der **Jazz** (Sg.)	135
je	150/1a
jemand	125/3a
jobben, sie jobbt, sie hat gejobbt	11
joggen, sie joggt, sie ist gejoggt	65
der/die **Journalist/in**, die Journalisten / die Journalistinnen	14/1a
das **Jubiläum**, die Jubiläen	176/3b
der **Jugendclub**, die Jugendclubs	204/2a
der/die **Jugendliche**, die Jugendlichen	78
jung	37/5a
Jura (Sg.)	82/1

K

das **Kabel**, die Kabel	47
der **Käfer**, die Käfer	150/2a
das **Kaffeekochen** (Sg.)	130/7b
die **Kaffeemaschine**, die Kaffeemaschinen	127/4
der/die **Kaiser/in**, die Kaiser / die Kaiserinnen	120/3a
der **Kaiserschmarren**, die Kaiserschmarren	178
der **Kalender**, die Kalender	80/2a
die **Kalkulation**, die Kalkulationen	68/2a
kalkulieren	69/4a
die **Kalorie**, die Kalorien	105/5
die **Kälte** (Sg.)	137/6a
die **Kaltmiete**, die Kaltmieten	36/3b
die **Kamera**, die Kameras	47
der **Kanal**, die Kanäle	137/5a
der **Kanarienvogel**, die Kanarienvögel	92/1a
das **Kaninchen**, die Kaninchen	92/1a
die **Kantine**, die Kantinen	12/1
kaputtgehen, es geht kaputt, es ist kaputtgegangen	159
das **Karaoke** (Sg.)	214
die **Karaokebar**, die Karaokebars	219/4a
die **Karriere**, die Karrieren	135
das **Kärtchen**, die Kärtchen	15/6
der **Karton**, die Kartons	50/1a
die **Käsespätzle** (Pl.)	178
der **Kasten**, die Kästen	150/2a
die **Kategorie**, die Kategorien	181/2b
der **Kater**, die Kater	90
das **Katzenklo**, die Katzenklos	91
der **Kauf**, die Käufe	90
das **Kaufhaus**, die Kaufhäuser	65
die **Kaution**, die Kautionen	36/3b
der **Keller**, die Keller	36/2b
die **Kenntnis**, die Kenntnisse	68/2a
der **Kindergarten**, die Kindergärten	125/3a
das **Kindermädchen**, die Kindermädchen	182/2a
der **Kinderwagen**, die Kinderwägen	38/1b
die **Kinokarte**, die Kinokarten	193/2
die **Kirsche**, die Kirschen	104/2b
das **Kissen**, die Kissen	162/1b
die **Klamotte**, die Klamotten	149
klappen, es klappt, es hat geklappt	106/1a
klappern, sie klappert, sie hat geklappert	125/3a
klären, sie klärt, sie hat geklärt	70/1
die **Klasse**, die Klassen	10
das **Klassentreffen**, die Klassentreffen	10
die **Klassik** (Sg.)	134/4
der **Klassiker**, die Klassiker	81/4
klassisch	78
der **Klatsch** (Sg.)	205/4a
das **Klavier**, die Klaviere	124/1a
die **Kleider** (Pl.)	81/5a

WORTLISTE

der **Kleidertausch**, die Kleidertäusche / die Kleidertausche	148/3a
das **Kleidungsstück**, die Kleidungsstücke	148/3a
die **Kleinanzeige**, die Kleinanzeigen	35
der **Kleingarten**, die Kleingärten	150/2a
die **Kleingartenkolonie**, die Kleingartenkolonien	150/2a
die **Kleinigkeit**, die Kleinigkeiten	64/3h
das **Kleintier**, die Kleintiere	92/2a
der **Klick**, die Klicks	48/1b
das **Klima**, die Klimata / die Klimas	147
klingeln, sie klingelt, sie hat geklingelt	49/5
klingen (nach), es klingt, es hat geklungen	105/6
das **Kloster**, die Kloster	120/3a
knacken, sie knackt, sie hat geknackt	170/3
die **Kneipe**, die Kneipen	202
der **Knopf**, die Knöpfe	163/5b
der **Kohl**, die Kohle	104/1b
die **Kolumne**, die Kolumnen	10/3
komisch	125/3a
kommentieren, sie kommentiert, sie hat kommentiert	35
der/die **Kommissar/in**, die Kommissare / die Kommissarinnen	80/2a
die **Kommunikation**, die Kommunikationen	79
kommunizieren, sie kommuniziert, sie hat kommuniziert	46
kompliziert	194/1
die **Kondition**, die Konditionen	181/2c
die **Konsole**, die Konsolen	50/2b
der **Kontakt**, die Kontakte	11
kontaktieren, sie kontaktiert, sie hat kontaktiert	36/3b
die **Kontrolle**, die Kontrollen	68/2a
konzentrieren (sich auf), sie konzentriert sich, sie hat sich konzentriert	127/4a
das **Konzept**, die Konzepte	159
die **Kopfschmerztablette**, die Kopfschmerztabletten	136/4b
korrigieren, sie korrigiert, sie hat korrigiert	71/4a
die **Kosten** (Pl.)	23
die **Kostenkalkulation**, die Kostenkalkulationen	68/2a
die **Kostenkontrolle**, die Kostenkontrollen	68/2a
kostenlos	46
köstlich	180/1a
die **Krankenkasse**, die Krankenkassen	125/3a
die **Krankheit**, die Krankheiten	125/4
der **Kranz**, die Kränze	105/5
krass	135
das **Kraut**, die Kräuter	103
kreativ	66
die **Kreativität** (Sg.)	79
die **Kreditkarte**, die Kreditkarten	59/5a
der **Kreis**, die Kreise	115/3a
die **Kreuzung**, die Kreuzungen	129/6
der **Krieg**, die Kriege	81/5a
der **Krimi**, die Krimis	78
kritisch	192/3
der **Krug**, die Krüge	103
der **Kugelschreiber**, die Kugelschreiber	50/2b
der/die **Kulturwissenschaftler/in**, die Kulturwissenschaftler / die Kulturwissenschaftlerinnen	159
kümmern (sich um), sie kümmert sich, sie hat sich gekümmert	123
der **Kumpel**, die Kumpel	14/1a
der **Kunden-Service**, die Kunden-Services	136/1b
die **Kunst**, die Künste	103
der/die **Künstler/in**, die Künstler / die Künstlerinnen	137/5a

L

das **Labor**, die Labore	66
lächeln, sie lächelt, sie hat gelächelt	202
das **Ladekabel**, die Ladekabel	47
der **Laden**, die Läden	151/3a
laden, es lädt, es hat geladen	163/5a
die **Lage**, die Lagen	180/1c
das **Land**, die Länder	22
der **Landfrauenverein**, die Landfrauenvereine	204/2a
der/die **Landwirt/in**, die Landwirte / die Landwirtinnen	203
die **Länge**, die Längen	180/1c
langweilen (sich), sie langweilt sich, sie hat sich gelangweilt	64/3a
der **Lärm** (Sg.)	38/1b
die **Laune**, die Launen	10
lebendig	116/1c
das **Lebensglück** (Sg.)	215
der **Lebenslauf**, die Lebensläufe	66
der **Lebenstraum**, die Lebensträume	216/2
der **Lebensweg**, die Lebenswege	216/2
leer	47
legendär	134
das **Leid**, die Leiden	82/1
leihen, sie leiht, sie hat geliehen	50/1a
leisten (sich), sie leistet sich, sie hat sich geleistet	230/1d

die Leiter, die Leitern	161/4a
lesbar	170/3b
der/die Leser/in, die Leser / die Leserinnen	78
der Leserbrief, die Leserbriefe	122/2a
die Lesung, die Lesungen	79
das Lexikon, die Lexika	68/1
der Lexikoneintrag, die Lexikoneinträge	68/1
das Licht, die Lichter	117
lieb	25/4b
die Liebe (Sg.)	90
die Liebesgeschichte, die Liebesgeschichten	80/2a
der/die Liebhaber/in, die Liebhaber / die Liebhaberinnen	149
der Liebling, die Lieblinge	94/1a
das Lieblingsfach, die Lieblingsfächer	14/1a
liefern, sie liefert, sie hat geliefert	232/3b
der Lieferservice, die Lieferservices	232/3a
liken, sie likt, sie hat gelikt	47
die Literatur, die Literaturen	79
live	160/2a
das Loch, die Löcher	161/4a
logo	59/7
los	27/5b
lösen, sie löst, sie hat gelöst	218/1b
die Lösung, die Lösungen	148/3a
das Lotto, die Lottos	217/6a
der Lottogewinn, die Lottogewinne	215
die Luft, die Lüfte	147
lügen, sie lügt, sie hat gelogen	118/1a
lustig	59/8

M

machbar	151/4
das Mädchen, die Mädchen	80/2a
mailen, sie mailt, sie hat gemailt	70/1
der/die Makler/in, die Makler / die Maklerinnen	59/7a
das Mal, die Male	50/1a
der/die Maler/in, die Maler / die Malerinnen	116/1b
mancher, manches, manche	22
die Mango, die Mangos	104/2b
das Märchen, die Märchen	172
der Marienkäfer, die Marienkäfer	146
das Marketing (Sg.)	48/1b
der Markt, die Märkte	104/1a
der Marktplatz, die Marktplätze	80/2a
die Maschine, die Maschinen	111/9a
der Matcha, die Matchas	107/3c
die Mate, die Maten	107/3a
das Material, die Materialien	158
die Mathe(matik) (Sg.)	218/1b
die Maus, die Mäuse	91
der/die Mechaniker/in, die Mechaniker / die Mechanikerinnen	106/2a
der Medienmonitor, die Medienmonitoren	46
die Mediensprache (Sg.)	48/3
das Medium, die Medien	46
die Medizin (Sg.)	23
medizinisch	120/3a
das Meerschweinchen, die Meerschweinchen	92/1a
das Meeting, die Meetings	123
das MeetUp, die MeetUps	195/5a
mega	139/3
das Mehrfamilienhaus, die Mehrfamilienhäuser	34
mehrsprachig	27/4a
die Mehrsprachigkeit (Sg.)	23
melden (sich bei), sie meldet sich, sie hat sich gemeldet	71/4a
merken, sie merkt, sie hat gemerkt	36/3b
der Merksatz, die Merksätze	68/3a
die Messe, die Messen	103
die Messestadt, die Messestädte	103
das Metall, die Metalle	147/4c
der Meter, die Meter	62/1d
die Metropole, die Metropolen	103
miauen, sie miaut, sie hat miaut	91
die Miete, die Mieten	34
der/die Mieter/in, die Mieter / die Mieterinnen	34
das Mietshaus, die Mietshäuser	38/1a
der Mietvertrag, die Mietverträge	38/1a
die Mietwohnung, die Mietwohnungen	34
das Mikrofon, die Mikrofone	137/5a
die Milliarde, die Milliarden	78
mindestens	27/4a
die Mindmap, die Mindmaps	147/2
der Mini-Dialog, die Mini-Dialoge	107/4a
der/die Minister/in, die Minister / die Ministerinnen	82/1
mischen, sie mischt, sie hat gemischt	66
Mit freundlichen Grüßen	71/5a
die Mitarbeit, die Mitarbeiten	68/2a
der/die Mitarbeiter/in, die Mitarbeiter / die Mitarbeiterinnen	71/4a
der/die Mitbewohner/in, die Mitbewohner / die Mitbewohnerinnen	36/3b
mitbringen, sie bringt mit, sie hat mitgebracht	10
miteinander	191
das Mitglied, die Mitglieder	150/2a
mithelfen, sie hilft mit, sie hat mitgeholfen	158

WORTLISTE

der/die	Mitschüler/in, die Mitschüler / die Mitschülerinnen	12/1
	mitsingen, sie singt mit, sie hat mitgesungen	138/2a
der/die	Mitspieler/in, die Mitspieler / die Mitspielerinnen	227
die	Mittagsruhe (Sg.)	38/1a
die	Mitte (Sg.)	206/2a
die	Mitteilung, die Mitteilungen	70/2b
	mittel	180/1c
	mitten	150/2a
das	Möbelhaus, die Möbelhäuser	161/4c
die	Mobilität, die Mobilitäten	22
das	Mobiltelefon, die Mobiltelefone	65
	möbliert	36/3b
das	Modell, die Modelle	163/5a
	möglich	93/4a
	Moin	202
	momentan	229
der	Mond, die Monde	135
der	Monitor, die Monitore	37/8
der	Mord, die Morde	80/2a
der/die	Mörder/in, die Mörder / die Mörderinnen	80/2a
	morgens	138/2a
der	Motorroller, die Motorroller	14/1a
das	Mountainbike, die Mountainbikes	180/1a
der	Müll (Sg.)	39/3a
	multikulturell	103
	mündlich	83/6
die	Münze, die Münzen	226
das	Museumsdorf, die Museumsdörfer	206/1
der	Museumsshop, die Museumsshops	206/1a
der/die	Musiker/in, die Musiker / die Musikerinnen	134
das	Musikinstrument, die Musikinstrumente	38/1b
der	Musikstil, die Musikstile	134/4a
die	Mütze, die Mützen	148/1a

N

die	Nachbarschaft, die Nachbarschaften	207/6a
	nachdenken (über), sie denkt nach, sie hat nachgedacht	176/3a
	nachfragen, sie fragt nach, sie hat nachgefragt	12/1
	nachhaltig	149
der	Nachmittag, die Nachmittage	105/5
	nachmittags	131/10
die	Nachricht, die Nachrichten	24/1a
	nachschauen, sie schaut nach, sie hat nachgeschaut	163/5a
	nachsprechen, sie spricht nach, sie hat nachgesprochen	68/3a
der	Nachteil, die Nachteile	66
die	Nachtschicht, die Nachtschichten	124/1b
der	Nagel, die Nägel	158
	nah	190
die	Nähe	23
	nähen, sie näht, sie hat genäht	160/1
die	Nähmaschine, die Nähmaschinen	158
die	Nahrung, die Nahrungen	92/1b
	naja	123
	national	135
der/die	Naturforscher/in, die Naturforscher / die Naturforscherinnen	82/1
das	Naturtalent, die Naturtalente	175/2c
	naturverbunden	146
die	Naturwissenschaft, die Naturwissenschaften	82/1
die	Nebenkosten (Pl.)	36/3a
	nennen, sie nennt, sie hat genannt	23
das	Netz, die Netze	47
die	Neustadt, die Neustädte	62/1d
der/die	Nichtraucher/in, die Nichtraucher / die Nichtraucherinnen	36/3b
	niedlich	90
	niedrig	35
	niemand	71/6
der	Norden (Sg.)	121
die	Not, die Nöte	125/3a
die	Note, die Noten	68/2a
das	Notebook, die Notebooks	65
der	Notfall, die Notfälle	204/2a
	notieren, sie notiert, sie hat notiert	224/13b
die	Notsituation, die Notsituationen	125/3a
die	Nummer, die Nummern	50/1
die	Nuss, die Nüsse	245/6

O

die	Oase, die Oasen	39/5b
	ob	46
	oben	61
das	Obergeschoss, die Obergeschosse	34
das	Obst (Sg.)	104/1b
der	Ofen, die Öfen	207/4a
	offen	181/2a
	öffentlich	180/1c
	öffnen, sie öffnet, sie hat geöffnet	92/2a
die	Öffnung, die Öffnungen	170/3
die	Öffnungszeit, die Öffnungszeiten	159
das	Ohr, die Ohren	94/1a
das	Öl, die Öle	48/1a
	online	51/4

WORTLISTE

der	Online-Artikel, *die Online-Artikel*	105/3a
der	Online-Shop, *die Online-Shops*	51/4
das	Open Air, *die Open Airs*	134
die	Ordnung, *die Ordnungen*	39/3a
der	Osten *(Sg.)*	121
	out sein, *es ist out, es war out*	66

P

	paar	11
das	Paar, *die Paare*	37/5a
das	Paket, *die Pakete*	91
die	Palette, *die Paletten*	162/1
das	Palettensofa, *die Palettensofas*	162/1b
der	Papagei, *die Papageien*	92/1a
das	Papier, *die Papiere*	219/4b
das	Paradies, *die Paradiese*	179
das	Parfüm, *die Parfüme / die Parfüms*	193/2
	parken, *sie parkt, sie hat geparkt*	180/1c
der	Parkplatz, *die Parkplätze*	180/1c
das	Partnerdiktat, *die Partnerdiktate*	170/2
die	Partnerschaft, *die Partnerschaften*	215
die	Partyzone, *die Partyzonen*	150/2a
der/die	Passagier/in, *die Passagiere / die Passagierinnen*	106/2c
	passen, *es passt, es hat gepasst*	50/1
das	Passwort, *die Passwörter*	163/4
die	Patientendokumentation, *die Patientendokumentationen*	67/3a
das	Pech *(Sg.)*	217/6
der	Pechvogel, *die Pechvögel*	217/6a
	pendeln, *sie pendelt, sie ist gependelt*	35
	persönlich	68/2c
die	Perspektive, *die Perspektiven*	69/4a
der	Pflanztermin, *die Pflanztermine*	68/2a
das	Pflaster, *die Pflaster*	136/4b
die	Pflege *(Sg.)*	90
	pflegen, *sie pflegt, sie hat gepflegt*	68/2a
das	Pflegeprodukt, *die Pflegeprodukte*	92/1a
der/die	Pfleger/in, *die Pfleger / die Pflegerinnen*	125/3a
die	Pfote, *die Pfoten*	94/1a
der/die	Physiker/in, *die Physiker / die Physikerinnen*	214
der/die	Pilot/in, *die Piloten / die Pilotinnen*	106/2a
die	PIN, *die PINs*	163/4
die	Pinnwand, *die Pinnwände*	39/5d
der	Planet, *die Planeten*	147
die	Planung, *die Planungen*	12/1c
das	Plastik *(Sg.)*	137/5a
die	Plastiktüte, *die Plastiktüten*	147/4c
das	Plattdeutsch *(Sg.)*	203
die	Plattform, *die Plattformen*	195/5a
der	Platz, *die Plätze*	11
	plötzlich	11
	plus	160/2a
die	Polizei *(Sg.)*	80/2a
der/die	Polizist/in, *die Polizisten / die Polizistinnen*	106/2a
der	Ponyhof, *die Ponyhöfe*	14/1a
der	Pop *(Sg.)*	65
der	Pop-Star, *die Pop-Stars*	65
das	Porträt, *die Porträts*	60/2a
der	Post, *die Posts*	51/4
die	Post *(Sg.)*	137/6b
die	Praxis, *die Praxen*	100/3
der	Preis, *die Preise*	12/1
	preiswert	22
die	Probe, *die Proben*	204/2a
	probieren, *sie probiert, sie hat probiert*	107/3a
	professionell	68/2c
der	Profi, *die Profis*	136/4b
	programmieren, *sie programmiert, sie hat programmiert*	122/4a
der/das	Prospekt, *die Prospekte*	180/1a
	prüfen, *sie prüft, sie hat geprüft*	163/5b
der/die	Prüfer/in, *die Prüfer / die Prüferinnen*	233
die	Prüfung, *die Prüfungen*	10/2b
der	Prüfungsteil, *die Prüfungsteile*	65
der/die	Psychologe/Psychologin, *die Psychologen / die Psychologinnen*	215
der	Punkt, *die Punkte*	177
die	Pünktlichkeit *(Sg.)*	27/4a
	pur	134
	putzen, *sie putzt, sie hat geputzt*	38/2a

Q

der	Quadratmeter, *die Quadratmeter*	34
das	Quiz, *die Quiz*	15/6

R

das	Radfahren *(Sg.)*	23
der/die	Radfahrer/in, *die Radfahrer / die Radfahrerinnen*	117
das	Radieschen, *die Radieschen*	146
die	Radstation, *die Radstationen*	22
	raten, *sie rät, sie hat geraten*	91/5b
das	Rathaus, *die Rathäuser*	103
das	Rätsel, *die Rätsel*	115/4
	rauchen, *sie raucht, sie hat geraucht*	38/2c
der/die	Raucher/in, *der Raucher / die Raucherinnen*	36/3b
der	Raum, *die Räume*	159
	raus	150/2a

WORTLISTE

	rausbringen, sie bringt raus, sie hat rausgebracht	63/2a
	rausgehen, sie geht raus, sie ist rausgegangen	231/2c
	reagieren (auf), sie reagiert, sie hat reagiert	47/4
die	Recherche, die Recherchen	202
	recherchieren, sie recherchiert, sie hat recherchiert	10/1b
die	Rechnung, die Rechnungen	163/5a
	recht haben, sie hat recht, sie hatte recht	219/4b
das	Recycling (Sg.)	146
	reden, sie redet, sie hat geredet	123
die	Redewendung, die Redewendungen	27/5
	reduzieren, sie reduziert, sie hat reduziert	79
	regeln, sie regelt, sie hat geregelt	38/1a
die	Regenjacke, die Regenjacken	136/4b
der	Regenschirm, die Regenschirme	59/7a
die	Regie (Sg.)	182/2a
die	Regierung, die Regierungen	82/1
	regional	104/1b
der	Reibekuchen, die Reibekuchen	105/5
	reich	81/5a
die	Reihe, die Reihen	216/2a
	reinkommen, sie kommt rein, sie ist reingekommen	151/3a
die	Reiseapotheke, die Reiseapotheken	136/4b
die	Reiseliteratur, die Reiseliteraturen	78
	reisen, sie reist, sie ist gereist	82/1
das	Reisezentrum, die Reisezentren	25/3b
das	Reiseziel, die Reiseziele	112/10b
die	Reklamation, die Reklamationen	163/5
	reklamieren, sie reklamiert, sie hat reklamiert	158
der	Rekord, die Rekorde	35
	relativ	215
	rennen, sie rennt, sie ist gerannt	182/2a
	renovieren, sie renoviert, sie hat renoviert	160/2a
die	Rente, die Renten	123
der/die	Rentner/in, die Rentner/die Rentnerinnen	61
die	Reparatur, die Reparaturen	158
das	Reparaturcafé, die Reparaturcafés	158
	reservieren, sie reserviert, sie hat reserviert	171/5b
die	Reservierung, die Reservierungen	24/1a
der	Richtwert, die Richtwerte	180/1c
	riechen, sie riecht, sie hat gerochen	38/1b
die	Ringelblume, die Ringelblumen	120/3a
das	Risiko, die Risiken	232/3b
der	Rock (Sg.)	134/4
die	Rolle, die Rollen	37/5d
der	Rollstuhl, die Rollstühle	182/2a
der	Roman, die Romane	78
	romantisch	114/2a
die	Route, die Routen	26/3a
die	Routine, die Routinen	123
die	Rückreise, die Rückreisen	64/3c
der	Rückruf, die Rückrufe	70/2b
die	Ruhe (Sg.)	39/3a
die	Ruhezeit, die Ruhezeiten	38/1b
	ruhig	36/3b
	rund	103
die	Rundfahrt, die Rundfahrten	64/3c
der	Rundgang, die Rundgänge	64/3c

S

das	Sachbuch, die Sachbücher	78
die	Sache, die Sachen	59/8a
die	Säge, die Sägen	160/2a
die	Sammlung, die Sammlungen	149/3b
der	Sand (Sg.)	150/2a
der	Sandkasten, die Sandkästen	150/2a
der/die	Sänger/in, die Sänger / die Sängerinnen	65
	sauber	127/4a
	sauer	192/2
das	Sauerkraut (Sg.)	105/5
	scannen, sie scannt, sie hat gescannt	48/1b
	schade	24/1c
	schaffen, sie schafft, sie hat geschafft	58/2
	schauen, sie schaut, sie hat geschaut	61
der/die	Schauspieler/in, die Schauspieler / die Schauspielerinnen	182/2a
	scheinen, sie scheint, sie hat geschienen	172
	schenken, sie schenkt, sie hat geschenkt	50/1
die	Schere, die Scheren	136/4b
die	Schicht, die Schichten	125/3a
der	Schichtdienst, die Schichtdienste	125/3a
	schiefgehen, es geht schief, es ist schiefgegangen	123
das	Schiff, die Schiffe	64/3c
der	Schirm, die Schirme	38/1b
der	Schlafsack, die Schlafsäcke	136/4b
der	Schlamm, die Schlamme / die Schlämme	134
	schlammig	138/1
	schlemmen, sie schlemmt, sie hat geschlemmt	104/1b
	schlimm	217/6a
der	Schlüssel, die Schlüssel	215
die	Schnauze, die Schnauzen	94/1a

WORTLISTE

	schnell	22
die	Schraube, die Schrauben	158
der	Schrebergarten, die Schrebergärten	150/2a
die	Schrift, die Schriften	170/3b
der/die	Schriftsteller/in, die Schriftsteller / die Schriftstellerinnen	80/2a
die	Schulbildung, die Schulbildungen	68/2c
der/die	Schuldirektor/in	12/1a
das	Schulfach, die Schulfächer	218/1
	schulfrei	10
die	Schüssel, die Schüsseln	136/4b
der	Schutz (Sg.)	146
	schützen, sie schützt, sie hat geschützt	147
	schwach	125/3a
der	Schwanz, die Schwänze	94/1a
	schwierig	93/4a
die	Schwierigkeit, die Schwierigkeiten	180/1c
die	Seife, die Seifen	107/5
die	Seite, die Seiten	80/2a
der/die	Sekretär/in, die Sekretäre / die Sekretärinnen	126/2c
	selber	63/2d
	selbermachen, sie macht selber, sie hat selbergemacht	160/1
	selbst	123
	selbstständig	217/3a
das	Selfie, die Selfies	47
	selten	47/1a
das	Semesterticket, die Semestertickets	23
	senden, sie sendet, sie hat gesendet	147
die	Sendung, die Sendungen	81/7
	sensibel	114/2a
die	Serie, die Serien	81/7
	Servus	181/2b
	setzen (sich), sie setzt sich, sie hat sich gesetzt	39/4b
das	Shampoo, die Shampoos	92/1b
die	Show, die Shows	135
die	Sicherheit, die Sicherheiten	69/4a
der/die	Sicherheitsmitarbeiter/in, die Sicherheitsmitarbeiter / die Sicherheitsmitarbeiterinnen	106/2a
die	Signatur, die Signaturen	71/5a
das	SIM-Fach, die SIM-Fächer	163/4
die	SIM-Karte, die SIM-Karten	163/4
	singen, sie singt, sie hat gesungen	172
	single	194/1
	sinnvoll	147/4b
die	Situation, die Situationen	125/3a
	sitzenbleiben, sie bleibt sitzen, sie ist sitzengeblieben	134/5a
der	Sitzplatz, die Sitzplätze	215
die	Skizze, die Skizzen	232/3e
die	Skyline, die Skylines	102
der	Slum, die Slums	150/2a
das	Smartphone, die Smartphones	47
die	SMS, die SMS	107/4a
die	Social Media (Pl.)	46
die	Socke, die Socken	193/1b
	sofort	11
	sogar	170/2b
	sondern	218/1b
der	Sonnenaufgang, die Sonnenaufgänge	179
die	Sonnencreme, die Sonnencremes	136/4a
der	Sonnenschein (Sg.)	202
	sonst	228
	sorgen (für), sie sorgt für, sie hat gesorgt für	125/3a
die	Soße, die Soßen	102
	sowieso	175/2f
	sozial	148/3a
der/die	Soziologe/Soziologin, die Soziologen / die Soziologinnen	122
	spannend	69/6
	sparen, sie spart, sie hat gespart	46
der	Sparpreis, die Sparpreise	25/3b
der	Spaziergang, die Spaziergänge	95/4a
der	Speckknödel, die Speckknödel	178
die	Spende, die Spenden	159
	spezial	135
das	Spiel, die Spiele	80/2a
	spielen, sie spielt, sie hat gespielt	80/2a
die	Spielfigur, die Spielfiguren	226
der	Spieltreff, die Spieltreffs	124/1b
das	Spielzeug, die Spielzeuge	92/1a
der	Spinat (Sg.)	146
der	Spitzname, die Spitznamen	10/4
der	Sprachkurs, die Sprachkurse	176/3e
die	Sprachnachricht, die Sprachnachrichten	46
die	Sprechzeit, die Sprechzeiten	204/2a
der/die	Stadtführer/in, die Stadtführer / die Stadtführerinnen	83/6
das	Stadtgeflüster (Sg.)	116
die	Stadt-Rallye, die Stadt-Rallyes	103/5
der	Stall, die Ställe	203
der	Stand, die Stände	104/1b
	ständig	127/4a
	stark	176/3c
	starten, sie startet, sie ist gestartet	135
	statistisch	190
	statt	78
der	Stau, die Staus	35
der	Staubsauger, die Staubsauger	159
der	Steckbrief, die Steckbriefe	104/2a

WORTLISTE

die **Steckdose**, die Steckdosen	47
der **Stecker**, die Stecker	163/5b
stehenbleiben, sie bleibt stehen, sie ist stehengeblieben	206/2a
steigen (auf), sie steigt auf, sie ist gestiegen auf	180/1a
die **Stelle**, die Stellen	65
stellen, sie stellt, sie hat gestellt	38/1b
sterben, sie stirbt, sie ist gestorben	120/3a
der **Stern**, die Sterne	135
der **Stil**, die Stile	134/4a
still	117
die **Stimmung**, die Stimmungen	60/1
stinksauer	182/1c
der **Stock**, die Stöcke	36/2b
der **Stoff**, die Stoffe	147/4c
der **Stoffbeutel**, *die Stoffbeutel*	147/4c
streamen, *sie streamt, sie hat gestreamt*	160/2a
streicheln, *sie streichelt, sie hat gestreichelt*	90
streichen, *sie streicht, sie hat gestrichen*	160/2a
streiten (sich über), sie streitet sich, sie hat sich gestritten	190
streng	182/1b
der **Strom** (Sg.)	171/5b
die **Struktur**, die Strukturen	123
die **Studie**, die Studien	191
die **Suchanzeige**, die Suchanzeigen	90
die **Suche**, die Suchen	215
das **Suchwort**, die Suchwörter	183/3a
der **Süden** (Sg.)	121
summen, *sie summt, sie hat gesummt*	172
der **Supermann**, *die Supermänner*	114/2a
der **Supermarkt**, *die Supermärkte*	124/1b
surfen, sie surft, sie ist/hat gesurft	78
die **Süßigkeit**, die Süßigkeiten	107/3a
sympathisch	194/5a
die **Szene**, *die Szenen*	62/1b

T

tabellarisch	68/1
das **Tablet**, die Tablets	65
der **Tagesablauf**, *die Tagesabläufe*	51/5
der **Tagesausflug**, *die Tagesausflüge*	64/3c
täglich	35
tagsüber	135
das **Tal**, die Täler	189/1
die **Tasse**, die Tassen	63/3h
die **Taste**, die Tasten	163/4
die **Tätigkeit**, die Tätigkeiten	49/4d
der **Tausch**, *die Täusche / die Tausche*	146
tauschen, sie tauscht, sie hat getauscht	148/1a
das/der **Taxi**, die Taxis	117
das **Team**, die Teams	80/2a
der **Techno** *(Sg.)*	14/1a
der **Teig**, *die Teige*	105/5
der **Teil**, die Teile	65
teilen, sie teilt, sie hat geteilt	148/3a
teilnehmen (an), sie nimmt teil, sie hat teilgenommen	191
das **Telefonat**, die Telefonate	136/1d
die **Telefonnotiz**, die Telefonnotizen	70/2b
die **Telenovela**, *die Telenovelas*	81/7
der **Teller**, die Teller	125/3a
das **Tennis** *(Sg.)*	14/1a
die **Terrasse**, die Terrassen	34
der **Test**, die Tests	137/6a
testen, sie testet, sie hat getestet	216/2a
der **Textabschnitt**, die Textabschnitte	103/3d
das **Textil** *(Sg.)*	159
die **Textnachricht**, *die Textnachrichten*	46
die **Textstelle**, *die Textstellen*	103/3b
die **Textzeile**, *die Textzeilen*	182/2a
die **Theatergruppe**, *die Theatergruppen*	11
das **Theaterstück**, *die Theaterstücke*	82/1
tief	162/3
das **Tierheim**, die Tierheime	94/2a
tippen, *sie tippt, sie hat getippt*	46
der **Titel**, die Titel	80/2a
Tja!	24/1a
der **Toaster**, die Toaster	159
die **To-Do-Liste**, *die To-Do-Listen*	219/4b
top	193/1a
die **Torte**, die Torten	105/5
tot	81/5a
der/die **Tote**, die Toten	80/2a
die **Tour**, die Touren	124/1b
die **Tradition**, die Traditionen	102
tragisch	80/2a
der **Trailer**, *die Trailer*	183/3
der **Traktor**, *die Traktoren*	202
die **Transportbox**, *die Transportboxen*	91
transportieren, sie transportiert, sie hat transportiert	137/5a
der **Tratsch** *(Sg.)*	205/4a
der **Traum**, die Träume	150/2a
träumen, *sie träumt, sie hat geträumt*	215
der **Traumberuf**, *die Traumberufe*	14/1a
traumhaft	179
traurig	182/1a
die **Trauung**, die Trauungen	66
das **Treffen**, die Treffen	11
trennen, sie trennt, sie hat getrennt	147/4c

WORTLISTE

die	**Treppe**, die Treppen	38/1b
das	**Treppenhaus**, die Treppenhäuser	38/1b
	tr**i**nkbar	170/3b
	tr**o**cken	162/1b
	tr**o**tzdem	138/2a
die	**Tüte**, die Tüten	147/4c
der	**Typ**, die Typen	137/5a

U

	überfliegen, sie überfliegt, sie hat überflogen	50/1a
	überglücklich	182/2a
	überhaupt	64/3f
die	Übernachtung, die Übernachtungen	62/1d
	übernehmen, sie übernimmt, sie hat übernommen	125/3a
	überraschen, sie überrascht, sie hat überrascht	79/2b
	überrascht	69/6
die	Überraschung, die Überraschungen	193/1b
die	Überschrift, die Überschriften	68/2c
	übersehen, sie übersieht, sie hat übersehen	215
	übersetzen, sie übersetzt, sie hat übersetzt	27/4a
	übertreiben, sie übertreibt, sie hat übertrieben	114/2a
	überweisen, sie überweist, sie hat überwiesen	48/1a
	übrigbleiben, es bleibt übrig, es ist übriggeblieben	148/3a
	übrigens	12/3a
die	Uhrzeit, die Uhrzeiten	70/1
	umarmen, sie umarmt, sie hat umarmt	192/1a
die	Umarmung, die Umarmungen	50/1
die	Umfrage, die Umfragen	79/3a
	umgeben, sie umgibt, sie hat umgeben	146
	umsteigen, sie steigt um, sie ist umgestiegen	25/3b
	umstylen, sie stylt um, sie hat umgestylt	149/3b
der	Umtausch, die Umtäusche	163/5b
	umtauschen, sie tauscht um, sie hat umgetauscht	163/5a
die	Umwelt, die Umwelten	146
die	Umweltaktion, die Umweltaktionen	170/2b
	umweltfreundlich	149/5
der	Umweltschutz (Sg.)	146
	umziehen, sie zieht um, sie ist umgezogen	40/2a
der	Umzug, die Umzüge	50/1a
der	Umzugskarton, die Umzugskartons	50/1a

	unbedingt	50/1a
	unbequem	26/2b
	unfair	148/1c
	unfreundlich	106/2c
	ungefähr	181/2b
	ungeliebt	149
	ungemütlich	121
das	Unglück (Sg.)	217/6a
	unglücklich	82/1
	uninteressant	195/6a
	unpraktisch	26/2b
	unpünktlich	26/2b
	unrealistisch	216/2a
	unten	125/3a
	unterhalten (sich über/mit), sie unterhält sich, sie hat sich unterhalten	27/4a
das	Unternehmen, die Unternehmen	103
der	Unterricht, die Unterrichte	49/4b
	unterrichten, sie unterrichtet, sie hat unterrichtet	67/3a
	unterschiedlich	160/2a
die	Unterschrift, die Unterschriften	68/2c
	unterstützen, sie untersützt, sie hat unterstützt	158
die	Untersuchung, die Untersuchungen	51/4
	unzufrieden	217/3a
die	Urlaubsmöglichkeit, die Urlaubsmöglichkeiten	65
die	Ursache, die Ursachen	59/7b

V

	variieren, sie variiert, sie hat variiert	25/3d
das	*Velo, die Velos*	27/4a
	verabreden (sich mit), sie verabredet sich, sie hat sich verabredet	195/5a
	verabschieden (sich von), sie verabschiedet sich, sie hat sich verabschiedet	71/4a
die	*Verabschiedung, die Verabschiedungen*	181/2b
	verändern (sich), sie verändert sich, sie hat sich verändert	46
die	*Veränderung, die Veränderungen*	66
	verantwortlich	218/1b
der	Verband, die Verbände	136/4b
die	Verbindung, die Verbindungen	24/1a
	verboten	35
	verbringen, sie verbringt, sie hat verbracht	38/5b
der	Verein, die Vereine	150/2a
	vereinbaren, sie vereinbart, sie hat vereinbart	37/5

WORTLISTE

das	**Ver̲einsheim**, die Vereinsheime	204/2a
	verf̲assen, sie verfasst, sie hat verfasst	82/1
die	**Verg̲angenheit**, die Vergangenheiten	103
	vergessen, sie vergisst, sie hat vergessen	117
der	**Verk̲ehr** (Sg.)	22
das	**Verk̲ehrsmittel**, die Verkehrsmittel	22
der	**Verl̲ag**, die Verlage	80/2a
	verl̲assen, sie verlässt, sie hat verlassen	81/5a
	verli̲eben (sich in), sie verliebt sich, sie hat sich verliebt	11
	verli̲eren, sie verliert, sie hat verloren	35
	verl̲oben (sich), sie verlobt sich, sie hat sich verlobt	80/2a
	verm̲issen, sie vermisst, sie hat vermisst	94/1a
	veröffentlichen, sie veröffentlicht, sie hat veröffentlicht	81/5a
	verp̲assen, sie verpasst, sie hat verpasst	24/1b
	verrückt	114/2a
die	**Vers̲ammlung**, die Versammlungen	150/2a
	verschicken (an), sie verschickt, sie hat verschickt	12/1
	verschm̲utzen, sie verschmutzt, sie hat verschmutzt	146
die	**Versp̲ätung**, die Verspätungen	25/3b
	verspr̲echen, sie verspricht, sie hat versprochen	118/1a
	verst̲ehbar	151/4b
	vert̲onen, sie vertont, sie hat vertont	66
der	**Vertr̲ag**, die Verträge	38/1a
	vertr̲agen (sich mit), sie verträgt sich, sie hat sich vertragen	190
	vertr̲auen (auf), sie vertraut, sie hat vertraut	191
der/die	**Verw̲andte**, die Verwandten	125/3a
	verw̲enden, sie verwendet, sie hat verwendet	217/3c
der	**V̲ideoclip**, die Videoclips	90
das	**V̲ideospiel**, die Videospiele	46
	vielf̲ältig	195/5a
	vi̲ertel	34
der	**Vl̲og**, die Vlogs	137/5a
der/die	**Vl̲ogger/in**, die Vlogger/die Vloggerinnen	136/4b
der	**V̲ogel**, die Vögel	92/2a
die	**V̲okabel**, die Vokabeln	174/1a
der	**V̲okabeltest**, die Vokabeltests	124/1b
	voll	66
der/das	**V̲olleyball** (Sg.)	14/1a
	vor allem	78
	v̲orbeifahren (an), sie fährt vorbei, sie ist vorbeigefahren	202
	v̲orbereiten, sie bereitet vor, sie hat vorbereitet	82/1c
die	**V̲orbereitungszeit**, die Vorbereitungszeiten	233
der	**V̲ordergrund**, die Vordergründe	119/2c
	v̲orhaben, sie hat vor, sie hat vorgehabt	232/3
	v̲orlesen, sie liest vor, sie hat vorgelesen	117
der	**V̲orschlag**, die Vorschläge	163/5b
	v̲orsichtig	100/9a
	v̲orstellen, sie stellt vor, sie hat vorgestellt	60/2b
	v̲orstellen (sich), sie stellt sich vor, sie hat sich vorgestellt	104/1b
der	**V̲orverkauf**, die Vorverkäufe	136/1c

W

	w̲ach	134
	w̲achsen, sie wächst, sie ist gewachsen	104/2c
der	**W̲ald**, die Wälder	80/2a
der/die	**W̲anderer/W̲anderin**, die Wanderer/die Wanderinnen	179
das	**W̲anderparadies**, die Wanderparadiese	179
die	**W̲anderung**, die Wanderungen	181/2b
der	**W̲anderweg**, die Wanderwege	179
die	**W̲äsche**, die Wäschen	123
die	**W̲aschmaschine**, die Waschmaschinen	38/1a
die	**W̲ebseite**, die Webseiten	91
	w̲echseln, sie wechselt, sie hat gewechselt	27/4a
das	**W̲echselspiel**, die Wechselspiele	37/5d
	w̲ecken, sie weckt, sie hat geweckt	47/1b
der	**W̲ecker**, die Wecker	49/5
	weg	94/1a
	w̲egbringen, sie bringt weg, sie hat weggebracht	63/2a
	w̲eglaufen, sie läuft weg, sie ist weggelaufen	94/1a
die	**W̲egmarkierung**, die Wegmarkierungen	180/1c
	w̲egwerfen, sie wirft weg, sie hat weggeworfen	146
	w̲eich	90
	weil	22
der	**W̲ein**, die Weine	104/1b
der	**W̲einberg**, die Weinberge	64/3c
	weit	172
	w̲eiter	123
	w̲eiterempfehlen, sie empfiehlt weiter, sie hat weiterempfohlen	195/6a
	w̲eitergeben, sie gibt weiter, sie hat weitergegeben	11
	w̲eitergehen, sie geht weiter, sie ist weitergegangen	46

	weiterleiten (an), sie leitet weiter, sie hat weitergeleitet	71/4a
	weitermachen, sie macht weiter, sie hat weitergemacht	203
der	Wellensittich, die Wellensittiche	92/1a
die	Welt, die Welten	81/5a
die	Weltumweltkonferenz, die Weltumweltkonferenzen	146
	weltweit	159
	wem	50/1c
	wenn	147
die	Werbung, die Werbungen	232/3b
die	Werkstatt, die Werkstätten	22/2b
das	Werkzeug, die Werkzeuge	158
der	Westen (Sg.)	121
	wetten, sie wettet, sie hat gewettet	173
die	Wetterlage, die Wetterlagen	180/1c
der	Wettlauf, die Wettläufe	172
	wie viele	12/1c
	wieder	125/3a
	wiederholen, sie wiederholt, sie hat wiederholt	71/4a
die	Wiederholung, die Wiederholungen	69/7
	wiedersehen, sie sieht wieder, sie hat wiedergesehen	10
	wiegen, sie wiegt, sie hat gewogen	162/3
die	Wiese, die Wiesen	38/1b
	willkommen	60
	wirklich	10/4
die	Wirkung, die Wirkungen	81/5a
der/die	Wirt/in, die Wirte / die Wirtinnen	179
das	Wissen (Sg.)	106/1b
	wissenschaftlich	69/4a
der	Wissenstest, die Wissenstests	91
	witzig	90
das	WLAN-Passwort, die WLAN-Passwörter	47
der	Wochentag, die Wochentage	16/1b
	woher	91
	wohl	11
	wohlfühlen (sich), sie fühlt sich wohl, sie hat sich wohlgefühlt	35
der	Wohnblock, die Wohnblöcke	34
die	Wohnfläche, die Wohnflächen	36/3b
das	Wohnhaus, die Wohnhäuser	34
das	Wohnmobil, die Wohnmobile	134
	womit	26/2b
	woran	203
der	Workshop, die Workshops	159
die	Wörterkette, die Wörterketten	58/2
der	Wortschatz, die Wortschätze	79
	wozu	48/1c
das	Wunder, die Wunder	39/5b
	wunderbar	80/2a
	wundern (sich über), sie wundert sich, sie hat sich gewundert	35/1b
	wunderschön	150/2a
	wünschen, sie wünscht, sie hat gewünscht	70/2b
der	Würfel, die Würfel	226
	würfeln, sie würfelt, sie hat gewürfelt	227
	wütend	182/1a

Z

die	Zahl, die Zahlen	46
der/die	Zahnarzt/Zahnärztin, die Zahnärzte / die Zahnärztinnen	114/2a
das	Zahnlabor, die Zahnlabore	216/2a
der/die	Zahntechniker/in, die Zahntechniker / die Zahntechnikerinnen	216/2a
die	Zange, die Zangen	160/2a
der	Zaun, die Zäune	150/2a
die	Zeile, die Zeilen	150/2b
die	Zeitleiste, die Zeitleisten	82/1
die	Zeitschrift, die Zeitschriften	79
das	Zelt, die Zelte	38/1b
	zelten, sie zeltet, sie hat gezeltet	135
die	Zentrale, die Zentralen	126/2a
die	Zeremonie, die Zeremonien	66
	zerstören, sie zerstört, sie hat zerstört	146
das	Zertifikat, die Zertifikate	68/2a
	ziehen, sie zieht, sie ist gezogen	35
das	Zitat, die Zitate	60/2a
der/das	Znüni, die Znünis	178
der	Zoll, die Zölle	106/2a
der/die	Zollbeamter/Zollbeamtin, die Zollbeamten / die Zollbeamtinnen	106/2a
die	Zone, die Zonen	23
der/die	Zoohändler/in, die Zoohändler / die Zoohändlerinnen	92/2a
die	Zoohandlung, die Zoohandlungen	92/1a
das/der	Zubehör, die Zubehöre	92/2a
	zudecken, sie deckt zu, sie hat zugedeckt	171/5b
	zufrieden	159
die	Zufriedenheit, die Zufriedenheiten	216/2a
die	Zugfahrt, die Zugfahrten	64/3c
das	Zuhause (Sg.)	60/2c
	zuhören, sie hört zu, sie hat zugehört	125/3a
der/die	Zuhörer/in, die Zuhörer / die Zuhörerinnen	215/3a
die	Zukunft (Sg.)	11
	Zum Wohl!	63/2f
	zurückfahren, sie fährt zurück, sie ist zurückgefahren	26/3a

WORTLISTE

	zurückkommen, sie kommt zurück, sie ist zurückgekommen	202
	zurückrufen, sie ruft zurück, sie hat zurückgerufen	71/4a
die	*Zusage*, die Zusagen	118/1a
	zusammenarbeiten (mit), sie arbeitet zusammen mit, sie hat zusammengearbeitet mit	218/1b
	zusammenfassen, sie fasst zusammen, sie hat zusammengefasst	66
	zusammenhalten, sie hält zusammen, sie hat zusammengehalten	202
	zusammenleben, sie lebt zusammen, sie hat zusammengelebt	93/4a
	zusammenschrauben, sie schraubt zusammen, sie hat zusammengeschraubt	162/1b
	zustimmen, sie stimmt zu, sie hat zugestimmt	66
der	*Zweck*, die Zwecke	161/5c

QUELLENVERZEICHNIS

Bildquellenverzeichnis
Cover Cornelsen/Anja Rosendahl, Daniel Meyer; **U2**: Cornelsen/Carlos Borrell Eiköter; **U4**: Cornelsen/Anja Rosendahl, Daniel Meyer; (Nicos Weg Logo): © DW.com/nico; **S. 4** (Sterne, Aufgaben mit GeR-Bezug): Cornelsen/werkstatt für gebrauchsgrafik; **S. 5** (Filmstill 1): Cornelsen/FREJM; (Filmstill 2): Cornelsen/Ekre und Ludwig GbR; (Filmstill 3): © DW.com/nico; (PagePlayer-App Logo): Cornelsen/Raureif; (Badge Google App-Store): Google Ireland Ltd.; (Badge Apple-Store): Apple Inc. - IP & Licensing; **S. 6** (1): Shutterstock.com/Phovoir; (2): stock.adobe.com/contrastwerkstatt; (3): Shutterstock.com/Yulia Grigoryeva; (4): Shutterstock.com/Flamingo Images; **S. 7** (5): Shutterstock.com/Jacob Lund; (6): stock.adobe.com/bildermacher_tom; (7): Shutterstock.com/CebotariN; (8): Shutterstock.com/S-F; **S. 8** (9): Shutterstock.com/Rido; (10): Shutterstock.com/gpointstudio; (11, Biene): Shutterstock.com/Daniel Prudek; (11, Marienkäfer): Shutterstock.com/irin-k; (12): Cornelsen/Hugo Herold; (13): Timm Humpfer Image Art; **S. 9** (14): Shutterstock.com/Jacob Lund; (15): stock.adobe.com/Viktor Cap 2018/lightpoet; (16): stock.adobe.com/KerkezPhotography.com/kerkezz; **S. 122** (Kellnerin): Shutterstock.com/Rido; (Wecker): Shutterstock.com/Elena Elisseeva; (Regenschirm): Shutterstock.com/bbernard; (Autobahn): Shutterstock.com/Palatinate Stock; (Bushaltestelle): Shutterstock.com/OnkelKrischan; (Fahrradfahrer): Shutterstock.com/l i g h t p o e t; (Supermarkt): Shutterstock.com/FamVeld; (Küche): Shutterstock.com/tommaso79; (Waschmaschine): Shutterstock.com/Rozhnovskaya Tanya; (Kopfhörer): Shutterstock.com/Alexander Lysenko; **S. 123** (Uhr): Shutterstock.com/Pranch; (Buch-Icon): Shutterstock.com/zcreamz11; **S. 124** (unten rechts): Shutterstock.com/Andrey_Popov; **S. 125** (Schale der Hygeia): Shutterstock.com/MKA Graphics; (Dorothea Jütte): Shutterstock.com/ESB Professional; (Papierhintergrund): Shutterstock.com/Picsfive; **S. 126** (a): Shutterstock.com/filmbildfabrik.de; (b): Shutterstock.com/Atstock Productions; (c): Shutterstock.com/Robert Kneschke; **S. 128** (Foto): Shutterstock.com/stockfour; **S. 129** (Mitte): stock.adobe.com/detailfoto; (rechts): Shutterstock.com/Photographee.eu; **S. 130** (A): Shutterstock.com/mimagephotography; (B): Shutterstock.com/A.Azarnikova; (C): Shutterstock.com/BOKEH STOCK; (D): Shutterstock.com/Oksana Shufrych; (E): Shutterstock.com/TanyaRozhnovskaya; (F): Shutterstock.com/ArtFamily; (G): Shutterstock.com/n_defender; (H): Shutterstock.com/Everyonephoto Studio; **S. 132** (Filmstill): Cornelsen/Ekre und Ludwig GbR; **S. 134** (oben): ICS Festival GmbH; (Gitarre-Icon): Shutterstock.com/yut548; **S. 135** (oben rechts): Stiftung Schleswig-Holstein Musik Festival / © Axel Nickolaus; (Mikrofon-Icon): Shutterstock.com/yut548; (unten): Tony Günther; (unten rechts): Shutterstock.com/gpointstudio; **S. 136** (Filmstill): Cornelsen/Ekre und Ludwig GbR; **S. 137** (Jana): Cornelsen/Ekre und Ludwig GbR; **S. 138** (1): Shutterstock.com/wavebreakmedia; (2): Shutterstock.com/Monkey Business Images; (3): Shutterstock.com/Vadim Ponomarenko; (4): Shutterstock.com/Angyalosi Beata; (5): Shutterstock.com/gpointstudio; (6): Shutterstock.com/Halfpoint; (Papierhintergrund): Shutterstock.com/alwaysloved afilm; **S. 140** (oben, a): Shutterstock.com/dwphotos; (oben, b): Shutterstock.com/13_Phunkod; (oben, c): Shutterstock.com/Devo Satria Ichwaldi; (unten, a): Shutterstock.com/DisobeyArt; (unten, b): Shutterstock.com/wavebreakmedia; (unten, c): Shutterstock.com/Halfpoint; **S. 141** (oben rechts): Shutterstock.com/LightField Studios; (Filmstill): Cornelsen/Ekre und Ludwig GbR; **S. 142** (Telefon-Icons): Shutterstock.com/DStarky; **S. 144** (Smileys): Shutterstock.com/graphixmania; (Sonne): stock.adobe.com/pict rider; (Like-Icon): stock.adobe.com/photoclear; **S. 146** (Hintergrundbild): Shutterstock.com/Mickis-Fotowelt; (Biene): Shutterstock.com/Daniel Prudek; (Erdbeeren): stock.adobe.com/escapejaja; (Gemüse): Shutterstock.com/Synergic Works OU; (Marienkäfer): Shutterstock.com/irin-k; (Sandalen): stock.adobe.com/David Prahl; **S. 147** (Statt Plastik): pala-verlag, Darmstadt; (Icons, unten): Shutterstock.com/KP Arts; **S. 149** (Girlanden): Shutterstock.com/olegganko; (Sarah): stock.adobe.com/francescoridolfi.com/Rido; **S. 150** (1): stock.adobe.com/PackShot; (2): stock.adobe.com/Marzanna Syncerz; (3): stock.adobe.com/OceanProd; **S. 151** (a): stock.adobe.com/Maria Sbytova/Maria; (b): stock.adobe.com/Halfpoint; (c): stock.adobe.com/NDABCREATIVITY; (Gartenzwerg): stock.adobe.com/anela47; **S. 152** (a): Shutterstock.com/Aleksei Isachenko; (b): Shutterstock.com/LeManna; (c): Shutterstock.com/JP Chretien; (d): Shutterstock.com/TB studio; (Sinne-Icons): Shutterstock.com/MIKHAIL GRACHIKOV; (1): Shutterstock.com/aleks333; (2): Shutterstock.com/Dusan Petkovic; (3): Shutterstock.com/upixa; (4): Shutterstock.com/Aleksandra Suzi; **S. 153** (links): Shutterstock.com/AntGor; (rechts): Shutterstock.com/AntGor; **S. 154** (Filmstill): Cornelsen/Ekre und Ludwig GbR; (Mitte): Shutterstock.com/GaudiLab; **S. 155** (a): Shutterstock.com/bbernard; (b): Shutterstock.com/New Africa; (c): Shutterstock.com/RockerStocker; (d): Shutterstock.com/Halfpoint; **S. 156** (a): Shutterstock.com/Kzenon; (b): Shutterstock.com/FamVeld; (c): Shutterstock.com/Monkey Business Images; (d): Shutterstock.com/Rawpixel.com; **S. 158** (oben): Cornelsen/Hugo Herold; (Tassen-Icon): Shutterstock.com/kornn; **S. 159** (Lisa Kuhley): Cornelsen/Hugo Herold; (Klaus H.): Shutterstock.com/Nadino; (Elham S.): Shutterstock.com/Daniel M Ernst; (Werkzeug-Icons): Shutterstock.com/Ctrl-x; (unten rechts, zwei Fotos): Cornelsen/Hugo Herold; **S. 160** (rechts): Shutterstock.com/EZ-Stock Studio; **S. 161** (Mitte rechts): stock.adobe.com/Gina Sanders; **S. 162** (oben, Foto): stock.adobe.com/Mario; (unten): Shutterstock.com/studiovin; **S. 163** (1): Shutterstock.com/junior_cinematic; (2): Shutterstock.com/Alexey Boldin; (3): Shutterstock.com/fortton; (4): Shutterstock.com/NicoElNino; (Mitte rechts): stock.adobe.com/Gorodenkoff Productions OU; **S. 164** (a): stock.adobe.com/victorass88; (b): stock.adobe.com/encierro; (c): stock.adobe.com/Justina Turpin 2017/HollyHarry; (d): stock.adobe.com/rrudenkois; (e): stock.adobe.com/andranik123; **S. 165** (oben rechts): Shutterstock.com/donatas1205; **S. 166** (1): Shutterstock.com/55Ohms; (2): Shutterstock.com/Stock Design; (3): Shutterstock.com/John Kasawa; (4): Shutterstock.com/Africa Studio; (5): stock.adobe.com/sebra; **S. 167** (oben rechts): Shutterstock.com/Photographee.eu; (a): stock.adobe.com/MarkusL; (b): stock.adobe.com/domen.grogl@gmail.com/zlikovec; (c): stock.adobe.com/chandlervid85; (d): stock.adobe.com/peshkov; (e): stock.adobe.com/evkaz; (f): stock.adobe.com/DURIS Guillaume; **S. 168** (Filmstill): Cornelsen/Ekre und Ludwig GbR; **S. 170** (Mitte): stock.adobe.com/Prostock-studio; **S. 174** (Nicos Weg Logo): © DW.com/nico; (Filmstills): © DW.com/nico; **S. 175** (Filmstills): © DW.com/nico; **S. 176** (Nicos Weg Logo): © DW.com/nico; (Filmstills): © DW.com/nico; **S. 178** (Hintergrundbild): Timm Humpfer Image Art; (Schiefertafel): stock.adobe.com/NATHALIE LANDOT; (Brotzeit): stock.adobe.com/Andreas Haertle; **S. 179** (Icons): Shutterstock.com/VoodooDot; (Mitte rechts): stock.adobe.com/Alessandro Biascioli; **S. 180** (Vilsalpsee): stock.adobe.com/alexanderheyd; (Fahrradtour): stock.adobe.com/Stephan Baur; (Karte): Cornelsen/Klein&Halm; (Kompassrose): stock.adobe.com/languste15; (Bergpanorama): stock.adobe.com/Jeannot Weber; (Berg-Icon): stock.adobe.com/dstarky; (Wegmarkierung): stock.adobe.com/diamondtetra; **S. 182** (Smileys): stock.adobe.com/Ivan Kopylov; **S. 183** (Icons): Shutterstock.com/Nigarn; **S. 184** (unten rechts): Shutterstock.com/Kzenon; **S. 185** (Filmstill): Cornelsen/Ekre und Ludwig GbR; **S. 187** (a): Shutterstock.com/Look Studio; (b): Shutterstock.com/Mix and Match Studio; (c): Shutterstock.com/Master1305; (d): Shutterstock.com/Marcos Mesa Sam Wordley; (e): Shutterstock.com/Anatoliy Karlyuk; **S. 188** (Anjon-Jörg): Shutterstock.com/ESB Professional; (Mia P.): Shutterstock.com/WAYHOME studio; (Sterne): Shutterstock.com/Martial Red; **S. 190** (Egal ob ganz nah): Shutterstock.com/Look Studio; (ganz fern): Shutterstock.com/Twinsterphoto; (in schönen Momenten): Shutterstock.com/Syda Productions; (in schweren Zeiten): Shutterstock.com/Iryna Inshyna; (in jungen Jahren): Shutterstock.com/Inna photographer; (im hohen Alter): Shutterstock.com/belushi; (Zusammen lernen): Shutterstock.com/Zurijeta; (Zusammen lachen): Shutterstock.com/Jacob Lund; (Zusammen sein): Shutterstock.com/NDAB Creativity; **S. 191** (Saskia Barber): Shutterstock.com/mimagephotography; (Icon): Shutterstock.com/Cube29; **S. 192** (Filmstills): Cornelsen/FREJM; **S. 193** (Geschenk): Shutterstock.com/Irina Adamovich; (Socken): Shutterstock.com/Pogorelova Olga; (Gutschein): stock.adobe.com/Alexander Limbach; **S. 194** (1): Shutterstock.com/Nadino; (2): Shutterstock.com/Jack Frog; (3): Shutterstock.com/fizkes; (4): Shutterstock.com/Monkey Business Images; (Infografik): © Statista 2020; (Kaffeeflecken): Shutterstock.com/Juhku; (Papierhintergrund): Shutterstock.com/alwaysloved afilm; **S. 195** (Papierhintergrund): Shutterstock.com/alwaysloved afilm; (Zettel): Shutterstock.com/TatjanaRittner; **S. 196** (1): Shutterstock.com/FamVeld; (2): Shutterstock.com/Halfpoint; (3): Shutterstock.com/Ollyy; (4): Shutterstock.com/Rido; **S. 197** (Filmstill): Cornelsen/Ekre und Ludwig GbR; **S. 198** (oben links): Shutterstock.com/Krakenimages.com; **S. 199** (Kimberley): Shutterstock.com/wavebreakmedia; **S. 200** (Bücher): Shutterstock.com/On Lollipops; (Foto, unten rechts): Shutterstock.com/Prostock-studio; **S. 202** (oben): stock.adobe.com/K.Weissfloch; (1): stock.adobe.com/M.Jenkins; (2): Shutterstock.com/David San Segundo; (3): Shutterstock.com/Aksenova Natalya; (4): Shutterstock.com/Kzenon; (unten links): Shutterstock.com/Rido; **S. 203** (oben links): stock.adobe.com/Viktor Cap 2018/lightpoet; (Mitte rechts): Shutterstock.com/Iakov Filimonov; (Naturweg-Icon): Shutterstock.com/davooda; **S. 204** (Herbstsymbol): Shutterstock.com/Yoko Design; **S. 205** (Filmstills): Cornelsen/Ekre und Ludwig GbR; **S. 206** (Plan): Cornelsen/Klein&Halm; (Haus) Shutterstock.com/milagrosvita; (Bäume) stock.adobe.com/YummyBuum; (Parkplatzschild) stock.adobe.com/sester1848; (Dorfschule): Shutterstock.com/Stastny_Pavel; (Backhaus): Shutterstock.com/Tohuwabohu1976; (Dorfladen): Shutterstock.com/riekephotos; (Werkstatt): Shutterstock.com/izikMD; **S. 207** (Backhaus): Shutterstock.com/helfei; (Brot): Shutterstock.com/MaraZe; **S. 209** (unten links): Shutterstock.com/Photographee.eu; (Herz-, Haus-Icon): Shutterstock.com/Kjolak; (Werkzeug-

QUELLENVERZEICHNIS

Icon): Shutterstock.com/Salim Nasirov; **S. 210** (Ortsschild): Shutterstock.com/PicItUp; (Karopapier): Shutterstock.com/The_Pixel; **S. 211** (Filmstill): Cornelsen/Ekre und Ludwig GbR; (unten rechts): Shutterstock.com/durantelallera; **S. 212** (Ortsplan): Cornelsen/Klein&Halm; **S. 214** (oben): stock.adobe.com/KerkezPhotography.com/kerkezz; (Elham): stock.adobe.com/Syda Productions/lev dolgachov; (Hund): stock.adobe.com/SasaStock; (Saskia): stock.adobe.com/hobbitfoot; (Wolfram): stock.adobe.com/Stefan Körber; (Zuzana): stock.adobe.com/exclusive-design; (Esperanza): stock.adobe.com/Daniel Ernst; **S. 215** (Kopfhörer): Shutterstock.com/Alexander Lysenko; (Pflanzen-Icon, links): Shutterstock.com/KP Arts; (Kleeblatt): Shutterstock.com/NeMaria; **S. 216** (links): stock.adobe.com/industrieblick; (rechts): stock.adobe.com/© Robert Kneschke; **S. 218** (oben rechts): stock.adobe.com/drubig-photo; **S. 219** (Linienpapier): Cornelsen/Inhouse; (Smileys): stock.adobe.com/Ivan Kopylov; (Zettel): Shutterstock.com/Lyudmyla Kharlamova; **S. 220** (1): stock.adobe.com/www.choroba.de/pix4U; (2): Shutterstock.com/Jacob Lund; (3): stock.adobe.com/Karoline Thalhofer; (4): stock.adobe.com/Alexander Rochau; (5): Shutterstock.com/Halfpoint; (6): stock.adobe.com/fizkes; (7): stock.adobe.com/Konstantin Yuganov; (8): stock.adobe.com/Monkey Business; **S. 221** (Filmstill): Cornelsen/Ekre und Ludwig GbR; (Mitte): stock.adobe.com/SiberianPhotographer; **S. 222** (Clara): stock.adobe.com/© Robert Kneschke; (Paul): stock.adobe.com/industrieblick; **S. 223** (Uwe): stock.adobe.com/goodluz; **S. 224** (Karotte-Icon): Shutterstock.com/Janis Abolins; (Buch-Icon): Shutterstock.com/Oxy_gen; (Werkzeug-Icon): Shutterstock.com/Yana Lesnik; (Smartphone): Shutterstock.com/Hand Robot; **S. 226** (Münze): Shutterstock.com/Somchai Som; (Spielfiguren und Würfel): Shutterstock.com/Heike Brauer; **S. 228** (rotes Band): Shutterstock.com/gillmar; **S. 230** (Nicos Weg Logo): © DW.com/nico; (Filmstills): © DW.com/nico; **S. 231** (Filmstills): © DW.com/nico; (Smileys): stock.adobe.com/Ivan Kopylov; **S. 232** (Nicos Weg Logo): © DW.com/nico; (Filmstills): © DW.com/nico; **S. 234** (Papierhintergrund): Shutterstock.com/alwaysloved afilm; **S. 244** (Christstollen): stock.adobe.com/Anatoly Repin/anrestudio.blogspot.com; (Birnbrot): stock.adobe.com/tmfotos; (Torte): Shutterstock.com/pixdesigned; **S. 245** (Foto): Shutterstock.com/Phovoir; **S. 247** (oben): stock.adobe.com/Katarzyna Bialasiewicz photographee.eu; (Mitte): stock.adobe.com/animaflora/Animaflora PicsStock; **S. 248** (oben): stock.adobe.com/Alex from the Rock; (Hund, Kuh, Schweine): Prof. Dr. Hermann Funk; **S. 249** (Regensburg): stock.adobe.com/borisb17; **S. 250** (Rauchverbotszeichen): Shutterstock.com/Butterfly Hunter; **S. 252** (Karl Valentin): stock.adobe.com/Dominik Ultes/Dozey; **S. 253** (oben rechts): stock.adobe.com/Halfpoint; **S. 254** (Kräuter): Shutterstock.com/Valentina Razumova; **S. 256** (Mitte links): Shutterstock.com/junior_cinematic; (Mitte rechts): Shutterstock.com/Alexey Boldin

Textquellenverzeichnis
S. 147 (oben): United Nations Environment Programme (UNEP) / World Environment Day